Alice Aarau / Alfredo und Grace Roces

Reisegast auf den Philippinen

Alice Aarau

Alfredo und Grace Roces

Reisegast
auf den
Philippinen

Herausgeber der Reihe *Reisegast:*

Claudia Magiera und Gerd Simon

Reisebuchverlag Iwanowski

© 1994 Verlagsbüro Gerd Simon & Claudia Magiera, München
und Reisebuchverlag Iwanowski, Dormagen

Redaktion, Lektorat, Bildredaktion, DTP:
Verlagsbüro Simon & Magiera, München

Übersetzung der englischsprachigen Textteile: Franz-Josef Krücker

Illustrationen:
Dr. Volkmar Janicke (Seiten: U1, 11, 27, 67, 91, 161, 167, 175), Eckhardt
Kiwitt (Seiten: 21, 29, 41, 45, 53, 69, 85, 97, 101, 105, 113, 121, 123, 127,
129, 133, 139, 141, 183), Roland Dusik (Seiten: 13, 65), Sam Rawi (Seiten:
15, 17, 37, 79, 109, 114, 149, 165, 180, 193, 194, 195, 196, 197, 200, 201),
Bildarchiv Verlagsbüro Simon & Magiera (Seiten: 23, 25, 31, 35, 49, 59, 61,
63, 71, 73, 75, 81, 117, 119, 125, 135, 145, 147, 155, 163, 185, 189), Klaus
Pränger (Seiten: 43, 151, 157, 171, 179)

Gesamtherstellung: F. X. Stückle, D 77955 Ettenheim

ISBN 3-923975-75-9

Inhaltsverzeichnis

Geschichte • Kultur Charakter

Filipino Lebenszyklus

Filipino Rollenprofile

Frauen 165

Männer 174

»Typisch Filipino«
Ein Mini-Führer

Kultur-Spiel

Kulturschock: Eine Vorbemerkung

Die meisten **westlichen Ausländer,** die die Philippinen besuchen, sind **angenehm überrascht,** wenn sie feststellen, daß überall Englisch gesprochen wird und die jungen Leute Jeans tragen, die reichen unter ihnen sogar die neuesten Modetrends aus dem Westen. Der gesamte Prunk eines **verwestlichten Lebensstils** ist sichtbar – Hollywoodfilme, Discotheken, englischsprachige Medien mit einer Presse, die die amerikanische Journalistensprache liebt, Hamburgerketten, Supermärkte, Fünf-Sterne-Hotels, christliche Kirchen, Kreditkarten. **Alles wie zu Hause.**

Der verspätete Kulturschock folgt kurz darauf. Denn während westlicher Prunk ins Auge springt, gibt es doch einen **schwer faßbaren Unterschied.** Der Besucher aus dem Westen spricht zwar die gleiche Sprache, wird aber feststellen, daß er sich nicht mitteilen kann. **Mit einem flauen Gefühl im Magen erkennt er, daß er nicht in Amerika oder Westeuropa ist, sondern in einer völlig anderen Welt.** Als Reaktion mag er diese lächelnden braunen Menschen um ihn herum tadeln, sie seien nicht westlich genug, anstatt sich zu freuen, daß sie weit genug mit seinem Lebensstil vertraut sind, um ihm auf halbem Wege zu begegnen. Er macht sarkastische Bemerkungen über die »Filipino-Zeit« und die Eigenart der philippinischen Bürokratie, fühlt sich betrogen und zieht sich, wie eine Schnecke in ihr Gehäuse, zurück, seinen Groll mit anderen Ausländern in der Geborgenheit privater Clubs der jeweiligen Nationalität teilend.

In anderen Teilen Asiens wird die Andersartigkeit durch die Sprachbarriere, exotische Kleidung, Bräuche und Religionen klar herausgestellt. Solche Asiaten stellen in ihrer Fremdartigkeit kein großes Einschätzungsproblem dar; **die Filipinos aber führen mit ihrem westlichen Äußeren in die Irre, erwecken einen falschen Eindruck und wiegen den Fremden in trügerischer Sicherheit.** Dem verwirrten Besucher ist es kaum ein Trost, daß andere Asiaten die Filipinos ähnlich rätselhaft finden: manchmal merkwürdig westlich, mitunter vertraut asiatisch, jedoch nie ganz das eine oder das andere. In der Tat scheinen sich sogar die Filipinos selbst ihrer Identität nicht ganz sicher zu sein, etwa wenn sie jeweils verschiedene Zeitmuster bei ihren Landsleuten, bei Amerikanern (»amerikanische Zeit«) und bei anderen Fremden anwenden.

Die Unterschiede können bedrohlich erscheinen. Der Besucher nimmt eine Zeitung zur Hand und liest beängstigende Berichte über Gewalttaten: Ein Mann tötet einen anderen in einem Jeepney aus Ärger über die Art, in der dieser ihn angestarrt hat; in einer mondänen Hoteldisco erschießen die Leibwächter des Sohnes eines hohen Beamten einen Mann, weil dieser dem Beamtensohn versehentlich auf die Zehen trat. Freunde empfehlen, nachts sämtliche Türen zu verriegeln. Privathäuser sind von hohen Mauern umgeben. Bewaffnete, uniformierte Privatwächter scheinen allgegenwärtig vor

Banken, Geschäftsgebäuden und Restaurants; sie steigern die Ängste. **Einige Aspekte des Lebens der Filipinos werden Nicht-Filipinos wahrscheinlich immer fremd bleiben.** Sie haben ihre Wurzeln in der uralten Vorgeschichte oder sind Auswirkungen der spanischen und amerikanischen Kolonisierung. Es ist nicht erforderlich, daß der Besucher die kulturellen Verhaltensweisen und Werte der Filipinos oder anderer Fremder vollständig versteht oder akzeptiert; es genügt, daß er sie als von seinen eigenen verschieden wahrnimmt.

Aber es ist auf jeden Fall vorteilhaft, in Alltagsangelegenheiten, wo er zwangsläufig mit Filipinos in Kontakt kommt, Erlaubtes und Verbotenes, das Tun und Lassen, die allgemeinen sozialen Umgangsformen unter Filipinos zu kennen. Denn diese Kenntnis mindert Mißverständnisse darüber, was zwei verschiedene Kulturen – in unterschiedlicher Weise – als Verstoß gegen die guten Manieren ansehen. Die Umgebung stellt sich als weniger feindlich dar, wenn man Gefahrenzeichen deuten sowie freundliche Annäherungen erkennen und in weiser Voraussicht angemessene Gesten im passenden Augenblick anbringen kann.

Anders als in den offenen westlichen Gesellschaften ist auf den Philippinen das Gespür für richtiges Verhalten in der Öffentlichkeit nicht so leicht und eindeutig. Denn wie die meisten Asiaten betonen die Filipinos in der Öffentlichkeit **Harmonie** und offenkundige **Fröhlichkeit**. Sie wachsen auf mit extrem empfindsamen Fühlern für Hinweise auf drohende Unwetter zwischen Personen, Fühlern, die der westliche Ausländer nicht besitzt. Bei der leisesten Andeutung eines Konflikts wird sich stets einer aus der Gruppe bereithalten, um jegliche Anzeichen einer Auseinandersetzung unter der Oberfläche zu verbergen. Direkte Konfrontationen werden mißbilligt und in schlechtestem Licht gesehen. Vielmehr muß einer zurückstecken oder eine neutrale Person die Streitenden ablenken.

Öffentliche Konflikte sind tabu, denn dabei wird unweigerlich jemand sein Gesicht verlieren, und dies würde weiteren Ärger heraufbeschwören. **Der Streitsüchtige und Aggressive mag zwar gefürchtet sein, nie jedoch geachtet.** Der Ausländer kann leicht die langfristigen Auswirkungen eines Vorfalls übersehen, weil er den Konflikt überhaupt nicht wahrnimmt. In solchen überaus heiklen Situationen kann er mit einer falschen Äußerung oder Geste eine öffentliche Explosion auslösen, die, da nun einmal öffentlich, die Wahrung der Ehre oder des Gesichts unter allen Bedingungen verlangt.

Die **Erfahrung des Kolonialismus**, der die Filipinos fremden Werten aussetzte, auf die sie auf ihre ganz spezielle Weise reagierten, trug zum Facettenreichtum ihres Charakters bei. Mehr als dreihundert Jahre **spanisch-katholische Sitten** und fünfzig Jahre **amerikanischer Unternehmergeist** haben die Gesellschaft auf den Philippinen umgestaltet, nicht unbedingt zum Besseren. Die Widersprüche, die sich in den meisten Gesellschaften finden, treten deshalb in der filipina Kultur um so ausgeprägter zutage. Weil die Filipinos **gesellig** sind, **lebenslustig** und **großzügig**, ist es nicht so schwierig,

Die Erfahrung des Kolonialismus, auf den die Filipinos auf ihre besondere Weise reagierten, trug – ebenso wie die prägende Natur – zum Facettenreichtum des Landes bei (hier verfallener Kirchturm in spanischem Stil vor dem Mayon-Vulkan auf Luzon).

wie es oft scheint, ihre Freundschaft und ihr Wohlwollen zu gewinnen, nachdem der Schock dem Fremden bewußt gemacht hat, daß das, was ihm zunächst vertraut erschien, in der Tat doch anders ist. Es ist alles **eine Frage des bedachten Verfolgens des gesellschaftlich Erreichbaren, weniger der Erwartung westlicher Effektivität**. Der Europäer legt vielleicht die Stirn in Falten, schlägt einen feierlichen oder ärgerlichen Ton an, wenn er einen sehr wichtigen Punkt herausstreichen will; der Filipino hingegen lächelt entspannt oder bricht gar in das hellste Lachen aus, um die entscheidende Botschaft zu vermitteln.

Filipino Ärzte sind hierfür ein lebendiges Beispiel: Der Fremde wird entsetzt sein, wenn ihm die Nachricht, er sei ernsthaft krank, von einem Mediziner überbracht wird, der, übers ganze Gesicht lächelnd, aussieht, als genieße er

11

das Überbringen dieser Schreckensbotschaft. Dies ist nicht Gefühlslosigkeit, sondern anerkanntes Verhalten Kranken gegenüber, um den harten Schlag zu mildern. **Der Filipino lacht, im Sinne des Wortes, über seine Sorgen; aber das bedeutet nicht, daß er sich darüber freut.**
In den 60er Jahren fühlten die Filipinos die Notwendigkeit, mehr über ihr eigenes Wesen zu erfahren. Denn sie hielten sich selbst für vollkommen verwestlicht – die einzige christliche, Englisch sprechende Demokratie in Asien. **Hinter der westlichen Fassade findet sich jedoch eine einzigartige Gesellschaft.** Die Filipinos haben sich zahlreiche Aspekte der westlichen Kultur selektiv angeeignet und so ihrer eigenen Kultur besondere Merkmale hinzugefügt.
Dieser **ambivalente Charakter** kam Auswanderern von den Philippinen sehr zugute. Filipinos leben und arbeiten fern von der Heimat in Lachskonservenfabriken in Alaska, Zuckerplantagen auf Hawaii, Cocktailbars in Chicago, Baustellen in Saudi-Arabien, Banken in Papua-Neuguinea, Geschäftshäusern in Guam, Hotels in Kanada, Nachtclubs in Bangkok und Krankenhäusern in Deutschland. **Anders als die meisten anderen Auswanderer, die sich in der Fremde zu kleinen Nationalitätengruppen zusammenschließen, verschmilzt der Filipino bereitwillig mit der fremden Umgebung.** Er wurde daher gelegentlich »Joker« genannt, nach dem bekannten freien Blatt im Kartenspiel, das jede beliebige Karte ersetzen kann. Auf der anderen Seite befremden die **widersprüchlichen moralischen Werte, nach denen die Filipinos beteuern zu leben,** manche Soziologen und christliche Theologen.
Es sind **extrem feine und winzig kleine Elemente**, die den **Kulturschock** des ausländischen Besuchers verursachen. Erst durch ihre **Zusammenballung** trifft ihn der volle Schlag. Filipinos sind überaus tolerante Menschen, und so werden auch grobe Schnitzer gnädig übersehen und hinweggelacht, vor allem wenn der Missetäter Ausländer ist.
Die **Gastfreundschaft** der Filipinos ist nahezu grenzenlos, und Fremden, besonders aus dem westlichen Ausland, begegnen sie mit großem Wohlwollen. Der Besucher kann sich fernhalten, ein Außenseiter bleiben und dennoch zurechtkommen; er wird sich dann aber unbehaglich fühlen. **Etwas Verständnis und Einsicht kann Türen und Arme öffnen.** Die Filipinos haben über Jahrhunderte mit der westlichen Kultur gerungen, mit ihrer Technologie, Moral, Etikette, ihrem Organisationssystem. Sie sind deshalb in der Lage und auch gewillt, dem Fremden auf halbem Wege entgegenzukommen, vielleicht weiter als auf halbem Wege. Der Tourist, Geschäftsmann sowie der Auswanderer, der dieses Archipel mit seinen über 50 Mio. Menschen zu seiner Heimat wählt, sollten die westlichen Züge der Filipinos nicht für ihren gesamten Charakter halten. Will man die Filipinos wirklich kennenlernen und sich in ihrem Land wohlfühlen, so ist es notwendig, **hinter die westliche Fassade zu dringen, denn dann offenbart sich eine vollkommen andere Welt.**

Filipinos verstehen

Einige Lebenssituationen

Sie befinden sich jenseits des interkulturellen Schocks:
Nachtfalter des **Blumen- und Weiden-***Gewerbes in Manila.*

Geschenke

Sie laden einige Filipinos ein. Die Gäste bringen Geschenke mit, die Sie erfreut vor ihren Augen öffnen, wie es in Europa Sitte ist – und schon haben Sie die Schenkenden in Verlegenheit versetzt. Filipinos sehen es als **schlechten Stil** an, **Geschenke vor aller Augen zu öffnen.** Denn damit wurde der Wert ihres Geschenkes öffentlich zur Schau gestellt, so daß andere ihn ermessen und mit jenem anderer Geschenke vergleichen können. Handelt es sich um ein Geschenk von geringem materiellen Wert, mag es auch das Teuerste sein, was der Geber sich leisten kann, so **hieße das Öffnen des Päckchens in seiner Gegenwart, daß der Sinn des Schenkens gegenüber dem materiellen Wert zurücksteht.**

Das Öffnen von Geschenken vor den Gebern würde überdies enthüllen, daß der Empfänger gierig und materialistisch ist, mehr an der Gabe als an der

Geste des Schenkens interessiert. **Ebensowenig sollten Sie umgekehrt erwarten, daß der Empfänger ein von Ihnen überreichtes Geschenk in Ihrer Anwesenheit öffnet.** Er wird es zur Seite legen. Während Sie dies für Gleichgültigkeit halten mögen, wird er sich jedoch einprägen, wer was geschenkt hat. Wenn Sie ihn das nächste Mal treffen, wird er sich nochmals bei Ihnen bedanken, und zwar für den Inhalt Ihres Päckchens.

Tips für Besuche

Andere besuchen

• Es ist nicht unbedingt notwendig, zuvor einen **Besuchstermin** auszumachen, aber doch zweckmäßig für beide Seiten. Machen Sie **kein großes Aufheben um Ihren Besuch**, sonst wird man meinen, außergewöhnliche Vorbereitungen treffen und das ganze Haus auf den Kopf stellen zu müssen.

• Es ist unhöflich, **andere Räume des Hauses, einschließlich das Badezimmer, zu betreten,** ohne vorher um Erlaubnis gebeten zu haben.

• In ländlichen Gegenden ist es üblich, beim Betreten des Hauses die **Schuhe**, auch Sandalen, auszuziehen.

Gäste empfangen

• Gäste werden im **Wohnzimmer** empfangen.

• Man serviert Gästen stets eine Kleinigkeit zum **Essen und Trinken**. Lädt man Besuch ein, so wird dies stets als eine **Essenseinladung** verstanden.

• Es ist nicht üblich, **alkoholische Getränke** anzubieten.

• **Kinder** sollen gesehen, aber nicht gehört werden. Die Kinder der Gäste werden meistens in ein anderes Zimmer gebracht, wo sie ungestört spielen können. Sind die Kinder des Gastgebers zu Hause, so begrüßen sie die Erwachsenen und verschwinden dann, um die Gäste nicht zu stören.

Höfliche Verspätung

Sie werden zu einer Party in einem privaten Haus eingeladen, und da das Fest um 19.00 Uhr beginnen soll, kommen Sie auf die Minute genau an – nur um die Gastgeberin mit Lockenwicklern und im Bademantel anzutreffen, peinlich berührt von Ihrer peniblen **Pünktlichkeit**. Sie haben die Gastgeber im wörtlichen Sinne »im Hemd stehend« überrascht.

Äußerste Pünktlichkeit gilt nicht als höflich. Auf die Minute pünktlich vor der Tür zu stehen läßt den Gast gierig und gefräßig erscheinen, lechzend nach dem verlockenden Essen. Es ist üblich, später zu kommen; **Pünktlichkeit heißt etwa 15 Minuten nach der vorgegebenen Zeit.**

Je wichtiger der Gast, desto später wird er seinen Auftritt planen, manchmal gar bis zu zwei Stunden nach der Zeit. Viele Filipinos haben im Ausland studiert oder gearbeitet, und bei ihren Einladungen kann man sich an die gewohnte Pünktlichkeit halten; doch ist dies die Ausnahme. Andererseits ist **pünktliches Erscheinen angebracht bei geschäftlichen oder offiziellen Terminen**, wenn auch in etwas weiterem Zeitrahmen als in Europa.

Rituelle Einladung

Sie besuchen wegen einer alltäglichen geschäftlichen Angelegenheit einen Filipino zu Hause und treffen ihn beim Mittagessen an. Er wird Sie sofort einladen, mit ihm zu essen. Wenn Sie diese Einladung annehmen und tatsächlich Reis und Fisch von seinem Teller teilen, so werden Sie ihn damit in Verlegenheit und Verwirrung bringen. Die guten Manieren verlangen, **einen Gast, der zufällig zur Essenszeit erscheint, zum Essen einzuladen** – doch lautet die **erwartete und angemessene Antwort**: »Nein danke, ich habe schon gegessen.« Genauso wird im umgekehrten Fall ein Besucher eine solche höfliche Einladung von Ihnen erwarten, ohne davon auszugehen, daß Sie tatsächlich Ihr Essen mit dem ungeladenen Gast teilen.

Krankenhausbesuche

• Wenn **Bekannte oder Verwandte** im Krankenhaus liegen, ist es **Pflicht, sie zu besuchen**, eine Geste, die man sehr schätzt und in Erinnerung behalten wird, nicht nur der Kranke selbst, sondern auch seine Verwandten. Selbst wenn der Kranke bewußtlos auf der Intensivstation liegt, wird man es Ihnen hoch anrechnen, wenn Sie zur Aufmunterung die Verwandten und Freunde besuchen, die an seinem Bett Wache halten.

• Es gehört zum guten Ton, beim Besuch im Krankenhaus **Blumen** oder etwas zum **Essen** mitzubringen. Ein naher Verwandter, der dem Kranken Gesellschaft leistet, wird Ihnen Speisen und auch Getränke anbieten. Wie zu

Hause bei Besuchen der Fall, wird man darauf bestehen, daß Sie eine Kleinigkeit zu sich nehmen, ehe Sie gehen.

Gastronomische Prüfung

Dies sind nur einige wenige, jedoch in vielerlei Situationen anwendbare Beispiele des komplizierten Strickmusters der filipina Etikette. Aber natürlich sind Filipinos an Fremde aus dem Westen gewöhnt; immerhin sind diese seit über 400 Jahren im Lande. Eine ansehnliche Zahl von Filipinos ist weitgereist, und sie sind sich bewußt, daß die westlichen Sitten sich von den ihren unterscheiden. **Die einnehmende Gastfreundschaft der Filipinos und ihre Bereitschaft, sich ausländischen Gästen anzupassen, machen es dem Besucher manchmal nur zu leicht, sich so zu verhalten, wie er es gewöhnt ist.** Jedoch vergrößert dies letztendlich die kulturelle Kluft, und der Besucher wird auf den Philippinen ein Zuschauer und Außenseiter bleiben.

Auf der anderen Seite wird man jenen Ausländer, der sich bemüht, in die fremde Kultur »einzusteigen«, würdigen, denn **Filipinos unterscheiden immer zwischen Außenstehenden und den Angehörigen ihrer eigenen Sippe und einer Gruppe ihres Vertrauens.** Wenn Ihnen ein gekochtes Entenei mit einem halb ausgebrüteten Küken angeboten wird, werden Sie niemanden beleidigen, wenn Sie freundlich und höflich ablehnen. Doch haben Sie damit die Gelegenheit einer sofortigen Aufnahme verpaßt.

Eine Möglichkeit, besser: Mutprobe, sich als Filipino zu erweisen, besteht darin, eine aus mikroskopisch kleinen Krabben hergestellte salzige Paste zu sich zu nehmen. Weil ihr »überwältigendes« Aroma die meisten westlichen Gaumen abschreckt, sind die Filipinos unendlich erfreut, wenn ein Ausländer *bagoong* tatsächlich ißt und daran Geschmack findet. **Das Essen eines halb ausgebrüteten Enteneis, *balut* genannt, und der Krabbenpaste *bagoong* ist also ein zwar oberflächlicher, jedoch weitverbreiteter Maßstab für das Eintauchen des Ausländers in die fremde Kultur.** Es ist nicht notwendig, daß Sie vorgeben, diese exotischen Delikatessen zu mögen. Es reicht, wenn sie Ihnen bekannt sind und Sie, in typischer filipina Manier, lächeln, während Sie freundlich ablehnen.

Körpersprache und äußere Erscheinung

Das traditionelle Bestreben, jeglichen sozialen Umgang unbedingt in eine **harmonische, angenehme und auch höfliche Atmosphäre** einzunebeln, erschwert den Einstieg in die filipina Kultur. Je eher der Fremde dieses Labyrinth betritt, desto besser. Also beginnen wir mit dem **sichtbarsten Teil der Gewohnheiten der Filipinos – der Körpersprache.**

Wenn es Ihnen gelingt, ein halb ausgebrütetes Ei (balut) *oder die salzige Krabbenpaste* bagoong *ohne sichtbaren Ekel (oder sogar mit Vergnügen!) zu essen, dann haben Sie in den Augen der Filipinos Ihre gastronomische Reifeprüfung bestanden.*

Die Augenbrauen

Filipinos begrüßen einander mit den Augenbrauen. Blickkontakt wird hergestellt, und sogleich werden **beide Augenbrauen hochgezogen und wieder gesenkt.** Dies ist ein Wahrnehmungssignal. **Verbunden mit einem Lächeln bedeutet es ein freundliches »Hallo« ohne Worte.**
Ein **jähes Zurückwerfen des Kopfes bei durchdringendem Augenkontakt** ist eine **Herausforderung,** hinter der sich meist die Frage verbirgt: Was willst du eigentlich?

Der »böse Blick«

Jemanden anstarren gilt als rüde und aggressiv. Stiert Ihr Gegenüber Sie in offensichtlich übler Absicht an, so zeigen Sie die höchste Tapferkeit, wenn Sie die Person kurz ansehen und dann den Blick abwenden. Zwar geht ein ausdauernder, durchbohrender Blick fast überall mit Verwünschungen einher, aber **unter Filipinos kommt ein fixierender Blick einer Provokation gleich.** Ein angetrunkener Raufbold oder ein bewaffneter Soldat, der mit einem Mädchen flirtet, wird Ihre beobachtenden Blicke als Einschüchterungsversuch oder offene Mißbilligung auffassen. Eltern kontrollieren das Benehmen ihrer Kinder in der Öffentlichkeit oft mit stummen Blicken, statt sie lauthals zurechtzuweisen. **Ein allzu intensiver Augenkontakt ist also ein Warnzeichen.**

Nach altem überlieferten Glauben können Menschen, die sich mit schwarzer Magie beschäftigen, **durch den »bösen Blick« Krankheiten über andere bringen.** Diese Personen, die in Kontakt zum Jenseits stehen und die man *mangkukulam* nennt, werden für alle möglichen Leiden und Unglücke verantwortlich gemacht. **Lassen Sie sich nicht von katholischen Äußerlichkeiten der Filipinos täuschen.** Mehr als 80% der Bevölkerung ist katholisch, aber der aus vorspanischer Zeit überkommene Glaube stirbt nur äußerst langsam aus, und viele, vor allem auf dem Lande, glauben tatsächlich an jene mit übernatürlichen Kräften ausgestatteten Menschen, die in der Lage sind, unschuldige Passanten mit dem »bösen Blick« zu treffen und zu verwünschen.

Das obszöne Handzeichen

Die **obszönste Geste** ist der **ausgestreckte Mittelfinger bei gekrümmtem Zeige- und Ringfinger.** Zwar sollten Sie dieses Zeichen niemals benutzen – schließlich wird im allgemeinen eine Kriegserklärung mit einer Kriegserklärung beantwortet –, doch zumindest wissen, was jemand meint, wenn er auf diese Weise mit dem Mittelfinger auf Sie zeigt.

Arme und Hände

In die Seiten gestemmte Arme gelten als Ausdruck von Arroganz, Herausforderung und Wut. Diese Haltung wird Ihnen weder Freunde einbringen noch Einfluß verschaffen, es sei denn, Sie wären Polizist und wollten gerade einen Strafzettel austeilen.

Wenn ein Filipino einen **»Fauxpas« begangen** hat, senkt er das Haupt und kratzt sich am Hinterkopf.

Geht man durch einen Raum, in dem sich Leute unterhalten, oder zwischen zwei Menschen hindurch, die miteinander sprechen, so faltet man die Hände und geht mit gesenktem Kopf und leicht vorgestreckten Händen vorbei. Eine andere Möglichkeit, **vor jemandem vorbeizugehen**, ist, eine Hand bei gewinkeltem Ellbogen vorzustrecken, die Finger dabei wie bei einem Karatehieb aneinandergelegt und den Kopf gesenkt.

Bei einem **respektvollen Gruß** (insbesondere an Ältere gerichtet oder von einem Patenkind an seinen Paten) werden die Hand oder die Fingerknöchel des Älteren an die eigene Stirn geführt. Obwohl diese Geste, außer in Kleinstädten oder Dörfern, kaum noch zu beobachten ist, gilt sie immer noch als traditioneller Ausdruck von Anerkennung und Respekt Älteren gegenüber.

Gelegentlich wird man durch eine kurze Berührung Ihres Ellbogens mit den Fingern Ihre **Aufmerksamkeit auf sich richten**. Es ist beleidigend, jemanden durch Ausstrecken und Beugen des erhobenen Zeigefingers **heranzuwinken**; man winkt statt dessen mit der ausgestreckten Hand, Handfläche nach unten. Eine nach oben zeigende Handfläche gilt als ungehobelt und taktlos. **Fingerschnippen** oder **Händeklatschen**, um die Aufmerksamkeit der Bedienung zu erregen, ist ebenso unhöflich. Sie sollten vielmehr Blickkontakt herstellen und eine sachte Bewegung mit leicht erhobener Hand machen. Im Notfall können Sie sich ein sanftes »pssst« erlauben, aber eine höfliche Gesellschaft wird **jedes laute Geräusch zur Erregung der Aufmerksamkeit anderer mißbilligen**.

Filipinos **zeigen eine Richtung an**, indem sie mit gespitztem Mund dorthin weisen oder ihre Augen in die betreffende Richtung wenden.

Abstand halten

Körperkontakt zwischen Personen des gleichen Geschlechts ist häufig. Es hat nichts mit **Homosexualität** zu tun, wenn zwei Männer Händchen halten oder den Arm über die Schulter des anderen legen.

Hingegen ist es **tabu, Personen des anderen Geschlechts in der Öffentlichkeit zu berühren**. Frauen grüßen sich mit einem flüchtigen Kuß auf die Wangen, aber Männer und Frauen halten respektvollen Abstand voneinander. Manche Frauen werden Männern die **Hand schütteln**, doch hat die Initiative von ihnen auszugehen.

Lächeln

Filipinos sind Meister im Lächeln. Sie lächeln, wenn sie loben, und sie lächeln, wenn sie kritisieren. Sie lächeln, wenn sie erregt sind oder ein kleines Ärgernis verursacht haben; sie lächeln, wenn sie Sie um etwas bitten; sie lächeln, wenn sie glücklich sind; und ebenso lächeln sie bei fast allen anderen Gelegenheiten. Wenn ein Kellner Suppe über Ihr Hemd verschüttet, verbindet er seine Entschuldigung mit einem aufgeregten Lächeln. Wenn sich ein Jeepney-Fahrer in die Lücke vor Ihrem Auto zwängt, wird er Sie um Verzeihung bittend anlächeln – oder triumphierend, weil er Ihnen zuvorgekommen ist? Wie auch immer, in Manilas hoffnungslosem Verkehrsgewirr ist die beste Antwort, gelassen zurückzulächeln.

Eine unangenehme Situation verlangt ein Lächeln, denn ein möglicher Konflikt liegt in der Luft, und **man erwartet von Ihnen, daß Sie das Lächeln erwidern**, um die Lage zu entschärfen und die Luft zu reinigen. Lächeln Sie, wenn Sie eine unangenehme Antwort vermeiden wollen. Und man wird Sie nicht mit Worten kritisieren, sondern eher still anlächeln. Fragen Sie jemanden in einer bestimmten Angelegenheit um seine Meinung und er lächelt schweigend, so benimmt er sich nicht wie ein Idiot, sondern

teilt Ihnen wortlos und zartfühlend mit, daß er nicht viel von der Sache hält. **Das Lächeln ist die perfekte Beschönigung.**
Ein Lächeln ist der beste Ausweg, Worte zu umgehen, die Unfrieden stiften könnten. Wo man im Westen knapp »kein Kommentar« sagen würde, läßt ein Filipino nicht von seinem Lächeln ab. Selbstverständlich kann man in ein Lächeln sehr viel hineinlesen. Es kann feine Mechanismen sozialer Interaktion auslösen. **Jede Situation hat ihr eigenes Lächeln.** Sie müssen lediglich die **Bedeutung erlernen, indem Sie Anlässe und Wirkungen beobachten.**
Wenn Sie in aller Öffentlichkeit auf den Hintern fallen, so wird dies Ihnen keinen aufmunternden und besorgten Zuspruch einbringen, sondern ein allseitiges Lächeln, während die Zuschauer stehenbleiben und warten, daß Sie sich aus eigener Kraft wieder aufrappeln. **Das Ausdrücken von Anteilnahme würde nur die Aufmerksamkeit der Öffentlichkeit auf Ihre mißliche Lage lenken und Sie Gesicht verlieren lassen.** Indem man Ihre peinliche Lage in der Öffentlichkeit absichtlich übersieht und zugleich mit einem Lächeln Mitleid ausdrückt, will man Ihr Unbehagen erleichtern. **Die persönliche Würde oder das Wahren des Gesichts ist in jeglicher Lage wichtiger als der körperliche Schaden.**
Unzählige Arten des Lächelns und angedeuteten Lächelns decken, in Verbindung mit Blickkontakten, nahezu alle Situationen ab. Leider hat bisher noch niemand ein Lexikon des filipino Lächelns verfaßt – Sie müssen sich der Situation aussetzen, um zu verstehen, worum es geht. Ein amerikanischer Psychologieprofessor meinte dazu: _In der Vergangenheit besaßen die Filipinos wenig Kontrolle über ihre Umwelt. Stets waren sie den Gefahren von Taifunen, Epidemien, Eroberern oder Mißernten ausgesetzt. Lächeln und Hoffen gelten als die angemessenen Reaktionen auf eine Situation, die jenseits der eigenen Kontrolle liegt. Deshalb zeigt man seine Wut oder seinen Ärger nicht, wenn etwas schiefgeht. Das erstrebenswerteste Verhalten, das aber nicht immer erreicht werden kann, ist, weiter zu lächeln_ (keep smiling) _und den Eindruck zu erwecken, es sei alles in Ordnung._

Beim Rendezvous

Wer bezahlt?
Es wird immer erwartet, daß **der Mann bezahlt**, selbst wenn die Einladung von der Frau ausging. Geht eine Gruppe von Männern und Frauen aus, teilen die Männer sich die Rechnung.

Die Anstandsdame
Mädchen oder jüngere Frauen erscheinen oft mit einer **Begleiterin**, einer Schwester, Verwandten oder Freundin, die das Vertrauen der Familie genießt. Die Begleitung ist fast immer weiblich; sollte es ausnahmsweise ein-

Lächeln – das beredteste Kommunikationsmittel der Filipino (Davao-Mädchen).

mal eine männliche Person sein, so handelt es sich um einen nahen Verwandten oder engen Freund der Familie.

Die Anstandsdame begleitet das Paar überallhin, so daß das Rendezvous eher einem Gruppenausflug ähnelt. Die **Anstandsdame männlichen Geschlechts** mag einen Freund mitbringen – das wäre dann ein Doppel-Rendezvous oder auch gerade recht für eine Runde Doppelkopf.

Zapfenstreich

Die Eltern jüngerer Mädchen schreiben häufig vor, bis wann die Tochter Ausgang hat. In weiser Voraussicht sollte Mann danach fragen und gegebenenfalls sicherstellen, daß seine Angebetete **pünktlich daheim** ist.

Ausgeherlaubnis

Jüngere Mädchen können oft nur **mit ausdrücklicher Erlaubnis der Eltern** eine Einladung annehmen. Meist wollen die Eltern auch wissen, mit wem sie wohin geht und wann sie heimkehrt. Ist der Begleiter der Familie unbekannt, wollen sie auch Einzelheiten über seine Person und Familie erfahren.

Küssen
Ist **beim ersten Treffen tabu** ...

Vermittler
Rendezvous werden normalerweise **von Freunden oder Verwandten arrangiert.** Die Filipinos lieben es, solche Arrangements in die Wege zu leiten. Immer wieder versuchen sie, ihre Freunde und Verwandten mit jemandem zu »verkuppeln«. Freunde und Verwandte bitten einander um die Anbahnung eines Rendezvous. Freunde stehen mir nichts dir nichts vor der Tür und sagen: »Ich habe ein Treffen für dich ausgemacht!« Hat ein junger Mann sein Auge auf ein bestimmtes Mädchen geworfen, so kann er einen gemeinsamen Freund bitten, den Kontakt herzustellen. **Rendezvous von Männern und Frauen, die einander nicht kennen, sind häufig.**

Körperpflege

Die schwülen Tropen verlangen häufiges Baden. Ein **tägliches Bad** ist die Regel, und über die Sitten amerikanischer Cowboys oder den wöchentlichen Familienbadetag in Europa machen sich die Filipinos bestenfalls lustig. James Le Roy, ein westlicher Philippinen-Besucher zur Zeit der Jahrhundertwende, stellte fest, die Filipinos seien »... gewissenhaft bei ihrer persönlichen Sauberkeit ... Das tägliche Bad ist kein Luxus, sondern eine gewohnheitsmäßige Notwendigkeit für jung und alt.«
Die Filipinos besitzen überaus feine Nasen. Dies mag den westlichen Besucher verwirren, der viele öffentliche Plätze vorfindet, besonders Marktplätze und die ärmlichen Slumviertel, die entschieden unangenehme Düfte ausströmen. Aber die **Filipinos trennen streng zwischen öffentlicher Schlampigkeit und persönlicher Reinheit.**

Mode: »Kleider machen Leute«

Das Aussehen ist wichtig in einer Gesellschaft, die das **öffentliche Ansehen** wertschätzt. Man muß **Sinn für Stil** zeigen. Bei gesellschaftlichen Anlässen erregt der allerletzte Modeschrei stets Bewunderung. **Sogar am Strand oder bei einem Picknick zieht man sich eher zu fein an** und nimmt Unbequemlichkeit und Hitze in Kauf, um ja nur tadellos gekleidet zu sein und wie aus dem Ei gepellt auszusehen. Leitende Büroangestellt haben dunkle Anzüge, das offizielle filipino Hemd *(barong tagalog)* oder zumindest modische, kurzärmelige Hemden zu tragen. **Wer sich in der Kleidung nicht anpaßt, stempelt sich selbst zum Außenseiter.** Schlappen Sie in Sandalen daher, so

Filipinos feiern gern und ziehen sich bei solchen Anlässen gut an.
Die gesamte erweiterte Familie bildet den Kern von Festen. Hier begehen
Herr und Frau Angelino Mendosa im Beisein aller Kinder und Enkel ihren
40. Hochzeitstag mit einer Zeremonie, bei der sie auch ihr Ehegelübde erneuern.

wundern Sie sich nicht, wenn man Sie in die Kategorie »Hippie« oder »Franziskanermönch« einstuft.

Viele Büroangestellte, vor allem bei staatlichen Behörden und Banken, tragen **Uniformen**. Dies macht kostspielige Modewettbewerbe innerhalb der Büros überflüssig und verleiht dem einzelnen **individuelles Prestige durch Zurschaustellung seiner Gruppenzugehörigkeit**. Alle Schulkinder tragen Uniformen, ebenso die Privatwächter. Man muß auch nach außen darstellen, was man ist, welchem Beruf und welcher sozialen Gruppe man angehört.

Modeschöpfer, vornehm bezeichnet als »Couturiers«, genießen ein hohes soziales Ansehen, und **Modeschauen**, veranstaltet in Hotels, Nachtclubs und bei Wohltätigkeitsbällen, sind in städtischen Gegenden sehr beliebt.

»Schönsein ist schön ...«

Schönheitswettbewerbe sind höchst populäre Veranstaltungen. Jedes *barrio* (Dorf), *municipio* (Stadt), jede Großstadt und Provinz nimmt daran teil. Frau Marcos war in ihren Oberschultagen bekannt als die »Rose von Tacloban« und anschließend an einem heißumstrittenen *Miß-Manila*-Wettbewerb beteiligt, bei dem zu guter Letzt der Bürgermeister von Manila einschritt und sie zur Siegerin erklärte. Stellt man eine Frau vor, so erwähnt man auch ihren Schönheitsköniginnen-Titel, selbst wenn die Dame schon weit über sechzig Jahre alt ist.

Schon von Kindesbeinen an lernen die jungen Filipinas, welche **soziale Ehre** der **Titel einer Schönheitskönigin** darstellt. Die hübschesten jungen Mädchen – genauso häufig aber die Töchter der reichsten Familien der Gemeinde – werden ausgewählt, an der religiösen Prozession *flores de mayo* (»Maiblumen«) im Monat Mai zu Ehren der Jungfrau Maria als *sagala* und *reina*, Prinzessinnen und Königinnen, teilzunehmen. Jede Sportsmannschaft und andere gesellschaftliche Organisation ziert sich mit einer »Muse«, einem weiblichen Mitglied, das als besonders attraktiv gilt. Wird ein Familienmitglied zur Schönheitskönigin gekürt, so überträgt sich diese Ehre natürlich auch auf die gesamte Familie.

Eine **Erfolgskrone auf dem Haupt eines namhaften Junggesellen** ist die Heirat, oder auch eine »romantische Affaire«, mit einer Schönheitskönigin. Die Filipinos verweisen stolz darauf, daß zahlreiche Filipinas Titel bei internationalen Schönheitswettbewerben gewonnen und namhafte Filipinos Siegerinnen internationaler Wettbewerbe geheiratet haben.

... doch Schönsein allein ist nicht alles

Die Betonung von **Schönheit als einer sozial erstrebenswerten Eigenschaft** erhöht das Bewußtsein für die Pflege der Schönheit. Und dabei **bedeutet Schönheit mehr als bloße körperliche Schönheit**.

Ein **Spürsinn für gute Kleidung, Frisur, Wahl von passendem Schmuck, Körperhaltung, öffentliches Auftreten, die Persönlichkeit** – all dies zählt dazu. **Besondere Talente**, etwa Singen, Tanzen, ein Instrument spielen (traditionell das Piano), Theaterspielen, Vortrags- und Rezitationskunst, Kochen, Sport (Tennis und Pelota), und die aktive Teilnahme an Wohltätigkeitsveranstaltungen werden hoch angesehen.

Öffentliche Auftritte dienen in erster Linie der **Zurschaustellung äußerer Eigenschaften**: Kleidung, Geschmack in Stil und Farbe, Schmuck – Filipinas ziehen auf jeden Fall, wenn sie es sich leisten können, echten Schmuck dem Modeschmuck vor –, gute Umgangsformen, Höflichkeit, das Vorzeigen von Reichtum und sozialer Stellung. Gesellschaftliche Zusammenkünfte gehen immer einher mit der Abschätzung von Kleidung und Schmuck der Prominenten. Noch vor nicht allzuvielen Jahren ähnelten manche große, von regionalen Clubs organisierte Bälle **Arenen für die Konkurrenz des Überflusses**, bis schließlich in den 1960er Jahren der Bürgermeister von Manila, Villegas, drohte, einen von der High Society des Stadtteils Visayas organisierten Ball wegen »übermäßiger Konsumwut« zu verbieten. Heute protzt man zwar weniger in der Öffentlichkeit, doch bleibt diese »übermäßige

Zwei Schönheitsköniginnen werden gekrönt. Schönheitswettbewerbe sind beliebte gesellschaftliche Ereignisse auf den Philippinen.

Konsumwut« bestehen als **eine Form der Kunst, den anderen stets eine Nasenlänge voraus zu sein**.

Sprache und Sprechen

Auf den Philippinen sind **mehr als siebzig Sprachen und Dialekte** verbreitet. Auf die **neun Hauptsprachen** verteilen sich 89% der Bevölkerung. Trotz gemeinsamer Wurzeln und gewisser Ähnlichkeiten in Aussprache und Grammatik fällt es einem *Pampango*-Sprecher z.B. schwer, sich mit einem *Cebuano*-Sprecher zu unterhalten. Fügt man zu all dem noch die aus dem Chinesischen, Spanischen und Englischen übernommenen Worte, so mischt sich das Ganze zu einem kunterbunten Kommunikationssalat.

Die **Nationalsprache,** *Pilipino* **genannt**, beruht sehr stark auf dem *Tagalog*. Wollen Sie längere Zeit auf den Philippinen verbringen, so ist es angebracht, etwas *Pilipino* zu lernen oder die Regionalsprache der Gegend, in der Sie sich aufhalten.

Filipino Akzente

Englisch wurde zusammen mit dem öffentlichen Schulsystem Anfang dieses Jahrhunderts als Unterrichtssprache eingeführt und ist daher weit verbreitet. Wie überall, wo Kolonialsprachen einheimische Sprachen überfremdeten, **übernehmen auch die Filipinos Laute ihrer Muttersprachen, wenn sie Englisch sprechen.** Nur wenige unterscheiden zwischen einem kurzen und einem langen *i;* das Wort »big« (groß) wird sich wie »biiig« anhören. »Hat« (Hut) etwa wird in westlichen Ohren wie »hut« (Hütte) klingen. Vereinfacht gesagt, benutzen Filipinos Vokale wie die einfachen fünf Vokale im Spanischen ohne die komplexe phonetische Ausdifferenzierung dieser Laute im Englischen.

Die Unfähigkeit vieler Filipinos, ein *f* **auszusprechen, das sie durch ein** *p* **ersetzen** (weshalb die Nationalsprache *Pilipino* ausgesprochen und geschrieben wird), rührt von der Abwesenheit des *f* in den philippinischen Sprachen her. In ihrem Bemühen, diese Unzulänglichkeit auszumerzen, schießen viele jedoch über das Ziel hinaus und sprechen, was die Verwirrung noch vollständiger macht, ein *f* da aus, wo ein *p* verlangt wäre. Das geschieht vor allem bei den **Pampango**, trotz der Tatsache, daß der Name dieser linguistischen und kulturellen Gruppe zwei *P*-Laute aufweist und die Gruppenangehörigen eigentlich ihren eigenen Namen kennen sollten.

Die **Ilocano** unterscheiden weiche Laute wie das *th* oder das *d* am Ende eines Wortes nicht von den harten, während **Visayan** trällernde, musikalisch anmutende Laute in Worte einfügen. **Aber diese Akzente behindern nicht grundlegend die Verständigung, und Sie werden sich rasch an sie gewöhnen.**
Ziehen Sie aus den ungewohnten Lauten **nicht den vorschnellen Schluß, die Filipinos verstünden kein Englisch.** Und verfallen Sie um Himmels

Die »Galionsfigur« dieses Jeepney heißt **Lady Lala Maribel.**
Hier offenbart sich die sprachliche Dreifaltigkeit der Philippinen:
Lady = *Englisch,* **Lala** = *lautmalerisches Pilipino,* **Maribel** = *Spanisch.*

willen **nicht ins Pidgin-Englisch oder die Tarzan-Sprache** (»Ich Tarzan, du Filipino«). Zwar haben Filipinos den Eindruck, daß Englisch sprechende westliche Ausländer, vor allem Amerikaner und Australier, undeutlich und schnell wie Maschinengewehre näseln. Dem können Sie aber eher entgegenwirken, indem Sie **langsamer**, weniger indem Sie **lauter** sprechen.

Filipino Englisch

Im Laufe der Zeit haben **einige englische Worte besondere Nuancen oder Bedeutungen erhalten.**
Einem Begriff wird häufig ein »D« vorangestellt, um ihm den Anschein einer sich französisch gebenden »Noblesse« zu verleihen. Lassen Sie sich von Werbeschildern mit dem Aufdruck »D'Pinoy« oder »D'Angel Cocktail

Bar« nicht zu sehr verwirren; derlei Bezeichnungen sind schlicht und ergreifend gewollt geziert und angeberisch.

Der Begriff *peacetime* (Friedenszeit) bezieht sich auf die Periode nach dem Philippinisch-Amerikanischen Krieg und vor dem II. Weltkrieg (zwischen 1902 und 1941) oder einfach auf die Zeit vor dem II. Weltkrieg. Die meisten Filipinos vergleichen gerne die heutige Zeit mit der *peacetime*.

Ein Stromausfall in nur einem Teil der Stadt ist kein *black-out*, **sondern ein** *brown-out;* und jemanden zu einem großen Essen oder Fest einzuladen wird *blow-out* genannt, wohl weil bei dieser Gelegenheit viel Geld »hinausgeblasen« wird.

Alle männlichen Weißen heißen »Joe« (ein Überbleibsel des G.I. Joe aus dem II. Weltkrieg), bis sie vorgestellt werden und ihr richtiger Name bekannt ist.

»Sir« und »Ma'm« (»Madam«) sind **respektvolle Anreden**, die die Filipinos von den amerikanischen Lehrern bei der Einführung des öffentlichen Schulsystems übernahmen.

Kameras werden *Kodak* genannt, Kühlschränke *frigidaire*, Zahnpasta *Colgate*. Eine rauhbeinige und zähe Person heißt *cowboy*. **Modewörter** wie *groovy* (für: toll, sehr gut) oder *chicks* (»Hühnchen«, für junge Mädchen) werden schnell aufgenommen und verwendet, um »In-sein« und Unbeschwertheit zur Schau zu stellen.

Der kulturelle Faktor: Sprachliche Besonderheiten

Sprachliche **Mißverständnisse** ergeben sich weniger aus den Besonderheiten des Filipino Englisch als aus der **tieferen oder breiteren Bedeutung, die Begriffen verliehen wird.**

Der **Zeitbegriff** des westlichen Ausländers ist bestimmt von seiner Digitaluhr, die ihm haargenau jede einzelne Sekunde anzeigt. Für Filipinos ist **Zeit weniger präzis und nicht von Sekunden geprägt**. In den *barrio* (Dörfern) messen die Menschen bei einer Wegbeschreibung die Zeit in Zigarettenlängen. Da auch die **Entfernungen** in diesen Gegenden in einem weiteren Maßstab gesehen werden, kann der Hinweis, etwas sei »ganz in der Nähe«, und ebenso die Bemerkung, es dauere »nur einen Moment«, eine weitaus längere Entfernung und Zeitspanne meinen, als der auf Exaktheit getrimmte Stadtmensch spontan vermutet.

Das englische Wort *fix* **für »etwas erledigen« umschließt verschiedene kulturelle Bedeutungen.** Ein Filipino, der Ihre Papiere »erledigen« kann, ist ein **»Vermittler«** zur Bürokratie, einer, der die Bearbeitung von Anträgen beschleunigt und sogar illegale Transaktionen »wäscht«, der Steuererklärungen bereinigt oder Ihre Strafzettel entsorgt. Er nimmt gegen ein Honorar den Papierkrieg mit den Behörden auf. Gelegentlich erfordert seine Tätigkeit kleinere Geldbeträge, um Ihren Dokumenten ein sauberes Gesundheitszeugnis zu besorgen. Dies sollten Sie im Hinterkopf behalten, wenn Sie

Ein liebenswertes Beispiel der sprachlichen Verwirrnis zwischen den Kulturen:
Weiß die junge Dame, wozu sie mit der Aufschrift auf dem T-Shirt einlädt?
»Alle, die ihr mühselig und beladen seid, kommt zu mir,
ich will euch erquicken!«

jemanden fragen, ob er einige Papiere für Sie »erledigen« kann, oder jemandem anbieten, für ihn ein Problem zu »erledigen«.
Die philippinischen Sprachen sind **von Höflichkeitsformeln durchdrungen**. Es ist wichtig für Filipinos – und jene, die mit ihnen richtig verkehren wollen –, niemanden durch Worte zu beleidigen. Man vermeidet sogar, scheinbare Selbstverständlichkeiten vorauszusetzen. **Auch wenn Sie sich bei einem Fremden lediglich nach dem Weg erkundigen, so sollten Sie zuerst fragen, ob Sie ihm eine Frage stellen dürfen!** Die angemessene Form lautet: »Entschuldigen Sie, darf ich Ihnen eine Frage stellen?«
Die **respektvolle Anrede** unter Filipinos lautet *po* (frei übersetzt mit »Dame, Herr« ohne Unterscheidung des Geschlechts). Diese Anrede gilt Fremden, neuen Bekannten und Älteren. Im Tagalog setzt man das Anrede-

wort in den Plural, wenn **Respekt gezeigt** werden soll. Da dies im Englischen nicht möglich ist, fühlen sich Filipinos oft ein wenig unwohl, wenn sie eine fremde Person einfach mit »you« anreden sollen.

Sprache – Ein Spiegel der Kultur

Auch in der Sprache zeigt sich die Eigenheit der Filipinos, **sich selbst herabzusetzen und den anderen im bestmöglichen Licht erscheinen zu lassen.**

So ist etwa das **Anwenden von Titeln** weit verbreitet. Es ist üblich, eine Person, sagen wir Herrn Cruz, mit seinem Titel anzureden: Rechtsanwalt Cruz, Ingenieur Cruz, Assistenz-Sekretär Cruz, Architekt Cruz und so weiter.

Selbstverständlich werden **Beamte** mit ihrem Amtstitel angesprochen, also Herr Sekretär, Herr Direktor Cruz, Monsignor Cruz oder Herr Vizebürgermeister Cruz. Sogar die **Ehefrauen** werden mit dem Titel ihrer Männer angeredet, wie Frau Sekretär oder Frau Bürgermeister. Oft wird eine Ehefrau als »Frau Kommandant« bezeichnet, halb im Spaß und halb in Anerkennung ihrer Machtstellung.

Es ist durchaus nicht ungewöhnlich, einen einfachen Soldaten oder Polizisten als »Herr Hauptmann« und den Hauptmann als »Herr Major« anzusprechen, um so dem Betreffenden eine höhere Bedeutung zu verleihen. Diese **Praxis der Höhereinstufung** und des **Gebrauchs von Berufsbezeichnungen** findet sich gelegentlich sogar bei **Kellnern** oder **Taxifahrern**, die man mit der Anrede »Boss« oder »Manager« in offenkundiger Überstrapazierung der Höhereinstufung in schwindelnde Höhen erhebt.

Die angeführten Beispiele sind zwar verbreitet, sollten dem Ausländer aber nicht als Leitlinie dienen; es ist angemessen und völlig ausreichend, Personen mit ihren **tatsächlichen Titeln und Positionen** anzusprechen. Doch sollten Sie den Hang der Filipinos kennen und verstehen, auch in der Sprache die Selbstachtung jeder einzelnen Person anzuerkennen. **Um die Selbstachtung in der Öffentlichkeit zu wahren, wird die Sprache mit hoher Sorgfalt eingesetzt.**

Selbst dem ärmsten **Bettler** bringt man diese öffentliche, sich in der Sprache widerspiegelnde Rücksichtnahme entgegen. Der schmutzigste, abgerissenste und Sie ständig belästigende Bettler mag Ihnen folgen, Sie mit dreckigen Fingern anfassen und Ihnen endlos zusetzen – doch hüten Sie sich, nach westlicher Art etwa ausrufen: »Hau ab, du Faulpelz!« oder barsch zu sagen: »Verschwinde und geh mir aus dem Weg!« Die **Standardantwort der Filipinos Bettlern gegenüber** lautet: *Patawarin po*, was wörtlich übersetzt »Entschuldigung, mein Herr« heißt. **Derjenige bittet also um Entschuldigung, der nicht in der Lage ist, dem Bettler etwas zu geben, nicht der ungehobelte Bettler.** Vielmehr wird dieser als *po* (Herr) bezeichnet.

Grob oder roh gegenüber einem Bettler oder jemandem von niedriger sozialer Stellung zu sein wird Sie Punkte in den Augen derer verlieren lassen, die

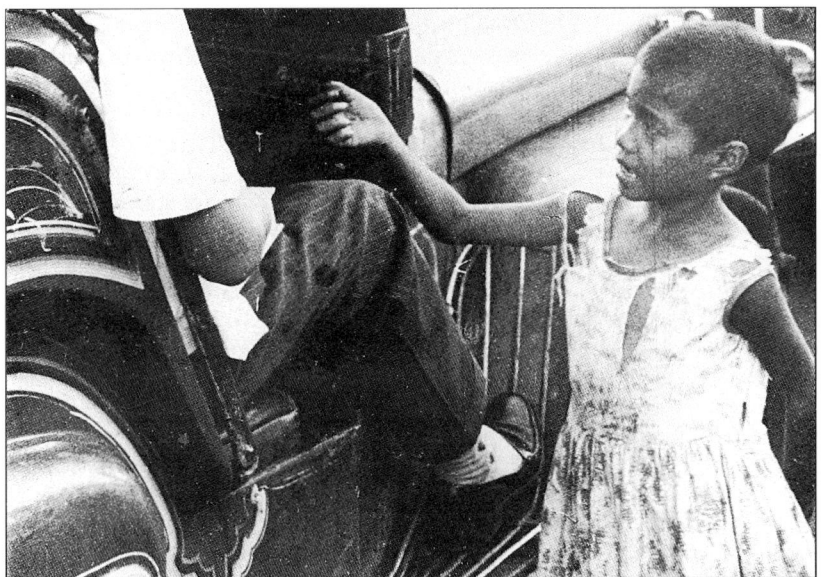

*Selbst dem armseligsten Bettler bringt man eine sich in der Sprache
widerspiegelnde Rücksichtnahme entgegen. Auch Sie sollten
in solchen Situationen zwar bestimmt, aber höflich bleiben.*

Sie dabei beobachten. **Der andere mag zwar nur ein Bettler sein, von
Ihnen aber erwartet man, daß Sie über ungeschliffenem Benehmen stehen.** Eine Person von hohem Status, die sich zuvorkommend und freundlich
gegenüber anderen von niedrigerem Rang verhält (Arbeitgeber zu Arbeit-
nehmer, Hausfrau zu Diestpersonal, Älterer zu Jüngerem), verdient Achtung
und Anerkennung. Umgekehrt **gilt Grobheit gegenüber Untergebenen als
Arroganz und bringt Ihnen nur Verachtung ein.** Höflichkeit in der Sprache sichert die Aufrechterhaltung der öffentlichen Harmonie und zeigt die
Sorge um die Bedeutung jedes einzelnen Individuums, so nieder dessen
Rang auch sein mag.

Sanftes Sprechen

Sprechen Sie **nie in aggressivem, hartem oder lautem Tonfall.** Dies könnte die Harmonie zerstören, Uneinigkeit herbeiführen oder Streit entfachen.
Also nicht allein, **was** Sie sagen, sondern auch **Ton und Sprechweise** übermitteln Ihre Botschaft und werden bewertet. Wenn Sie Filipinos bei einem
Gespräch zuhören und nicht darauf achten, was sie sagen, sondern in welchem Tonfall sie reden, dann werden Sie zumeist ruhige und sanfte Laute
vernehmen. Laute Stimmen hören Sie fast nur bei ausgelassener, guter Laune und Gelächter. Da aber die menschliche Natur so ist, wie sie nun einmal

ist, verschafft sich auch die arrogante, rauhe und prahlerische Stimme Gehör, die sich alsbald aber als Mißklang absetzt. Manchmal werden Sie nachäffende ärgerliche Laute, von Lachen begleitet, hören: Dies ist **eine komplizierte, subtile Art und Weise, Kritik oder ein negatives Urteil zum Ausdruck zu bringen.**

Es gilt als ungehörig, Befehle herauszubellen und jemanden öffentlich zurechtzuweisen, um so mehr, je höher man beruflich oder sozial steht. Ein **entschiedener und offener Ton ist nur erlaubt,** wenn die kritisierte Person **unter vier Augen, den Blicken und Ohren Dritter entzogen,** angesprochen wird.

Einige weitere Besonderheiten der philippinischen Sprachen enthüllen Denkweisen der Filipinos. So zum Beispiel die **zwei Worte für den Begriff** »wir«: *tayo* schließt die angesprochene Person ein, *kami* schließt sie aus. Hier zeigt sich die **Gruppenorientierung der Filipinos.**

Jemanden als *walang-hiya* zu bezeichnen, ist **die übelste Verdammung, die einer Person widerfahren kann.** Es bedeutet »ohne Scham« und besagt, daß der so Genannte die Verhaltensregeln nicht kennt und sich demnach auch benimmt, als besäße er keine Selbstachtung.

Das filipino »Ja«

Das filipino »Ja« stürzt die meisten westlichen Ausländer in Verwirrung. Ein »Ja« kann schlicht und einfach »Ja« bedeuten, aber genausogut »vielleicht«, »ich weiß nicht«, »wenn Sie meinen«, »wenn Sie es so wünschen« oder: »Ich hoffe, ich habe dies mit so wenig Enthusiasmus gesagt, daß Sie verstehen, daß ich eigentlich nein meine.« **In seinem Bestreben, es Ihnen recht zu machen, kann Ihr Gesprächspartner es nicht übers Herz bringen, kurz und bündig »nein« zu sagen.**

Deshalb muß man **eine Einladung zum Essen mehrfach aussprechen und bestätigen,** andernfalls gilt ein einfaches »Ja« nicht als verbindliche Zusage. Man könnte die Einladung schließlich lediglich aus purer Höflichkeit ausgesprochen haben; oder der Eingeladene konnte nun einmal nicht die angemessene Art finden, »nein« zu sagen; oder aber er sagt »ja«, um Sie hinzuhalten und sich eine Ausrede zurechtzulegen, wenn Sie schließlich die Einladung wiederholen, am besten durch **eine dritte Person, der gegenüber er ohne schlechtes Gewissen absagen kann.**

Diese Nuancen der gesprochenen Sprache, Englisch nicht ausgenommen, beleuchten die Komplexität der philippinischen Gesellschaft, die weit anders ist, als der erste Blick auf ihre westlich geprägte Oberfläche vermuten läßt. Um mit Filipinos zu reden, zu leben und sie zu verstehen, muß man ihre Gesellschaft und das, was diese Gesellschaft am Leben erhält, eingehender und tiefer betrachten.

Filipino
Werte und Verhaltensweisen

Hiya – Ein Gefühl für Scham und Schande

Man hat das **Wertesystem der Filipinos** in neuerer Zeit wissenschaftlich erforscht, und tatsächlich gelang es, einige Werte zu identifizieren und isolieren – ohne allerdings bislang einen wirksamen Impfstoff gegen sie gefunden zu haben. Nun, Sie müssen mit diesen Werten in der Gesellschaft leben, zumindest verstehen, warum es gelegentlich für Sie den Anschein hat, es liefe alles schief, wohingegen für Filipinos offensichtlich alles seinen ganz normalen Gang geht.

Hiya **ist der wichtigste soziale Wert der philippinischen Gesellschaft**, ist ihr Dreh- und Angelpunkt, der individuelles und soziales Verhalten kontrolliert und motiviert.

Hiya ist das Gefühl für Scham und Schande. Es ist ein allgemein verbreitetes soziales Zwangsmittel und erzeugt jenes **zutiefst im Innern verankerte Gefühl des Versagens, wenn man sich bewußt wird, den Anforderungen und Erwartungen der Gesellschaft nicht entsprochen zu haben.** Vor dem philippinischen Hintergrund wurde die allgemeine Bedeutung von *hiya* als das unangenehme Gefühl beschrieben, das die Erkenntnis begleitet, sich in einer sozial unakzeptablen Situation zu befinden oder sozial unakzeptabel zu handeln.

Filipino Arbeiter und Angestellte stellen Vorgesetzten normalerweise keine Fragen, selbst wenn sie nicht ganz sicher sind, was sie tun sollen – wegen *hiya*. Ein Gastgeber gibt mitunter für eine Feier mehr aus, als er sich leisten kann – wegen *hiya*. Ein gefeuerter Angestellter mag sich gewaltsam für den Rausschmiß rächen – wegen *hiya*. Ein Kollege wird nicht öffentlich mit Ihnen streiten, selbst wenn er völlig anderer Meinung ist – wegen *hiya*. Der Begriff ist schwer zu definieren. Es kommt einem schwerwiegenden sozialen Verstoß gleich, dieses Gefühl für *hiya* nicht zu besitzen – und es ist **die gröbste Beleidigung, jemanden als *walang-hiya* (»ohne jede Scham«) zu bezeichnen.**

Hiya ist ein **gesellschaftliches Kontrollinstrument**. Es begrenzt die Verhaltensmöglichkeiten einer Person, ihr Benehmen in der Öffentlichkeit wird daran gemessen, entweder gutgeheißen oder abgelehnt. Die eigene Selbstachtung steigt oder fällt, je nachdem wie man sein eigenes *hiya* in der Öffentlichkeit einschätzt. In der Öffentlichkeit lächerlich gemacht oder kritisiert zu werden oder sich in einer Weise zu verhalten, die von der Öffentlichkeit verurteilt wird, bedeutet, an *hiya* zu leiden – dem Verlust der Selbst-

achtung. **Bemerkt man hingegen nicht, daß man sich unangemessen verhalten hat**, oder fährt fort, sich in solch unangebrachter Art und Weise zu
benehmen, dann bedeutet dies, **gar kein** *hiya* **zu besitzen.** Und dieses
Brandmal allein reicht aus, einem **die Anerkennung der sozialen Gruppe,
wenn nicht gar der ganzen Gemeinschaft, zu entziehen.** Ein Filipino, der
die Unterstützung seiner Gruppenangehörigen verliert, ist ein sozial Ausge-
stoßener, eine zutiefst unglückliche Person. Darüber könnte nur jemand hin-
wegsehen, der Individualismus und Nonkonformismus als höchsten Wert
betrachtet, da sein Verhalten mehr von individuellen Schuldgefühlen
geprägt ist als von Gruppennormen.
In vielen *barrio*, in denen über 80% der Bevölkerung leben, spielt der Polizist – sofern es ihn gibt – eine nahezu bedeutungslose Rolle. Die gesamte
Gemeinschaft kümmert sich, alle Formen der Verbrechenskontrolle eingeschlossen, um die Aufrechterhaltung der Harmonie und versucht **Streitigkeiten möglichst durch Gruppenkonsens beizulegen**, wobei der Wert
hiya den Maßstab setzt. Ein jeder muß *hiya* besitzen und wird sich deshalb
so verhalten, daß die Gemeinde ihn anerkennt.

Amor-propio – Die Selbstachtung

Der traditionelle, aus vorkolonialer Zeit stammende Wert *hiya* wird noch
verstärkt durch den **spanischen Begriff** *amor-propio*, wörtlich übersetzt
»Liebe des Selbst«, womit Selbstachtung gemeint ist. Offene Kritik
demütig zu akzeptieren oder Gästen nicht die angemessene Gastfreundschaft zukommen zu lassen sind Beispiele eines Fehlens von *amor-propio*.
**In der philippinischen Gesellschaft ist der Aufbau und Erhalt der
Selbstachtung lebenswichtig,** und zu diesem Zweck verstärkt *amor-propio*
hiya. Und auch die traditionelle fernöstliche Vorstellung des Gewinnens und
Verlierens von »Gesicht« spielt auf den Philippinen eine Rolle und betont
wiederum die Bedeutung von *hiya* und *amor-propio*.
Die verschiedensten filipino Ausdrücke spiegeln das *Hiya-amor-propio-*
Syndrom. Hat jemand Prestige verloren, etwa ein Vater, dessen Sohn sein
Hochzeitsversprechen zurückzieht, nachdem die Heirat bereits öffentlich
angekündigt ist, so wird er wehklagen: »Welches Gesicht soll ich bloß der
Gemeinde vorzeigen, wenn du das tust!?« *(Anong mukha ang maihaharap
ko kung gagawin mo ito.)* Eine Person, die die Verhaltensregeln gebrochen
und damit *amor-propio* verloren hat, mag das Urteil vernehmen: »Ihr öffentliches Bild ist bei uns zerbrochen.« *(Basang basa ang papel niyan sa amin.)*
Die wörtliche Übersetzung besagt, daß das »Papier« der betreffenden Person, eine Anspielung auf ihr öffentliches Image, »naß« ist.
In völkerkundlichen Studien wurde der Begriff *hiya* als **Vorstellung von
sozialem Anstand** übersetzt und bestimmt, als eine Schutzmaßnahme zur
Verbesserung der Anpassung an die Normen der Gemeinschaft. Jemand, der
eine solche Norm verletzt, wird normalerweise ein tiefes Gefühl der Scham

Öffentliche Konfrontationen können leicht zu Gewaltanwendung führen.
Aus diesem Grunde versuchen Filipinos unbedingt, solche offenen Konflikte vor
Zeugen zu vermeiden, weil darin **amor-propio** *und Ehre verwickelt sind.*

empfinden und von der Vorstellung verfolgt werden, er habe darin versagt, gemäß den Anforderungen der Gesellschaft zu leben. Einen Filipino *walang-hiya,* schamlos, zu nennen, dies bedeutet, ihn ernsthaft zu verletzen.«

Anders als westliche, von einem festgefügten System von Richtig und Falsch abhängende Verhaltensweisen – eine Person fühlt sich schuldig, wenn sie feststellt, falsch gehandelt zu haben – behauptet *hiya* auch dann noch seine Stellung, wenn der Betroffene vollkommen im Recht und der andere im Unrecht ist. Denn ***hiya* und *amor-propio* stehen in Wechselwirkung zueinander.** Wer das *amor-propio* eines anderen verletzt, lädt damit zum Konflikt oder gar zur Gewaltanwendung ein; *hiya* hingegen hält einen Filipino davon ab, die Selbstachtung eines anderen zu verletzen. **Aus diesem Grunde mag er zum Beispiel zögern, eine längst fällige finanzielle Schuld oder einen entliehenen Gegenstand einzufordern.** Denn man könnte das *amor-propio* des anderen gefährden, indem man eine solche Angelegenheit von Angesicht zu Angesicht diskutiert.

Wenn Sie sich wundern, daß ein Filipino es vermeidet, ein Problem auf den Tisch zu bringen oder Sie darauf hinzuweisen, daß Sie Ihren Hosenschlitz nicht geschlossen haben, oder Sie auf eine unangenehme Situation aufmerksam zu machen, dann führen Sie sich vor Augen, daß *hiya* hier am Werke ist. Filipinos fühlen sich äußerst unwohl, wenn sie Wellenschlag verursachen, ein Boot ins Wanken bringen oder das launische *amor-propio* anderer verletzen.

Der Vermittler

Konfliktsituationen, die Offenheit verlangen, sind möglichst zu vermeiden oder äußerst taktvoll zu handhaben, da andernfalls *hiya* und *amorpropio* ins Spiel kommen könnten. In solchen Fällen wird ein Vermittler eingeschaltet, um die Wogen zu glätten. **Ein Vermittler ermöglicht es, Dinge auszusprechen und zu klären, die den anderen erregen könnten; und die vom Vermittler angesprochene Person kann sich frei genug fühlen, ein Anliegen abzulehnen,** Beschuldigungen zu widersprechen oder die eigene Einstellung zu erklären, ohne das *amor-propio* des anderen zu bedrohen, was bei einer Aussprache von Angesicht zu Angesicht der Fall wäre.

So ist zum Beispiel selbst die einfache **Anfrage nach einer Arbeitsstelle** mit den Unwägsamkeiten von *hiya* und *amor-propio* befrachtet. Denn das Urteil, der Bewerber sei nicht qualifiziert genug, könnte dessen *amor-propio* verletzen und *hiya* verursachen, weil er sich erlaubt hat, sich um diese Stelle zu bewerben. Die **Ablehnung** versetzt sowohl den Bewerber als auch den Arbeitgeber in eine peinliche Lage. Also tritt **eine dritte Person** auf den Plan, um das Gesuch zu übermitteln und dem Arbeitgeber die Möglichkeit einzuräumen, feinfühlig nein zu sagen. Und auch die Absage kann mit mehr **Würde** aufgenommen werden, wenn ein Mittelsmann sie behutsam überbringt.

Auch junge Männer, die erfahren wollen, ob die Angebetete ihrem Werben nicht abgeneigt ist, bedienen sich häufig eines Vermittlers. Der Weg zum Herzen einer Filipina führt über ihre beste Freundin oder eine Cousine. **Durch das stete Zusammenspiel von *hiya* und *amor-propio*, das direkte Konfrontationen verhindert, wird die Vermittlung unentbehrlich.** Filipinos lernen dies schon von Kindesbeinen an in der Familie. Sie wenden sich bei Auseinandersetzungen mit dem Vater an ihre Mutter, Großmutter, Tante, Schwester, Bruder – alle können bei Familienstreitigkeiten den Vermittler spielen.

Vermittler sind vonnöten bei **Geschäftsangelegenheiten, Regierungsverhandlungen** und beim **Umgang mit der Bürokratie**. Auch jemand, der etwas für Sie »erledigt«, ist auf seine Weise ein Vermittler zu Bürokratie. Der Einsatz und die Tätigkeit eines Vermittlers drehen sich um *hiya* und *amor-propio*, Angelegenheiten der höchst empfindsamen Selbstachtung.

Westliche Geschäftsleute, die mit filipino Kollegen oder Untergebenen zusammenarbeiten, sollten sich bewußt sein, daß *hiya* und *amor-propio* den Boden für vielerlei Zwistigkeiten bereiten können. In seinem an ausländische Manager gerichteten Buch zum Verständnis von filipino Werten schreibt ein Soziologe:

*Filipinos verfügen über einen **ausgeprägten Sinn für persönliche Würde**. Würde und Ehre bedeuten ihnen alles, so daß eine Verletzung, gleichgültig ob tatsächlich oder nur als solche empfunden, einen Angriff auf die Persönlichkeit darstellt. Sie respektieren andere Menschen, die ihnen aber die gleiche Achtung entgegenbringen müssen. Mancher Konflikt zwischen einem ausländischen Vorgesetzten und einem filipino Untergebenen entsteht dadurch, daß die persönliche Würde auf der einen Seite vernachlässigt, auf der anderen Seite geradezu geheiligt wird.*

*In Angelegenheiten der höchst empfindsamen Selbstachtung (**amor-propio**) hilft ein Vermittler Gesichtsverlust zu vermeiden. Er ist also kein Dienstleistungsparasit, sondern sorgt in allseits geachteter Weise für den Erhalt der sozialen Würde und übt zugleich eine wichtige wirtschaftliche Funktion aus.*

Beschönigung und indirekte Kritik

Auch Beschönigung und indirekte Kritik dienen der **Aufrechterhaltung glatter, harmonischer zwischenmenschlicher Beziehungen.**

»Necken« ist eine Art der indirekten Kritik, ein Weg, heikle Punkte auf fröhlich-unbeschwerte Weise anzusprechen, ein Weg, der spätestens dann erfolgreich ist, wenn andere sich an dem Spiel beteiligen. Ihr Vertrauen auf solche Beschönigungen läßt die Filipinos so bereitwillig ja sagen; sie wollen nicht öffentlich widersprechen oder enttäuschen.

Daher sieht man sie auch so häufig **lächeln,** selbst wenn sie keineswegs der Person, der sie zulächeln, zustimmen. Viele ausländische Geschäftsleute haben die Erfahrung gemacht, daß Zweideutigkeiten, Notlügen und beschönigende Ausflüchte, um unangenehme Wahrheiten zu umgehen, charakteristisch für Filipinos sind. Sie versuchen, andere nicht zu erregen oder zu verärgern. **Filipinos blicken voraus und geben eine erwartete Antwort, um negative Stellungnahmen möglichst zu vermeiden.** Wenn also jemand den Preis einer Dienstleistung in Erfahrung bringen will, so wird die Antwort wohl ausnahmslos lauten: »Das liegt ganz bei Ihnen!«

Filipinos lassen sich am Telefon lieber verleugnen, als dem Anrufer eine Bitte abschlagen zu müssen. Die **Ablehnung eines Vorschlags** nimmt überaus lange Zeit in Anspruch. Denn die einzelnen Schritte, um sie durchzusetzen und das abschlägige Urteil von einem unpersönlichen Komitee oder irgendwelchen höheren Mächten fällen zu lassen, bis der Vorschlag schließlich sehr sanft und würdevoll endgültig abgewiesen wird, gelten als Versuche, mögliche negative Reaktionen auszuschließen.

Negative Bemerkungen, auch die konstruktivste Kritik, werden durch Beschwichtigungsformeln eingeleitet wie: »Das ist nur meine persönliche Meinung, aber es erscheint mir, daß …« oder: »Ich halte dies für sehr gut, aber …« Um sicherzustellen, daß negative Kommentare **indirekt** sind, werden sie an **eine dritte Person oder eine Gruppe** gerichtet – mit der Vorwarnung, daß, falls sich jemand angesprochen fühlen sollte, er nicht beleidigt sein dürfe. Ein bekanntes Sprichwort lautet: »Ein Stern fällt vom Himmel, aber auf wen er auch fällt, der soll nicht beleidigt sein.« *(Bato-bato sa langit, ang matamaan ay wag magalit.)*

Ein Filipino wird sagen: »Darf ich es recht verstehen, daß Sie meinen …«, um seine Kritik behutsam anzudeuten, oder: »Ich denke, er versucht zu sagen, daß …«, um etwas zu betonen, abzuwandeln oder dem Standpunkt des anderen einen Aspekt hinzuzufügen. Er kann, um eine negative Ansicht zu verkleiden, vorgeben, etwas klären zu wollen: »Bitte verbessern Sie mich, wenn ich falsch liege, aber meinen Sie nicht auch, daß …«

Folgende und ähnliche **Formeln, die der Beschönigung negativer Bemerkungen dienen,** werden Sie häufig hören können: »Vielleicht« *(siguro nga),* »wenn Sie meinen« *(kung sinabi mo ba e),* »ich werde es versuchen« *(sisi-*

kapin ko po), »ich werde mich darum bemühen« *(pipilitin ko po)*, »ich weiß nicht genau« *(ewan)*, »wir werden sehen« *(titignan natin)* oder »sehen wir, was passiert« *(bahala na)*.

Auch ein **Anheben der Augenbrauen ohne Kommentar** bedeutet eine **negative Reaktion.**

Wie die Katze um den heißen Brei

Ausländer, die gern **unverzüglich auf ein Anliegen zu sprechen kommen**, wundern sich oft über den Zweck eines Besuches daheim oder im Büro, wenn der Besucher sich lediglich in sanftem **Smalltalk-Geplänkel** ergeht – eine nette Unterhaltung, die den Besuch aber nicht zu rechtfertigen scheint. Dabei hat der Besucher während der ganzen Zeit darauf gewartet, daß Sie ihm **einen angemessenen Anlaß bieten, über den Zweck seines Besuches zu sprechen**, indem Sie etwa (nachdem ein angenehmes Gesprächsklima hergestellt ist) ganz einfach fragen: »Was kann ich für Sie tun?« Oft wird der Besucher den Anlaß seines Besuches überhaupt nicht erwähnen, sondern erst beim Abschied, als fiele es ihm gerade erst wieder ein, herausplatzen: »Ach ja, was ich fast vergessen hätte, ich bin jetzt verantwortlich für die Spendenkampagne unserer Pfarrkirche. Wollen Sie nicht einige Eintrittskarten für unser Wohltätigkeitsfest kaufen?« Oder: »Ich habe gehört, Sie suchen einen Buchhalter. Ich habe da einen Cousin, der gerade eine Stelle sucht ...«

Die **Weitschweifigkeit** und die **zeitraubenden Höflichkeiten** sind Teile einer Dynamik, die um die Wahrung der zerbrechlichen Selbstachtung kreist. *Hiya* und *amor-propio* sind auf Umgangsformen angewiesen, die die wertvolle Selbstachtung vor möglichem Schaden bewahren. Und harmonische, glatte zwischenmenschliche Beziehungen vermögen diesen Zustand zu sichern.

Der Unterschied zwischen den zwischenmenschlichen Beziehungen in westlichen Ländern und auf den Philippinen rührt daher, daß **wir Konflikte durch das bewußte Herbeiführen, Filipinos hingegen durch das Vermeiden einer Konfrontation lösen.**

Pakikisama – Die Kunst des Zusammenlebens

Der filipino Ausdruck für glatte zwischenmenschliche Beziehungen lautet *pakikisama*. Grob übersetzt bedeutet dies **die Fähigkeit, miteinander auszukommen und das Gefühl von Kameradschaft und Zusammengehörigkeit zu entwickeln.**

Diese erstrebenswerte Fähigkeit erlernen Filipinos schon von klein auf. Mit ihrer Hilfe gelingt es, aufsässige Individuen für den Erhalt der Gruppeneintracht zu gewinnen. *Pakikisama* verlangt vom einzelnen, der Gruppenmeinung nachzugeben und sich nach Kräften für das Weiterkommen seiner

Gruppe einzusetzen, also **das individuelle dem allgemeinen Wohl zu opfern.** Hat man die Wahl zwischen einem qualifizierten Arbeiter, dem es an *pakikisama* mangelt und daher schlecht mit anderen auskommen wird, und einem ungeschulten Arbeiter, der über *pakikisama* verfügt, so wird letzterer bevorzugt.

Utang na loob – Der Schuldenzyklus

Pakikisama vermittelt sich über **persönliche Gefälligkeiten**, genannt *utang na loob*, wörtlich »**Schuld des inneren Selbst**«.

Wenn etwa in einem Gangsterfilm aus Hollywood ein Polizist oder Informant unter Anspielung auf eine erwiesene Gefälligkeit sagt: »Ich bin dir noch etwas schuldig«, so ähnelt dies, natürlich in weniger subtiler Form, der **grundlegenden Verpflichtung der Filipinos, auf Verlangen eine Schuld zurückzuzahlen.**

Utang na loob ist jedoch eine kompliziertere und weitreichendere Angelegenheit, denn man muß seine persönlichen Verpflichtungen mit Zinsen zurückzahlen. Und da diese Art von Schulden sich aber nicht genau in Zahlen berechnen läßt, entsteht so aus den Fäden von *utang na loob* ein äußerst **fein verflochtenes Netz gegenseitiger Abhängigkeiten.**

Von jedem Filipino wird erwartet, daß er *utang na loob* besitzt. Das bedeutet, er sollte sich seiner Verpflichtung denen gegenüber bewußt sein, die ihm gefällig sind, und sie in einer angemessenen Art und Weise vergelten. Da sich *utang na loob* hauptsächlich auf erwiesene Dienste bezieht, mag auch gelegentlich ein materielles Geschenk eingeschlossen sein, ist eine Quantifizierung unmöglich. Man kann die Rückzahlung nicht in Zahlen messen, aber zumindest den Versuch unternehmen, indem man die ursprüngliche Leistung in der Qualität übertrifft oder anerkennt, daß die Gegenleistung nur eine Rate ist und weitere Anstrengungen verlangt.

In seinen zwischenmenschlichen Beziehungen ist jeder Filipino einem anderen durch *utang na loob* verbunden und vice versa. Doch er **vermeidet eine solche Schuld nach Kräften gegenüber Außenstehenden**, insbesondere gegenüber Rivalen oder verfeindeten Gruppen. Es wäre unloyal, von einem gegnerischen Gruppenangehörigen einen Gefallen anzunehmen, da *utang na loob* tiefe persönliche und gefühlsmäßige Verpflichtungen nach sich zieht.

Der westliche Besucher sollte nur mit der äußersten Zurückhaltung in dieses Gespinst gegenseitiger Verpflichtungen eindringen – selbst Filipinos begeben sich nur mit großer Vorsicht in jemandes Schuld. Es ist jedoch wichtig zu wissen, wie das System von *utang na loob* arbeitet, um möglichen Fehleinschätzungen vorzubeugen.

So wird zum Beispiel ein **Geschäftsmann** feststellen, daß ein Angestellter, der zwar weniger ausgebildet und gewissenhaft ist, dafür aber viele **Freunde und Verwandte bei Regierungsstellen und Geschäftspartnern** besitzt,

Mehr noch als fachliche Qualifikation zählt bei der Anstellung eines Arbeiters dessen **pakikisama:** *soziale Rücksichtnahme und Integrationsfähigkeit.*

sich als durchaus nützlich erweisen kann, da er offensichtlich über ein reich bestücktes *Utang-na-loob*-Arsenal verfügt.

Historiker und Politikwissenschaftler behaupten, die politischen Führer der Philippinen hätten sich bei den Verhandlungen zwischen den USA und den Philippinen nach dem II. Weltkrieg in eine unvorteilhafte Ausgangslage versetzt, weil sie die amerikanische »Befreiung« der Philippinen von Japan unter dem Vorzeichen von *utang na loob* bewerteten. So bedeuteten die erdrückenden amerikanischen Rechte, die Eingang in die philippinische Verfassung fanden, und die Wiedereinrichtung von US-Militärbasen **unverhältnismäßige Konzessionen, die den USA aus einem Gefühl der Verpflichtung,** *utang na loob* **zurückzuzahlen, zugestanden wurden**.

Ein **westlicher Arbeitgeber**, der einem Filipino eine Stelle verschafft oder das kranke Kind einer Angestellten mit Medizin versorgt, wird zu besonderen Anlässen, etwa Weihnachten, **bescheidene Geschenke erhalten als**

41

Zeichen der Anerkennung für den erwiesenen Dienst. Selbständige, insbesondere Ärzte und Rechtsanwälte, werden von Klienten, denen sie kostenlos oder zum reinen Freundschaftspreis geholfen haben, mit Geschenken überschüttet.

Utang na loob prägt die **Beziehungen zwischen Eltern und Kindern**, denen die Eltern unter Opfern eine teure Ausbildung ermöglichen, **zwischen armen und wohlhabenden Verwandten**, die für materielle Unterstützung oder eine Arbeitsstelle sorgen, **zwischen Grundeigentümer und Pächter**, dem ein Kredit zur Anschaffung von Saatgut oder persönlichen Gegenständen gewährt wird, **zwischen Kollegen** für kostenlos geleistete Dienste und so weiter und so fort.

Politiker auf den Philippinen gewähren **politische Patronage im Austausch gegen Wählerstimmen** und führen so das *Utang-na-loob*-Element in das westliche politische System ein, das von den Amerikanern auf den Philippinen eingerichtet wurde. *Utang na loob* **ölt das Getriebe des politischen Systems**, und so greifen alle Rädchen, angefangen vom winzigsten Dorf bis hin zu den Spitzen des Staatsapparates, reibungslos ineinander, auch wenn dies in scharfem Widerspruch steht zu den theoretischen Prinzipien und Lehrsätzen des importierten westlichen politischen Modells. Trotz dieses von »Sachfragen« bestimmten politischen System beweist *utang na loob* weiterhin seine unwiderstehliche Anziehungskraft.

Der **Zwiespalt zwischen den filipina Vorstellungen von der Dynamik der Macht**, die Aspekte wie *utang na loob* einschließen, **und den Grundideen demokratischer Wahlen** haben das oft wechselhafte und willkürliche politische System auf den Philippinen bestimmt. Man sollte sich daher bewußt sein, daß in verborgenen Winkeln ausgewogene Mischungen von *utang na loob*, *hiya* und *amor-propio* in abgeschwächter, gelegentlich aber auch noch vollkommen intakter Form lauern können. Harmonische zwischenmenschliche Beziehungen mit großzügigen Prisen Schönfärberei und *pakikisama* sind stets am Spiel beteiligt.

Barangay – Die Verwandschaftsgruppe

Die **eigentliche soziale Einheit der philippinischen Gesellschaft** ist das *barangay*, das wahrscheinlich zurückgeht auf die **ursprüngliche Besiedlung des Archipels**. Seit schätzungsweise 500.000 Jahren leben Menschen auf den Inseln, wenn man den Funden von Steinwerkzeugen, fossilen Elephas und anderen Tieren, die im Cagayan-Tal entdeckt wurden, glaubt. Während über die prähistorischen Menschen auf den Philippinen nur wenig bekannt ist, nimmt man allgemein an, daß Wanderungen und Siedlungen nie zur Herausbildung eines großen Stadtstaates unter einem mächtigen König

Auch in den neuentstandenen Wildsiedlergebieten (squatter areas) *von Manila bleibt das* **barangay** *die bestimmende soziale Organisationseinheit.*

oder Herrscher geführt haben. Es gibt weder Parallelen zu Indonesiens Borobudur oder Kampucheas Angkor Wat noch einen Beweis für einen Stadtstaat, der vor der spanischen Kolonisation 1565 bestanden haben könnte.

Das Land wurde besiedelt durch einzelne **»Bootsladungen«, die als** *baran-gay* **bezeichnet wurden und aus Verwandtschaftsgruppen bestanden**, deren jeweiliges Oberhaupt *dato* hieß. Diese Bootsladungen voll Menschen siedelten an der Küste und an den Flüssen und blieben als Gemeinschaften weitgehend unter sich. Die **spanischen Kolonisatoren,** abzuzählen an wenigen Händen, waren in der Lage, einen weiten Teil des Landes zu unterwerfen, weil sie auf keinen vereinigten Widerstand stießen. Die Spanier fanden sogar Verbündete, die andere Gruppen bekämpften.

Rivalitäten und Wettbewerbe zwischen verschiedenen *Barangay*-**Verwandtschaftsgruppen** kennzeichneten wesentlich die vorspanische Geschichte. In einigen Fällen, so unter den Ifugao in den Bergprovinzen, entwickelte sich die Rivalität zwischen den Dörfern zu Kopfjagden, bei denen sich der Tod eines Gruppenmitglieds nur durch Erbeutung des Kopfes eines Mitglieds des gegnerischen Dorfes rächen ließ.

1589 schrieb der spanische Missionar Pater Juan de Plasencia über die Filipinos:

*Dieses Volk hat immer **Häuptlinge** besessen,* dato *genannt, die es regierten und im Krieg anführten und denen man gehorchte und Respekt entgegen-*

brachte ... Diese Häuptlinge besaßen keine große Gefolgschaft, höchstens einhundert Haushalte, zuweilen weniger als dreißig. Eine solche Gruppe heißt auf Tagalog barangay. *Meine Auffassung, weshalb sie so genannt wird, ist folgende. Aus ihrer Sprache wird deutlich, daß diese Leute **Malaien** sind, demzufolge Einwanderer; und als sie auf diesen Inseln landeten, muß der Bootsmann eines* barangay *(denn das ist eigentlich der Name für ein Schiff) seine Herrschaft als* dato *behalten haben. Bis heute versteht man unter dem Begriff* barangay *eine Familie bestehend aus Eltern, Kindern, Verwandten und Sklaven.*

Eine größere Anzahl dieser barangay *bildete eine einzelne Stadt oder siedelte nicht weit voneinander entfernt, um sich im Falle eines Krieges gemeinsam verteidigen zu können. Es gab jedoch keine, die anderen untertan waren, sondern sie waren **verbunden durch Freundschaft oder Stammesgemeinschaft**; und die Häuptlinge, jeder mit seinem* barangay, *kämpften Seite an Seite in den Kriegen, die sie führten.*

Bis heute sind viele dieser **Clans aus vorspanischer Zeit** erhalten geblieben, die als **kulturelle Minderheiten in abgelegenen Gegenden** des Archipels leben.

Die **grundlegende Gemeinschaftsgruppe, *barrio* genannt**, ist in ihrem Kern in vielerlei Hinsicht eine *Barangay*-Verwandtschaftsgruppe. Doch **selbst in den kleineren und größeren Städten lebt die Verwandtschaftsgruppe weiter**, wenn auch in veränderter und weniger deutlicher Form. In ihr finden die Werte von *hiya, amor-propio, utang na loob* und *pakikisama* Anwendung. Filipinos denken in Kategorien des alten *barangay* und ordnen eine Person nach der Clangruppe ein, der sie angehört.

Die Verwandtschaftsgruppe in Aktion

Situation: Ein ausländischer Historiker entdeckt während eines Forschungsaufenthalts in Iloilo einige faszinierende alte Bücher und Dokumente im Besitz zweier älterer Damen. Er bringt sein großes Interesse zum Ausdruck und bittet um Erlaubnis, die verstaubten Wälzer studieren zu dürfen. Vergeblich, er trifft auf nichts als Ablehnung und Argwohn. Erst nach sechs Monaten hartnäckiger Verhandlungen erlauben ihm die beiden Damen Einblick in die Bücher. Der Grund: Ihn begleitet eine Filipina, die angeregt mit den Damen plaudert und nach einer langen Unterhaltung, die rein gar nichts mit den Büchern zu tun hat, diese selbstredend untersuchen und lesen darf. Erstaunt ruft der Ausländer aus: »Wie ist Ihnen dies gelungen? Ich habe sechs Monate gebraucht, um das Vertrauen der beiden zu gewinnen!« Die Filipina erklärt ihm: »Ich habe kein sonderliches Interesse an den Büchern gezeigt, habe sie nicht einmal angeblickt. Zuerst habe ich von mir erzählt und erklärt, ich sei die Nichte von jemandem, den sie kennen, und befreundet mit einer anderen Person, die sie ebenfalls kennen, und habe mich so **in ein Netz gegenseitiger Bekanntschaften eingebracht**.«

Wirtschaftliche Tätigkeiten wie Fischen, Ackerbau und Handwerk beziehen meist alle Familienmitglieder in gemeinschaftlicher Arbeit ein.

Die **Bedeutung solch oberflächlicher, persönlicher Unterhaltungen** entgeht sehr oft dem Ausländer, der gern schnell zur Sache kommt (und dabei häufig mit der Tür ins Haus fällt). Doch wer der andere ist, versteht der Filipino erst, wenn er ihn **in seine Verwandtschaftsgruppe einordnen und in freundlichen Wechselbezug oder feindlichen Gegensatz zu anderen Gruppen setzen** kann.

Die **grundlegende soziale Einheit** bei den Filipinos ist die **Kernfamilie** aus Vater, Mutter und Kindern, hinzu kommt die **erweiterte Familie**, die die **Blutsverwandten beider Seiten**, also von Vater und Mutter, einschließt. Der Einfluß der Familie durchdringt alle Facetten der philippinischen Gesellschaft. Sie ist die ursprüngliche Einheit gemeinsamen Handelns, um die sich soziale, ökonomische und religiöse Aktivitäten drehen. Religion ist zu einem beträchtlichen Teil auf die Familie und das Heim bezogen. Ökonomische Aktivitäten wie Landwirtschaft, Fischen und Handwerk beziehen im allgemeinen alle erwachsenen Familienmitglieder in gemeinschaftlicher Arbeit mit ein, oft helfen auch die älteren Kinder. Die sogenannten **Korporationen** (Unternehmen) auf den Philippinen sind charakteristischerweise in Familienbesitz. **Vetternwirtschaft in Regierung und Geschäftsleben** ist weit verbreitet: sie zeigen eine Widerspiegelung des Zusammenhalts der Familie.

Die filipina Familie zeigt große **Solidarität**, betont **Loyalität** und **Unterstützung für Blutsverwandte**, oft unter **Mißachtung sozialer Organisationen** oder größerer Zusammenhänge wie die der Stadt oder der Nation …

Im typischen *barrio* oder Dorf sind politische Organisationen nur schwach entwickelt. Gruppenaktivitäten werden auf der Basis der Familienverbindung und gemeinsamer ökonomischer oder offizieller Interessen organisiert. Führungspersönlichkeiten werden von den wichtigen Familien gestellt und sind hauptsächlich von Reichtum und Familiengröße bestimmt.

Der **Zusammenhalt der Familie** beeinflußt auch stark die zwischenmenschlichen Beziehungen, besonders unter den Gruppen. Eine Beleidigung eines Mitglieds gilt als Angriff gegen die ganze Familie. Andererseits bietet die Familie ein zuverlässiges Auffangnetz für ihre Angehörigen, im Gegensatz zu den oft zerbrechlichen Beziehungen zu Nicht-Verwandten …

Die Verwandtschaftsgruppe und der Ausländer

Situation: Eine **Europäerin**, Mitarbeiterin eines Forschungsprojektes in einer ländlichen Gegend, badet gern mit einem knappen **Bikini** bekleidet im Fluß und läuft in engen **Shorts** durch das Dorf. Eines Tages geht sie ohne Begleitung im Wald spazieren und wird von zwei Männern sexuell belästigt. Als sie zurück ins Dorf läuft und um Hilfe ruft, bringt man ihr statt Mitleid den Vorwurf entgegen, sie habe durch ihr Verhalten als »**sexy Ausländerin**« die Situation schließlich selbst provoziert.

Eine andere Situation: Ein Wissenschaftler hat ein Programm erarbeitet, das durch Einkreuzen einer amerikanischen Hühnerrasse die Geflügelzucht auf den Philippinen verbessern hilft. Unter Aufwand hoher Kosten werden die exotischen Hähne an ausgewählte Bauern in ausgewählten *barrio* verteilt. Dann begibt sich besagter Wissenschaftler ins Feld, um den Fortschritt seines Projekts zu begutachten. Einer der Bauern erfährt vom bevorstehenden hohen Besuch und beginnt unverzüglich, in Übereinstimmung mit der traditionellen filipina **Gastfreundschaft**, mit den Bewirtungsvorbereitungen. Bei seiner Ankunft im Haus des Bauern wird der Wissenschaftler zu einem kleinen Festschmaus geladen und entdeckt auf seinem Teller den wertvollen Zuchthahn – gebraten. Sein filipino Gastgeber fand, nur das Allerbeste könne für den *V.I.P.* gut genug sein – und das war nun einmal der exotische Vogel.

Die Verwandtschaftsstrukturen bestimmen das Verhalten der Filipinos, wobei ihre besonderen Wertvorstellungen häufig aber nur innerhalb der

Gruppe Anwendung finden. **Außenseiter gelten als Freiwild**, bei ihnen wird ein anderer Wertmaßstab angelegt. So müssen Sie zum Beispiel damit rechnen, daß **Sie als Tourist mehr bezahlen müssen** als andere, doch **sobald Sie als Gast oder Freund eines Gruppenmitglieds erkannt worden sind und nicht mehr als durchreisender Ausländer gelten, wird man auch Ihnen einen fairen Preis machen.**
Eine weitere Situation: Als Sie über eine Überlandstraße fahren, springt plötzlich ein Junge auf die Straße, und Sie fahren ihn an. Heben Sie den Jungen sofort auf, und bringen Sie ihn ins nächste Krankenhaus. Es kann gefährlich werden, länger am Unfallort zu verweilen, wenn sich dort eine größere Gruppe von Dorfbewohnern versammelt. Denn in einer solchen emotional aufgeladenen Atmosphäre könnte eine Gruppe aus der Sippschaft des verwundeten Jungen Sie angreifen. **Sollten Sie in einen Verkehrsunfall verwickelt sein und die Passanten zu schimpfen beginnen, handeln Sie klüger, wenn Sie schleunig den Ort verlassen und die nächste Polizeistation aufsuchen.** Die Dorfbewohner gehören einer, höchstens zwei Verwandtschaftsgruppen an, und sie werden in jedem Fall auf der Seite des Opfers stehen, das mit ihnen verwandt ist, und den Außenseiter ablehnen.

Beide Familienlinien zählen

Anders als in matrilinearen oder patrilinearen Gesellschaften **gehören auf den Philippinen sowohl die Verwandten des Mannes als auch der Frau zur Kernfamilie.** In der filipina Verwandtschaftsgruppe **knüpft eigentlich das Kind die Verwandtschaftsbande,** da seine Verwandtschaft, von Großeltern, Onkeln und Tanten angefangen, beide Familien verbindet. Kinder sind deshalb in den Verwandtschaftsgruppen sehr wichtig. Bei den Ifugao wird eine formale Hochzeit nur durchgeführt, wenn feststeht, daß die Frau schwanger ist. In Manila sprechen Ehefrauen ihre Männer meist mit »Daddy« (Vati) an, während sie selbst »Mommy« (Mutti) genannt werden, was ihren elterlichen Stolz betont und ihre Identität aus Sicht des Kindes festlegt.

Compadrazco – Die Patenschaft

Als Verwandte zählen natürlich auch die entferntesten Vettern und Cousinen. Darüber hinaus **vergrößert sich die Verwandtschaftsgruppe und wächst, außer durch Heirat auch durch andere Rituale, über die Blutsverwandten hinaus.** Die Spanier haben christliche Riten eingeführt, die den Filipinos zur Ausweitung der Verwandtschaftsgruppen dienen.
Die **christliche Sitte der Taufpatenschaft** schafft eine **feste Beziehung zwischen Patenkind und Patenonkel bzw. -tante.** Nach der strengen Tradition gelten Patenonkel und -tante als die zweiten Eltern des Kindes. Man erwartet von ihnen, daß sie sich um das Kind kümmern, wenn den Eltern etwas zustößt. Zu Weihnachten und am Geburtstag des Patenkindes ist es

üblich, ihm ein Geschenk zu übergeben. Ist das Kind schließlich erwachsen, so haben es die Paten bei der Arbeitsplatzsuche zu unterstützen und andere Hilfestellungen für sein Weiterkommen zu leisten. Allerdings bleiben die Erwartungen oft reine Idealvorstellungen, selbst wenn die Patenschaft zumeist die Bereitschaft materieller Unterstützung voraussetzt.

Das Patenkind nennt seinen Patenonkel *ninong*, seine Patentante *ninang*. Es selbst heißt *inaanak*, was wörtlich übersetzt »geschaffener Bruder/Schwester« bedeutet, also ein durch ein Ritual erworbener Bruder oder eine Schwester zu den leiblichen Kindern.

Compadres – Alle werden Brüder

Die **Taufzeremonie** knüpft nicht nur ein Band zwischen Paten und Patenkind, sondern verbindet auch **Paten und Eltern des Kindes, die sich gegenseitig als *compadres* anerkennen**. Patenonkel und Patentante, die einander vor der Taufe vielleicht noch nie gesehen haben, werden damit gleichfalls zu *compadres*. Dieses System wird *compadrazco* genannt und ist **spanischkatholischen Ursprungs**; das Wort *compadre* bedeutet im Spanischen »Patenonkel«.

Die filipina Verwandtschaftsgruppen haben das religiöse Ritual nicht allein aus religiösen Gründen übernommen, sondern vielmehr als **willkommene Möglichkeit, ihre jeweilige Gruppe durch »zeremonielle« Verwandtschaft auszudehnen**.

Die Zahl der Paten bei religiösen Zeremonien hat sich mittlerweile vergrößert, so daß heute sechs oder acht Paten keine Seltenheit sind. Angesehene Mitglieder der Gemeinschaft, wie etwa Beamte, werden gern als Paten ausgewählt. **Das *Compadre*-System hat sich auch auf Firmungen und Hochzeiten ausgeweitet.** Bei diesen Anlässen werden Spender dann zu Paten, und das *Compadre*-Band verbindet sie auch mit den Eltern und anderen Spendern.

Es ist inzwischen eine **nahezu offizielle Funktion, Taufpate zu sein**: Die meisten höherstehenden **Beamten** haben Hunderte, wenn nicht Tausende von Patenkindern. Ein Maßstab für die Bedeutung einer Hochzeit oder Taufe ist der **Bekanntheitsgrad der Paten**.

Ohne Zweifel hat auch in vorspanischen Zeiten die Verwandtschaftsgruppe sich durch Rituale ausgedehnt, so zum Beispiel durch die von verschiedenen spanischen Zeitzeugen beschriebenen Blutsverträge. Ein Blutsvertrag verlangte das zeremonielle Vergießen einiger Tropfen Blut, das die Beteiligten mit Wein vermischt tranken und sie so zu Blutsbrüdern vereinte. Das christliche *Compadre*-Ritual wird auf den noch von der Tradition durchdrungenen Dörfern ernster genommen als in den größeren Städten, wo man die *Compadre*-Bande eher oberflächlich einhält.

Die **verbreitete Anrede *pare*** ist eine Vereinfachung von *compadre* und wird heute sehr frei, sogar Fremden gegenüber, verwendet.

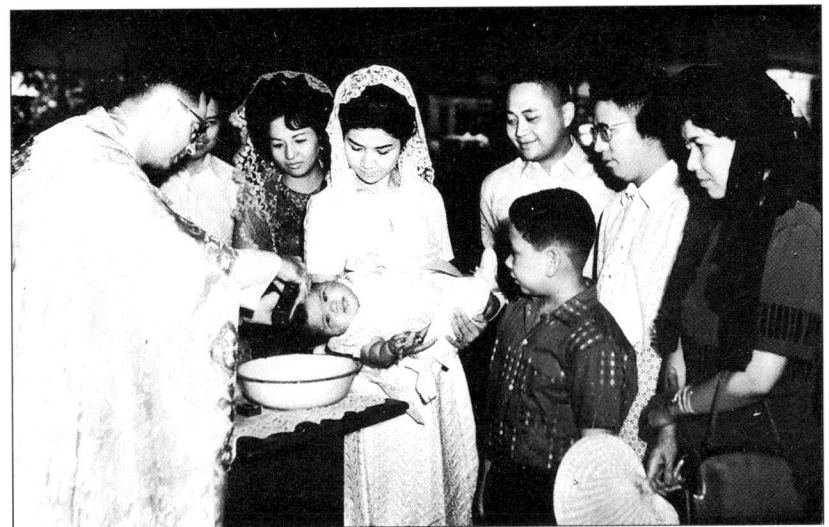

Eine Taufzeremonie:
Da das Kind ein Mädchen ist, wird es von der Patentante gehalten, während
die Eltern, der Patenonkel, andere Paten und Verwandte zusehen.

Die Taufzeremonie: Ein Führer für Fremde

• **Ausländer** genießen auf den Philippinen **hohes Ansehen**, da die meisten dort wohnenden Ausländer wichtige Positionen bekleiden und deshalb häufig gefragt werden, als **Pate oder Spender für eine Taufe oder Hochzeit** aufzutreten. Da dies als Auszeichnung gilt, ist es nicht leicht, eine derartige Bitte abzulehnen, ohne *hiya* zu verursachen; man sagt am besten zu. Außerdem erwartet man von einem Ausländer nicht, daß er die Verpflichtungen des Paten vollständig versteht. Wenn Sie sich nicht in die komplizierten Verwandtschaftsbeziehungen einbringen wollen, so wird bereits Ihre **Teilnahme an der Zeremonie** als ausreichende Ehre verstanden.

• Einer der Taufpaten trägt das Kind während der kurzen Zeremonie. Sowohl Patenonkel wie Patentante kommt Bedeutung zu. Nach dem Brauch steht der Patenonkel etwas weiter im Vordergrund, wenn das Kind ein Junge ist, und die Tante bei Mädchen. Früher wählte man im Gegensatz zu heute jeweils nur einen Paten.

• Eigentlich unnötig zu sagen, daß Sie **dem Anlaß entsprechend gekleidet** sein sollten. Denn diese Zeremonie ist den Eltern des Kindes sehr wichtig. Meist ist es üblich, daß die Patin das Taufkleid bezahlt.

• Die **Paten kommen außerdem für die Kosten der kirchlichen Zeremonie auf.** Sie sind zwar nicht hoch, schwanken aber je nach Ausstattung der Feier (ob sie am Hochaltar stattfindet, Glocken geläutet werden usw.). Ein

Geschenk, sein Wert hängt von der eigenen Großzügigkeit ab, für das Patenkind ist üblich. In der Ober- und oberen Mittelschicht mag dies ein silberner Becher oder ein Besteck sein, ein Paar goldene Ohrringe für ein Mädchen oder bestickte Baykleidung. Es ist ein sicherer Tip, etwas Praktisches, jedoch ausgesucht Schönes zu schenken.

• Die Eltern statten ein **Fest** aus, das recht verschwenderisch sein kann, mit einer großen Zahl von Gästen, oder eher bescheiden und auf einen kleinen Kreis beschränkt. Auf jeden Fall sind die Paten stets **Ehrengäste**.

• Manche Paten veranstalten nach altem Brauch am Ende der Feier eine »**Gelddusche**« aus kleinen Münzen, um dem Patenkind künftigen Wohlstand zu wünschen. Man sollte also ein kleines Säckchen Münzen mitbringen, etwa 20 Pesos in 10-Centavo-Münzen, die Sie bei der »Gelddusche« in die Luft werfen. Ein großzügiges *sabog*, wie dieser Geldregen genannt wird, bestünde aus einigen hundert Pesos in 50-Centavo-Münzen (in Ausnahmen sogar auch Banknoten). Meist beteiligen sich nur Kinder und jugendliche Mädchen am Aufsammeln der Münzen. Wenn Ältere dies tun, dann in dem Glauben, es bringe ihnen Glück; eifriges Aufraffen ließe sie als habgierig und materialistisch erscheinen.

• Laut Tradition gelten die **Verpflichtungen der Paten** lebenslang. Die **Pflicht des Patenkindes** beläuft sich auf angemessenen Respekt seinen Paten gegenüber. Materielle Hilfe ist nicht das Wichtigste, doch man erwartet gewiß Unterstützung bei der Arbeitssuche, das Ausstellen von Empfehlungsschreiben und Fürsprachen. Dies erklärt auch, weshalb Beamte, die offenbar in der Lage sind, **Protektion** zuzusichern, als Paten so begehrt sind.

Die Hochzeit: Ein Führer für Fremde

Die **Paten einer Hochzeit** nehmen die **Ehrenplätze** ein. Deshalb erhöhen im Spiel des sozialen Aufstiegs **prominente Paten** das Prestige der beiden Familien, die durch die Heirat verbunden werden. Anders als der Taufpate legt sich der Hochzeitspate über Nacht zwei erwachsene Kinder zu, die dabei sind, verantwortungsvolle Aufgaben in der Gesellschaft zu übernehmen, so daß seine **Verpflichtung, beim Aufbau einer Karriere zu helfen**, viel unmittelbarer auf ihn zukommt. Als **Hochzeitsgeschenk** wird von den Paten allerdings nur eine ihrer Stellung angemessene Gabe erwartet.

Die Trauung ist im allgemeinen eine **kirchliche Zeremonie**. Aufwendige Feiern können nicht nur eine Anzahl von Paten auf den Plan rufen, sondern auch einen Begleitzug von Blumenmädchen, einen Ringverwalter, Brautjungfern, eine Ehrenjungfer, Kerzen-, Band- und Schleierspender.

Hochzeiten laufen nach einem für philippinische Verhältnisse **strikten Zeitplan** ab, bei dem allein der Braut Spielraum für eine Verspätung bleibt. Sie darf nicht zu begierig erscheinen, indem sie zu früh zur Trauung eintrifft. Nur ein sehr wichtiger Pate kann es sich erlauben, sich erst nach der Braut einzufinden. Anders als bei Einladungen zum Essen, wo man sich absichtlich verspätet, um nicht den Eindruck zu erwecken, man lechze nach den Fleischtöpfen, verursacht es kein *hiya*, früh zu einer Hochzeit zu erscheinen.

Die Hochzeitspaten

Die Paten knien **während der Messe** mit dem Brautpaar vor dem Altar. Am Ende der Zeremonie unterzeichnen die Paten als Zeugen die **Trauungsurkunden.** Auf den nächsten Schritt sollten Sie sich als Pate vorbereitet haben, denn der Küster oder ein Meßdiener wird sich mit einem Teller in der Hand nähern, da man von den Paten eine **Spende** erwartet. Ohne diese Vorbereitungen werden Sie mit leeren Händen und offenem Mund auf diesen Teller starren, und ohne die passenden Scheine wird das Klingeln von Münzen Sie blamieren – oder es kostet Sie womöglich den einzigen großen Schein in Ihrer Brieftasche.

Möglicherweise bittet man Sie, nicht als Pate, sondern als **Kerzen-, Schleier- oder Bandspender** zur Verfügung zu stehen, Rollen, die man Freunden der Braut oder des Bräutigams anvertraut. Der Kerzenspender entzündet die Kerzen am Altar und löscht sie wieder vor Ende der Zeremonie. Wenn Sie den Kerzenspender spielen, so sollten Sie ein Feuerzeug mitbringen – am besten eines, das funktioniert. Der Schleierspender legt einen Schleier über Braut und Bräutigam, der Bandspender ein Band. Schleier und Band werden von der Familie zur Verfügung gestellt, und meist gibt jemand den Spendern ein Zeichen, wenn ihr Auftritt naht. Alle Spender treten als Paare an, also ein Mann und eine Frau für jedes Ritual.

Das Hochzeitsessen

Der kirchlichen Trauungszeremonie folgt ein **Festschmaus**, heutzutage meistens in einem **Restaurant** oder **Club**. Die **Ehrengäste** sitzen mit den Brautleuten, deren Eltern und dem Hochzeitszug am Kopf des Tisches. Manchmal hängt ein glockenförmiger weißer Papierkäfig deutlich sichtbar in der Nähe des Tisches, und Braut und Bräutigam ziehen an den daran angebrachten langen weißen Seidenbändern, um **weiße Tauben** freizulassen, die unter den Gästen für einige Aufregung sorgen, bis sie wieder eingefangen sind.

Die Brautleute schneiden gemeinsam den **Hochzeitskuchen** an, der zuweilen von einer für ihre Koch- und Backkünste bekannten Verwandten beigesteuert, heute aber ebenso häufig von einer Konditorei angeliefert wird. Unverheiratete weibliche Gäste ziehen an Bändern befestigte Gegenstände aus dem Kuchen, die Prophezeiungen über ihr eheliches Glück (oder Unglück?) enthalten. Zur Erinnerung an die Feier erhalten alle Gäste ein Stück des Hochzeitskuchens, verpackt in ein kleines, mit den Initialen von Braut und Bräutigam versehenes Kästchen. Auf den Philippinen ist es Brauch, Gästen etwas Essen vom Festschmaus mit auf dem Heimweg zu geben. **Trinksprüche** oder **Reden**, wie in Europa bei Hochzeiten üblich, finden nicht statt. Die Braut schreibt ein oder zwei Monate später, wenn das junge Paar sich eingerichtet hat, Danksagungskarten.

Viele Aspekte der Hochzeit, einschließlich der katholischen kirchlichen Zeremonie, sind vom Westen übernommen. Sie folgen der **spanischen Tradition**, doch die Einführung von Brautführer und Brautjungfern, mitunter auch Zeremonienmeistern, geht auf **angelsächsische Bräuche** zurück. Offenbar nimmt die Verwandtschaftsgruppe bereitwillig neue Zutaten zur Ausschmückung der Zeremonie auf. In Anlehnung hat eine bekannte politische Persönlichkeit den vielzitierten Spruch geprägt: »Politik ist Hinzufügung.«

Als **Gast einer filipina Hochzeit** können Sie nach Belieben sowohl an der kirchlichen Zeremonie als auch am Bankett teilnehmen; manche Gäste verzichten auf die religiöse Feier und begeben sich geradenwegs zum Essen. Wie bei allen gesellschaftlichen Anlässen ist auch hier **gute Kleidung** die Regel.

Das Hochzeitspaar begibt sich nach der Kirche zum Ort des Festessens, wo es die Gäste an der Tür empfängt. **Man gratuliert dem Bräutigam, nicht aber der Braut – diese empfängt Ihre guten Wünsche.** Filipinas sind zurückhaltend, und so gratuliert man dem Mann zu seinem erfolgreichen Werben um die Schöne.

In der Nähe des Eingangs befindet sich gewöhnlich ein Tisch, auf den die **Hochzeitsgeschenke** gelegt werden.

Nach dem Essen verabschieden sich die Gäste und wiederholen ihre guten Wünsche für das frischvermählte Paar.

Die **Hochzeitsbräuche in ländlichen Gegenden** unterscheiden sich je nach Region. Bei einigen traditionellen *Barrio*-Hochzeiten werden Peso-Scheine an die Gewänder von Braut und Bräutigam geheftet – nützliche Geschenke, die ihnen den Start ins Eheleben erleichtern sollen.

Tips für Hochzeitsgäste

Parties vor der Hochzeit

Vor der Hochzeit **geben Freunde oder Verwandte für die Braut eine oder mehrere Parties**, entweder eine Küchen-, Badezimmer- oder Schlafzimmerfête. Sie sind allesamt **informelle Damengesellschaften**.

• **Küchenfête:** Zu dieser üblichsten Form derartiger »vorehelicher« Parties bringen die Gäste Geschenke mit, die in der Küche Verwendung finden können.

• **Badezimmerfête:** Angemessene Geschenke wären hier Handtücher, Seife, Seifenschalen und andere Toilettenartikel.

• **Schlafzimmerfête:** Gern gesehene Geschenke zu diesem Anlaß sind Bettwäsche, Kissenbezüge, Nachthemden usw.

Hochzeit und Ehe – Naive Vorfreude und (bittere?) Erfahrung in einem Bild

Hochzeitsgeschenke

Einige übliche Geschenke sind: Tafelsilber, Kristallgläser, Silberplatten, Vasen, Weingläser und andere Haushaltsgegenstände. Sie schicken Ihr Geschenk entweder in das Haus der Braut oder des Bräutigams, je nachdem, wer Sie eingeladen hat.

Die Hochzeitsmesse

Alle **Gäste** werden zur Messe und zum anschließenden Empfang eingeladen und nehmen normalerweise auch an beiden teil. Nach der **Trauungszeremonie** verlassen Braut und Bräutigam die Kirche und werden dann **mit Reiskörnern beworfen** – dies soll ihnen Wohlstand bringen.

Der Empfang

• Der Empfang findet statt in einem großen **Restaurant**, dem **Haus eines Elternpaares** oder auch in einem der großen privaten **Clubs**.

53

- Beim Empfang stehen Braut und Bräutigam am Eingang und begrüßen die eintretenden Gäste. Seitlich befindet sich ein Tisch für **Geschenke**, die Gäste beim Empfang überreichen.
- Zum Empfang gibt es entweder eine **Frühstücksmahlzeit** oder ein **üppiges Essen**. Bei wohlhabenden Familien ist es immer ein aufwendiges Festessen.
- Nach dem Essen schneiden die Brautleute den Kuchen an und reichen einander einen Happen davon. Danach ziehen alle unverheirateten weiblichen Gäste an Bändern befestigte Amulette aus dem **Hochzeitskuchen**, in denen sich auf Papier geschriebene Spruchweisheiten verbergen.
- Das Brautpaar zieht an einer Kordel eines glockenähnlichen Gebildes, wodurch zwei **Tauben** freigelassen werden. Dies ist das letzte Ritual. Anschließend begibt sich das Paar mit dem Hochzeitszug zu einem Fotografen, um Erinnerungsbilder machen zu lassen.

Hochzeitstage

Man feiert gewöhnlich die **Silberhochzeit** (25 Jahre), die **Rubinhochzeit** (40 Jahre) und die **Goldene Hochzeit** (50 Jahre). Diese Jahrestage werden festlich begangen. In einigen Fällen – ob nötig oder nicht, sei dahingestellt – erneuert das Paar sein Ehegelübde und wiederholt die Trauung mit den Kindern und Enkeln als Brautjungfern und Blumenmädchen. Es ist gebräuchlich, ein **Geschenk** zu überreichen, das zur Leitfarbe des Jubiläums paßt, also Silber zum 25., etwas Rotes zum 40. und Goldenes oder Vergoldetes zum 50. Hochzeitstag.

Verwandte sind wichtig, aber ...

Das mit Anleihen bei christlichen Ritualen versehene *Compadre*-System sichert das Anwachsen der erweiterten Familie und erlaubt zugleich eine flexible Entwicklung der Verwandtschaftsgruppe außerhalb des sozial und ökonomisch inzestuösen Gefängnisses der Blutsverwandten. Ein Umsiedler aus einer Kleinstadt kann durch das *Compadre*-System Teil einer Verwandtschaftsgruppe in Manila werden. Der einzelne verläßt sich, wenn er Hilfe braucht, zunächst auf die engsten Verwandten, zögert indes nicht, **soziale Beziehungen zu Nicht-Verwandten** aufzunehmen, die aus räumlichen Gründen besser ansprechbar sind oder **höhere Leistungen und wirtschaftlichen Nutzen** versprechen. Die soziale Gruppe, die ein Individuum um sich versammelt, verbindet also Familienangehörige mit frei gewählten Freunden und Bekannten.

Als Mitglied einer Verwandtschaftsgruppe ist das Individuum nicht einfach eine passive Einheit der Familie, in die es hineingeboren wurde. **Der einzelne definiert und gestaltet seine soziale Umgebung durch Heirat und persönliche Auswahl, geht *Compadre*-Beziehungen nach eigener Wahl mit** anderen innerhalb und außerhalb seiner Verwandtschaft ein. Diese Situation wurde mit einem treffenden englischen Wortspiel gekennzeichnet: *Relatives are important, but the importance is relative.* (»Verwandte sind wichtig, aber ihre Wichtigkeit ist relativ.«)

Ein Führer durch das Verwandtschaftssystem

Sie müssen das komplizierte Geflecht der Verwandtschaftsgruppen auf den Philippinen nicht vollständig durchschauen: auch viele Filipinos haben nicht bewußt darüber nachgedacht. Es ist aber wichtig, von diesem **Netz der Beziehungen zu wissen**, um so **das gesellschaftliche Zusammenspiel seiner einzelnen Fäden** aus dem richtigen Blickwinkel betrachten zu können. Was westliche Augen als offene **Vetternwirtschaft** in Familienbetrieben, ja bis hin zu Regierungsinstitutionen, erkennen würden, mag durchaus als **Anpassung an das Verwandtschaftssystem** gedeutet werden. Nur wenn dies tatsächlich Unheil auslöst, Inkompetenz und Korruption Vorschub leistet, wird diese Günstlingswirtschaft auch für Filipinos zu einem ernsthaften Verstoß und zu einer Gefahr.

Ein **Beamter** auf den Philippinen ist **zerrissen zwischen seiner öffentlichen Aufgabe und seinen verwandtschaftlichen Verpflichtungen**. Dies mag man als **Widerspruch** oder **Dualität** sehen, auf jeden Fall kennzeichnet es die gegenwärtige philippinische Gesellschaft. Ein Polizist vernachlässigt ganz offensichtlich seine Pflichten, wenn er den Schuldigen, der zufällig sein Sohn ist, nicht festnimmt. Seine Verwandten hingegen wären der Ansicht, er mißachte seine väterlichen Pflichten, wenn er seine Macht nicht dazu verwendet, seinen Sohn zu schützen, der zufällig gegen das Gesetz verstoßen hat.

Ein Polizist würde niemals seinem Patenonkel einen Strafzettel ausstellen, um so weniger, wenn dieser auch Beamter wäre. Denn wie könnte ein Patenkind, das seinem *ninong* seine Stelle verdankt, sich derart **undankbar** zeigen?! Diese Haltung prägt den gesamten öffentlichen Dienst auf den Philippinen.

Zwar besteht im Prinzip Übereinstimmung darin, daß die Unternehmensregel, niemanden einzustellen, der mit einem anderen im Betrieb in Verwandtschaft steht, eine gute Sache ist. Theoretisch unterliegt sogar die **fiktive Verwandtschaft** *(kumpare)* dem Verbot. Unter den Arbeitern hingegen werden sehr gerne fiktive Verwandtschaften eingegangen. Die Manager mißbilligen diese Praxis, geben aber zu, daß sie nicht viel zu ihrer Verhinderung beitragen können.

Die Verwandtschaftsstruktur übt jedoch nicht nur Druck auf Individuen aus, sondern auch auf jene, die die Gruppe bedrohen, indem sie einem Mitglied Schaden zufügen.

Jede Person ist eine Außenstelle ihrer Familie und Verwandtschaftsgruppe. Wird ein Arbeiter beim Stehlen ertappt, sagt man: *Ang pamilya niya'y mahi-*

55

hiya sa lipunan. (»Auf seine Familie wird in der Öffentlichkeit Schande geladen.«) Die »Schande« des Arbeiters ist auch die »Schande« der Familie. Sogar wenn ein einzelner eine »beschämende« Bemerkung oder Situation ignoriert, kann die Familie sich der Sache annehmen, ist doch das Ansehen der Familie betroffen. **Kritik an einer Person wird nicht gegenüber ihr als Individuum, sondern als Vertreter einer Familie angebracht.** Es gibt Fälle, bei denen unfähige Lehrer nicht entlassen wurden, weil dies den einzelnen und seine Verwandten in eine Position von *kahiya-hiya* versetzt hätte. Die Inspektoren fürchteten, Familienangehörige des Entlassenen könnten sie sogar körperlich angreifen, von den unvermeidlichen Drohungen und Vorwürfen wegen des harten und schrecklichen Verhaltens der Inspektoren ganz zu schweigen.

Die philippinische Gesellschaft ist ein Universum von Verwandtschaftsgruppen, die allesamt gleichermaßen Druck ausüben. **Was für den Rest der Gesellschaft als unangemessen gilt, wird übersehen, wenn es einen Verwandten betrifft.** Ein anderes Verhalten brächte die Gruppe in Verlegenheit, und sie könnte ihre Selbstbeherrschung verlieren, wenn ihr *amor-propio* verletzt ist.

Rivalität zwischen Verwandtschaftsgruppen kennzeichnet die philippinische Gesellschaft und Politik. Selbst im Ausland weisen filipina Gemeinschaften zwei oder mehr rivalisierende Organisationen auf. Der **westliche Besucher** wird sich freuen, nach einiger Zeit als Teil einer Gruppe angesehen zu werden, dafür aber plötzlich feststellen, daß er damit zugleich die Ablehnung einer gegnerischen Gruppe auf sich gezogen hat.

Es ist wichtig, nicht zu eingebunden und engagiert für eine Gruppe einzustehen, wenn man in einem größeren sozialen Zusammenhang arbeitet. Derjenige meistert die Situation am besten, der **das Wohlwollen von möglichst vielen Gruppen** genießt.

Die Fiesta

Was wäre ein Besuch auf den Philippinen, ohne an einer Fiesta teilgenommen zu haben! **Nahezu das ganze Jahr über findet irgendwo auf dem Archipel eine Fiesta statt.**
Die Fiestas einiger Städte sind im ganzen Land bekannt: das *ati-atihan* in Kalibo (Aklan); *pahiyas* in Lucban (Quezon); das **Flußfest von Bocaue** (Bulacan); das **Laternenfest** am Heiligen Abend in San Fernando (Pampanga); das **Wasserbüffelfest** in Gapan und das **Fest des Schwarzen Nazareners** in Quiapo (Manila), um nur einige zu nennen.
Die **Stadtfiestas** werden normalerweise zur Zeit des Festes des **Schutzheiligen der Stadt** begangen. In der grauen Vergangenheit waren vermutlich einige dieser Zeremonien mit Gebeten für Regen und eine gute Ernte oder reichen Fischfang verbunden. Die Tagbanwa, eine kulturelle Minderheit auf der Insel Palawan, halten ihre Drei-Tages-Festivitäten während der Rodung eines Waldstückes für den Ackerbau ab.
Frühe katholische Missionare haben sich einige der Volksbräuche für die **christliche Religion** zunutze gemacht, indem sie dem Vorhandenen katholische Begründungen und Riten überstülpten. Auf der anderen Seite erinnern Tauchzeremonien von heute an **buddhistische Riten** aus der Vergangenheit und ähneln dem *songkran* (Wasserfest zu Neujahr), das in Chiang Mai in Thailand gefeiert wird.
Jeder ist bei einer Fiesta willkommen. Die Pfarrkirche ist ihr Zentrum. Sie mag im Rahmen eines Stadtbezirks (wie bei der Fiesta in Quiapo) oder *barrio* stattfinden oder die ganze Stadt einschließen. **Normalerweise dauert eine Fiesta drei Tage.** Die gesamte Gemeinschaft nimmt teil. Bei Kalibos *ati-atihan* drängen sich alle Einwohner, vom Bürgermeister bis zum Bettler, in den Straßen, um zu Tausenden in einer Prozession zu Ehren des Jesuskindes zu tanzen. Die Eßtische der Haushalte brechen unter den Speisen schier zusammen, und allerorten wird auf allerlei Weise unterhalten.
Gastfreundschaft ist oberstes Gebot bei den Fiestas; als Nicht-Filipino können Sie sich also einmal weniger Sorgen über Ihr Verhalten machen, es herrschen keine strikten Vorschriften. Aber da die meisten Fiestas religiöse Wurzeln und Kirche und Schutzheilige hohen Stellenwert besitzen, sollte man **in Kirchenräumen angemessenen Respekt zeigen**, ebenso wenn das Bild oder die Statue des Schutzpatrons in einer Prozession durch die Straßen getragen wird.

Facetten einer Fiesta

Eine Stadtfiesta kündigt sich bereits Tage zuvor an. Meist wird neun Tage vor dem Festtag des Stadtheiligen eine **Novena** abgehalten. Alle Einwohner versuchen ihre Häuser möglichst schmuck herauszuputzen, mit frischem Farbanstrich, neuen Vorhängen oder einfach Schrubber und Besen, polierten Fußböden und blitzblanken Fenstern. Die Straßen werden mit Bambusbögen und bunten Papierstreifen geschmückt, die Plaza, an der üblicherweise am Abend der Fiesta ein Tanz stattfindet, pieksauber gefegt. **Vergnügungsbuden** und kunterbunte **Straßenstände**, die Tand, Spielwaren und Snacks feilbieten, sorgen für Trubel und Lärm. In einem Teil der Plaza, nahe der Kirche, tummeln sich **Karussells** und **Schausteller**.

Zur Fiesta strömen alle, die auswärts studieren oder arbeiten, begleitet von Freunden in ihre Heimatstadt zurück. Jeder Bewohner der Stadt hat sich eifrig an den Vorbereitungen für den **Festschmaus** beteiligt. Das fette Schwein, ein Jahr gemästet, landet jetzt geröstet auf dem Eßtisch. **Geröstetes Schweinefleisch**, *lechon* genannt, ist als Fiesta-Essen so unersetzlich wie bei uns die Weihnachtsgans. Manche **kulinarische Spezialitäten** blieben früher ausschließlich der Fiestazeit vorbehalten, wie etwa *Carabao Milk Fudge (pastillas)*, ein weiches Milchbonbon, eingewickelt in gefärbtes japanisches Seidenpapier und von Hand in komplizierte Formen geschnitten, die die Motive oder Botschaften der Fiesta darstellen. Man bot die Bonbons den Gästen der **Fiesta von San Miguel** (Bulacan) an. Zu Fiestazeiten tritt die **hohe soziale Bedeutung, die Filipinos dem gemeinsamen Essen beimessen,** besonders klar ans Licht.

Manche Wissenschaftler behaupten, die **Spanier** hätten die Fiestas in philippinischen Städten eingeführt, um die Menschen, die damals noch in kleinen Gruppen über das Land verstreut lebten, zusammenzuführen und so ein **Forum zur Christianisierung der Bevölkerung** zu schaffen.

In Städten, die am Meer oder an Flüssen liegen, veranstaltet man die **religiöse Prozession**, der **Höhepunkt jeder Fiesta**, in den allermeisten Fällen mit Booten. Die Heiligenstatue ruht in einem mit einem Bambusgerüst versehenen Boot. In **Angono** (Rizal) folgt der Bootsprozession eine weitere Prozession durch die Hauptstraßen der Stadt, wobei viele Teilnehmer und Zuschauer einander mit Wasser begießen. In nicht am Wasser gelegenen Städten beginnt die Prozession meistens an der Kirche, windet sich durch die breiteren Straßen und kehrt in weitem Bogen zum Ausgangspunkt zurück. Gläubige mit brennenden Kerzen in den Händen begleiten die Heiligenstatue, die auf einem mit Rädern ausgerüsteten Sockel, *carroza* genannt, thront. In **Sariaya** (Quezon) schnappen die Kinder, sobald die Statue vorbeigezogen ist, nach Keksen und anderen Süßigkeiten, die an Bambusstangen entlang der Straße hängen. In **Pakil** (Laguna) prozessieren Frauen und Männer in einem eigenartigen Tanz *(turumba)*. In Städten, wo man den **hl. Isidro Labrador**, den **Schutzpatron der Bauern**, verehrt, ziehen fröhlich geschmückte **Ochsenkarren** mit oder, wie in **Pulilan** (Bulacan), hunderte blumenübersäte **Wasserbüffel**.

Eine andere traditionelle Form der Fiesta-Unterhaltung waren **Volkstheaterstücke**, *moro-moro* oder *comedia* genannt, die in Reimform und musika-

Die Fiestas von Luchan und Sariaya, zwei Städten in der Provinz Quezon, ehren den Schutzheiligen der Bauern (Isidro Labrador). Die gesamte Stadt wird dann mit Früchten und anderen landwirtschaftlichen Erzeugnissen geschmückt.

lisch untermalt mythische Legenden von Königen und Prinzessinnen und von den **Konflikten zwischen Christen und Mauren**, einem uralten Thema der spanischen Geschichte, erzählten. In heutigen Tagen ist diese Theaterform außer in Kleinstädten, wo sich die Tradition behauptet hat, kaum mehr anzutreffen. Statt dessen unterhalten **Amateursänger** oder **Varietévorstellungen mit Film- und Fernsehstars** in den Hauptrollen die Besucher. **Es gilt als außerordentliche Ehre, zur Fiestazeit in das Haus eines namhaften Bürgers eingeladen zu werden.** Die bedeutendsten Familien der Gemeinde veranstalten einen **Ball**, eine willkommene Gelegenheit für die Festgäste, sich in Schale zu werfen und ihren Reichtum zur Schau zu stellen. Es ist Sitte, daß sich am ***Rigodon*-Tanz**, der den Ball eröffnet, nur die allerwichtigsten Mitglieder der Gesellschaft beteiligen und die weniger Privilegierten mit der Zuschauerrolle begnügen – der **Kontrast zwischen den ver-**

59

schiedenen sozio-ökonomischen Gruppen der philippinischen Gesellschaft tritt hier kraß zutage. Mit dem Verkauf von Eintrittskarten für den Ball wird entweder der Ball selbst oder eine andere Aktivität der Fiesta finanziert oder auch ein Vorhaben der Gemeinde unterstützt.
Bei Ihrem Philippinen-Aufenthalt sollten Sie zumindest *eine* Fiesta erleben. Sie werden auf den Geschmack kommen. In allen Landesteilen finden, mehr oder weniger aufsehenerregend und bedeutsam, Fiestas statt. Manche begleiten **Fastenriten**, sind also im Grunde genommen keine Freudenfeiern, sondern **Festzüge zum Gedächtnis an die Kreuzigung Jesu**, für Christen ein Anlaß zur Trauer. Da die Filipinos jedoch ein lustiges Völkchen sind, enden selbst solche Anlässe mit Gelagen und Geselligkeit und verwandeln sich in Fiestas.

Ein kurzer Fiesta-Führer

Wir wollen Ihnen hier **einige besonders interessante Fiestas** empfehlen. Natürlich fallen die Fiestas in Manila etwas anders aus als jene auf dem Lande, weil die unpersönliche Großstadt am traditionellen Gemeinschaftssinn gezehrt hat. Die *comedia* findet in **Paranaque an der Stadtgrenze zu Manila** statt. Informationen erteilen die Stadtverwaltung in Paranaque, das Kulturzentrum der Philippinen oder das Tourismusministerium.
Das außerhalb von Manila liegende **Angono** veranstaltet im späten Januar ein **Flußfest zu Ehren des hl. Clemens**. Die Prozession auf dem Lagunasee ist besonders lebhaft, Fischerboote umkreisen das Hauptboot, das die Heiligenstatue mit sich führt. Den Heiligen stört es nicht, daß auf dem Boot Weinflaschen die Runde machen. Bei dieser Prozession werden Sie zwangsläufig naß werden, falls nicht bereits bei der Bootsfahrt, so spätestens wenn die feiernden und zechenden Landratten Sie mit Seewasser »taufen«. Angono ist die Heimatstadt des landesweit geschätzten verstorbenen Malers Carlos V. Francisco, dessen berühmte Werke oft die Fiesta von Angono ins Bild setzen.
Ganz in der Nähe, in **Pateros**, besteht die Hauptattraktion der **Fiesta der hl. Martha** (29. Juli) in einem Tanz, den einige Leute auf dem Rücken eines mit einem Blechpanzer versehenen Krokodils vollführen, das während der Prozession von Booten durch den mit Wasserhyazinthen übersäten Fluß gezogen wird. Pateros ist auch bekannt für seine Enteneier, *balut*.
In **Lucban** und **Sariaya** (Quezon) begeht man das **Fest des hl. Isidro Labrador** am 28. Mai mit *pahiya*. Dem Schutzheiligen der Bauern werden besondere Opfer *(pahiya)* dargebracht, in Form von phantasievollen Dekorationen aus landwirtschaftlichen Erzeugnissen. Die Häuser ziert man zur Straßenseite hin mit Reishalmen *(palay)* sowie mit Gemüse, Obst und anderen Naturprodukten, darunter Wasserbüffelschädel, getrocknete Fische,

Flußfeste sind die Attraktionen vieler am Wasser gelegenen Städte.
Auf dem Hauptboot, pagoda *genannt,*
wird die Statue des Schutzpatrons der Stadt mitgeführt.
Die allgemeine festliche Fröhlichkeit tummelt sich in Booten auf dem Wasser.

geflochtene Strohhüte und -fächer als auch blätterförmige Reismehloblaten, *kiping* genannt, die zu großen Blütenblättern in den unterschiedlichsten

Farbabstufungen von Rot, Gelb und Grün angeordnet werden. Die vielen altehrwürdigen Häuser von Lucban und Sariaya zeichnen eine malerische Kulisse.

Ati-atihan

Das *ati-atihan* in **Kalibo** hat inzwischen **leider einen sehr kommerziellen Anstrich.** Die Menschenmassen in den Straßen ersticken nachgerade die spontane Freude. Noch vor gut zwanzig Jahren tanzten verschiedene Gruppen unermüdlich, während die Prozession mehrfach die Plaza umrundete. Heute kann man sich im dichten Gedränge der Festbesucher kaum mehr bewegen und muß ständig vor Taschendieben und angetrunkenen Raufbolden auf der Hut sein.

Jedoch, nach weniger als einer Stunde Fahrt, erreichen Sie von Kalibo aus die kleine Stadt **Ibajay,** wo Sie Zeuge eines zwar **kleineren, aber unverfälschteren** *Ati-ati*-Festivals werden können. Teilnehmer und Gläubige schwärzen ihre Gesichter und Arme mit Ruß, bedecken ihre Haare mit Blättern und schwingen Stangen mit allerlei merkwürdigen Dingen wie Opfergaben aus Nahrungsmitteln, sogar lebenden Vögeln und Eidechsen und vielem mehr. Das **Bild des Jesuskindes** wird aus der Kirche und um die kleine Plaza getragen, während die Gläubigen zu Trommelschlägen tanzen und *Viva Santo Nino* (»Es lebe das heilige Kind«) rufen. Männer, die die traditionellen **Theaterkostüme von Christen und Mauren** aus dem *moro-moro* tragen, begleiten, mit stilisierten Gesten einhermarschierend, das Jesuskind. Haben Sie keine Gelegenheit, Ibajay zu besuchen, so genießen Sie statt dessen das Fest von Kalibo wie den Karneval – mit all seinen kommerziellen Auswüchsen.

Man nimmt allgemein an, daß das *ati-atihan* auf **vorspanische Ursprünge** zurückgeht: die **Feier eines Friedensvertrages zwischen frühen Negritos *(ati)* und malaiischen Einwanderern.**

Die **wilde Ausgelassenheit** in den Straßen, die **zügellose Fröhlichkeit** entsprechen sicher nicht den gewohnten Erwartungen von einem stillen, ernsten religiösen Fest zu Ehren des Jesuskindes. Doch der Bürgermeister bemerkte einmal in weiser Erkenntnis dazu: »Hier in Kalibo brauchen wir keine Irrenhäuser, denn einmal im Jahr können wir alle auf die Straße gehen und uns austoben.«

Fastenrituale

Die **Fastenzeit** ist eine heilige Zeit für **Katholiken.** Spanische Missionare haben verschiedene Riten eingeführt, so die Geißelung und das Nacherleben des Leidens Jesu durch die Fußwaschung der Apostel, den Kreuzweg, die sieben letzten Worte und die Palmprozession. Die Bedeutsamkeit der vielen **Prozessionen in der Karwoche** steigt mit der Anzahl der mitgeführten reli-

Das ati-ati: *Ein Festival in Kalibo (Aklan) zu Ehren des Jesuskindes.*
Gläubige bestreichen ihre Körper mit Asche
und tanzen in wilder Hingabe durch die Straßen
– eine kuriose Verschmelzung christlicher und vorchristlicher Rituale.

giösen Bilder und Figuren. Die Beobachtung der Fastenrituale gewährt Einblick in die philippinische Gesellschaft.

Kurze *Sinakulo*-**Theaterstücke** führen **biblische Geschichten** und **Ereignisse aus dem Leben Jesu** vor, wobei die Episode von Judas und den dreißig Silberlingen am beliebtesten ist. In diesem Volkstheater spielen aus der Gemeinde ausgewählte Schauspieler, und ganz offensichtlich wird bei der Auswahl der Darsteller von Jesus und Maria nicht allein vom Gesichtspunkt der schauspielerischen Fähigkeiten ausgegangen. Gelegentlich werden für die Hauprollen auch bekannte Filmschauspieler verpflichtet.

Fastenrituale fanden Eingang in den nicht-christlichen Volksglauben, um durch Anleihen bei den exotischsten Ausprägungen der umfangreichen spanisch-katholischen Zeremonien den okkulten Glauben zu verfestigen. So erwirbt jemand nach weitverbreiteter Überzeugung übernatürliche Kräfte, wenn er in der **Karfreitagsnacht** bestimmte Rituale durchführt. Wer dann zum Beispiel unter dem Blütenbüschel eines Bananenbaumes steht, dem mag um Mitternacht auf magische Weise ein Talisman in den Mund fallen; auch sollte man zu dieser Zeit in den tiefen Wäldern des geheimnisvollen Berges Banahaw Amulette testen.

Wie die Fastenriten zeigen, **verbindet der Volkskatholizismus orthodoxe christliche Ideen mit »heidnischen« okkulten Praktiken**. Darin offenbaren sich der tiefverwurzelte Volksglaube, das beharrliche Fortbestehen nicht-christlicher Werte, die Fähigkeit des Volkes, aus der exotischen christlichen Religion äußerliche Motive zu entleihen und sie ureigenen Werten und persönlichem Glauben anzupassen.

Der Volkskatholizismus ist charakteristisch für die philippinische Gesellschaft und sein Verständnis notwendig für das Verständnis des Charakters der Filipinos. Seit Jahrhunderten klagen führende Mitglieder der Amtskirche, daß viele Filipinos, besonders in ländlichen Gebieten, wo die Mehrheit der Bevölkerung wohnt, nur dreimal in ihrem Leben eine Kirche von innen sehen: bei der Taufe, der Hochzeit und der eigenen Beerdigung. Doch ist dies eine leichte Untertreibung, weil Filipinos natürlich auch die Taufen, Hochzeiten und Beerdigungen ihrer Verwandten sowie an Weihnachten und zur Fiesta die Messe besuchen. Aber es ist nicht von der Hand zu weisen, daß abgesehen von diesen gesellschaftlichen Anlässen **sich nur wenige um den Kirchgang scheren**.

Moriones – Fest der Maskierten

Die **Insel Marinduque** in der Tyabas-Bucht, südlich der Provinz Quezon auf der Hauptinsel, begeht die Fastenzeit in einer Weise, die stark vom Volkskatholizismus geprägt ist und Einblicke in folkloristische Bräuche der Filipinos erlaubt. In der **Karwoche** verwandeln sich die Städte **Mogpog**, **Gasan** und **Boac** in eine Freilichtbühne.

Die Stadtbewohner tragen hölzerne Masken und Papierhüte mit Blumen. Die Gläubigen tragen die **zu Lebzeiten Christi üblichen Kostüme römischer Soldaten**. Diese *moriones* ziehen durch die Stadt und begleiten die **nächtlichen Prozessionen**, wobei einige als Musikinstrument zwei Holzstäbe gegeneinander schlagen.

Am **Ostersonntag** läuft eine dieser maskierten Gestalten – sie stellt den **Soldaten Longino**, der Christus mit der Lanze tötete, dar – durch die Stadt und verkündet die **Auferstehung**. Einer bekannten Legende zufolge war Longino ein römischer Zenturio mit einem blinden Auge. Als er den Gekreuzigten erstach, spritzte Blut auf ihn und machte ihn auf wundersame Weise sehend. Er erhielt die Aufgabe, das Grab Jesu zu bewachen, wurde so Zeuge der Auferstehung und schließlich von römischen Soldaten getötet, als er die Auferstehung Christi verkündete. Nach der Legende gilt er als **erster christlicher Märtyrer**.

Auf Marinduque wird Longino von anderen *moriones* durch die Stadt gejagt und dreimal festgenommen. Zweimal kann er entkommen, aber bei seiner dritten Gefangennahme enthauptet ihn, als er den Zuschauern von seinem Erlebnis berichtet, einer der *moriones* mit dem Schwert. Die *moriones* tragen den »Leichnam« durch die Stadt zur Kirche, wo die Zeremonie endet.

Jugendlicher Morion-*Darsteller*

Heute werden Jagd und Enthauptung des Longino in einer Arena aufgeführt, mit Tribünen für die Zuschauer, da zu dieser berühmten und beliebten Veranstaltung von weit her die Besucher strömen.

Die **Masken der** *moriones* sind aus Holz geschnitzt. Riesige Nase und große, starrende Augen sitzen in den grellrot bemalten Gesichtern. Sie **spiegeln auf kuriose Weise den optischen Eindruck wider, den die Römer – oder eigentlich alle westlichen Ausländer – auf einfache Filipinos machen**: rotgesichtig, langnasig, mit offenem Mund und verbissenem oder dummem Gesichtsausdruck. Dabei schießt die Phantasie über die Grenzen der rein komischen Symbolik hinaus. An Science Fiction erinnernde einäugige oder dreigesichtige Masken scheinen von Hollywood-Filmen inspiriert, und ohne Zweifel haben der *Krieg der Sterne* und *ET* die Maskenschnitzer beflügelt. Nicht allein Holz, auch andere Materialien werden für die Masken verwendet. Kokosnüsse, Federn, Pflanzenfasern, Körbe und Muscheln.

Weitere Fastenriten

Außer in Marinduque findet in vielen anderen Städten am **Ostersonntag** eine **Fastenzeremonie**, *salubong*, statt. Die **Prozessionen mit den Statuen der schwarzverschleierten Heiligen Jungfrau und des auferstandenen Christus** bewegen sich in entgegengesetzte Richtungen und treffen sich später unter einem Bambusbogen. Ein junges Paar, der Mann weiß, die Frau lila gekleidet, führt einen Tanz mit zwei Fahnen auf. Dieser Tanz soll den

65

Kampf zwischen Leben und Tod symbolisieren und den Triumph Christi über den Tod. Dann wird, in einer Kiste mit einem Flaschenzug, von der Spitze des Bambusbogens ein kleines, als Engel verkleidetes Mädchen herabgelassen. Es singt von der Auferstehung Christi und lüftet danach den Trauerschleier der Heiligen Jungfrau.

Gelübde

In der **Fastenzeit** kann man **barfüßige Frauen** beobachten, violett oder schwarz gekleidet, den Kopf mit Blättern bedeckt. Bis zur Taille entblößte **Männer geißeln sich mit einem Strick**, an dem kleine Bambussplitter befestigt sind. Kleine, blutende Einschnitte werden in die Haut geritzt und rhythmisch mit dem bambusgespickten Strick gepeitscht. Dies ist sicher alles andere als eine angenehme Form der symbolischen Reinigung und wird auch von der Amtskirche, insbesondere von modernen Priestern, abgelehnt. Doch **derartige Geißelungen sind die Einlösung einer *panata*, eines Gelübdes oder Eides**, Gegenleistung für ein glückliches Ereignis oder die Erfüllung eines Wunsches durch einen verehrten Heiligen oder Gott. Rituelle Erfüllungen von Verträgen mit Göttern finden sich auch bei den Hindu (so den *Kavadi*-Trägern oder Feuerläufern bei bestimmten Festen) und Christen (Besuch und Bezahlung einer Messe oder Novena mit speziellen Fürbitten). Auf den Philippinen ist die *panata* im Grunde eine Übertragung von *utang na loob*.

So mag ein Kranker ein Gelübde ablegen, das er nach seiner Genesung erfüllen muß; andere beten, um ein Examen zu bestehen oder Kinder zu bekommen. **Die Teilnahme am religiösen Teil einer Fiesta wie auch das Spenden von Geld gehen häufig auf ein solches Gelübde zurück.** Bei reichen Landbesitzern war es weitverbreiteter Brauch, die Ernte oder das Einkommen von einem Teil ihres Bodens dem Schutzheiligen zu opfern. Die gesamte Verwandtschaft des Grundbesitzers respektierte dieses De-facto-Eigentum des Schutzpatrons; der Verkauf eines solches Feldes wäre einem Frevel gleichgekommen. Viele wohlhabende Grundbesitzer nannten auch eine überlebensgroße Statue des Familienheiligen samt *carroza* ihr eigen, und diese spielte selbstverständlich bei den religiösen Prozessionen zur Fiestazeit eine Rolle.

Weihnachtliche Festspiele

Auch Weihnachten ist eine Zeit der Feiern und Festspiele. In **Valenzuela** (Bulacan) wird die **Herbergssuche von Maria und Joseph** bei ihrem Besuch in Bethlehem von einem Paar gespielt, das bestimmte Häuser aufsucht und singend um Aufnahme bittet. Jedesmal weisen die Hausbesitzer die beiden mit in Gedichtform abgefaßten Worten ab, bis sie schließlich die Plaza erreichen, wo die Geburtsstätte Christi ins Bild gesetzt ist. Während

Moriones *des* ati-atihan *von Kalibo*.
*Zur Ausgelassenheit gesellt sich auch Grausamkeit. Diese Schildkröte wird als
Tieropfer nach und nach bei lebendigem Leib zerstückelt.*

sie von der Geburt des Jesuskindes singen, nehmen Maria und Joseph seine
Figur aus der Krippe und tragen sie genau um Mitternacht zur **Christmette**
in die Kirche.

In **San Fernando** (Pampanga) findet am **Heiligen Abend** ein eindrucksvol-
les **Laternenfest** statt. Auf den Philippinen ist die **Laterne** das **Symbol für
Weihnachten**, ähnlich dem Christbaum in Deutschland oder dem
Mistelzweig in England. Sie versinnbildlicht den Stern von Bethlehem, der
nicht nur für die Geburt Christi, sondern auch als Wegweiser für die Heiligen Drei Könige steht und so dem **Geist der Gastfreundschaft** Ausdruck
verleiht. Die meisten filipino Kinder haben irgendwann einmal eine Weihnachtslaterne gebastelt, meist aus Bambusstreifen und farbigem Seidenpapier. Von der reichsten Villa bis zur ärmsten Hütte wird jedes Haus mit einer
Weihnachtslaterne am Fenster geschmückt.

Die **Weihnachtslaternen von San Fernando** sind wohl die **allermodernste Entwicklung dieser Tradition**. Sie werden, mit einem Durchmesser von über drei Metern, vor Lastwagen angebracht. Kunstfertige Muster entstehen durch das Aufeinanderkleben verschiedener Lagen von farbigem Seidenpapier, wodurch sich die unterschiedlichsten Farbschattierungen ergeben. Hunderte elektrischer Birnen, die in kurzen Intervallen oder festgelegtem Ablauf aufblinken, beleuchten die Laternen. Ein Generator auf der Ladefläche des Lastwagens sorgt für den Strom, während die Lichterspiele durch zahllose Schalter von Hand oder durch eine Schalttrommel inszeniert werden. Eine **Musikkapelle**, die im Takt der blinkenden Lichter spielt, begleitet jede Laterne.

Die verschiedenen *barrio* von San Fernando stellen jeweils ihre eigene Riesenlaterne her. Die Bewohner des *barrio* tragen kleine Ausführungen der Laterne, an denen die aufwendige Lichtorgel selbstverständlich fehlt, und versammeln sich am Weihnachtsbend auf der Plaza der Stadt, wo eine Jury die schönste Laterne auszeichnet. Tausende von Menschen bevölkern die Plaza, um Zeuge der **Preisverleihung** zu sein. Sämtliche Laternen werden mit höchstem Aufwand hergestellt – schließlich steht die Ehre von *barrio* und Verwandtschaftsgruppe auf dem Spiel.

Die Fiestas der Erntemonate Dezember und Januar entfalten sich besonders großzügig.

Andere Fiestas, die in diese Jahreszeit fallen, sind das **Dreikönigsfest** am 6. Januar, das ***Angono*-Fest** in San Clemente, das ***ati-atihan*** in Kalibo und Ibajay und das ***dinagyang*** in Iloilo.

Weihnachtsbräuche

- Zur Weihnachtszeit gilt es, **Dankbarkeit und Anerkennung zu zeigen** gegenüber Dienstmädchen, Müllmännern, Fahrern, Gärtnern, Waschfrauen und privaten Sicherheitsposten.
- In dieser Zeit hat *utang na loob* Hochkonjunktur. Jetzt besteht die Gelegenheit, seine **Dankesschuld mit einem Geschenk ausdrücken**. Vor allem Ärzte werden zur Weihnachtszeit reich beschert.
- **Eßwaren** gelten stets als ein geeignetes **Geschenk** und werden sehr geschätzt, insbesondere wenn es sich um Spezialitäten handelt.
- Beliebte Sitte bei den **jungen Leuten in Manila** (bis hin zu Universitätsstudenten und auch unter Arbeitskollegen) ist ein **Spiel namens *Chris Kindle* oder *Mama Kindle***, bei dem Geschenke ausgetauscht werden.
- Von *ninong* wird erwartet, daß sie ihre **Patenkinder beschenken**. Diese wiederum sollten ihren Patenonkeln und -tanten einen **Höflichkeitsbesuch** abstatten, was heute aber weniger strikt gehandhabt wird.
- Kinder **besuchen** ihre Eltern und Großeltern am **1. Weihnachtstag**, an dem sich meistens die ganze Familie zusammenfindet.

Die Devotionalienkultur des Katholizismus fand auf den Philippinen eine spezifische Anverwandlung und sinnenfrohe Ausgestaltung mit örtlichen Materialien und Farben (hier: Carmel Parish Rico-Letos, Cebu City).

Maifeiern

Die meisten Fiestas finden jedoch im Mai statt. Er ist der letzte Monat der trockenen Jahreszeit, nach der die Regen- und damit die Pflanzzeit einsetzt. Der Mai ist der **Ruhemonat der Bauern** und so die beste Gelegenheit für Fiestas. Feste von Schutzheiligen, die in eine ungünstige Jahreszeit fallen, werden oft in den Mai verschoben. Allein in der Tagalog-Sprachregion wurden 52 Stadtfeste im Monat Mai gezählt.

Da die Fiestas auch mit **Gebeten für Regen und Götteranrufungen für gute Ernten und reiche Fischfänge** verbunden sind, bietet der Mai sich als günstigster Monat an. Und diesen Fiestas folgt dann unvermeidlich die Regenzeit.

Santakruzan (Prozession zu Ehren der hl. Helena) und *flores de mayo* (Fest der Maiblumen) ragen aus den Maifesten heraus. Bei ihnen werden **zu reina (Königinnen) erwählte junge Frauen oder Mädchen** mit prächtigen weißen Gewändern und Blumenkronen herausgeputzt. Die Schönheiten ziehen in einer religiös anmutenden Zeremonie durch die Straßen. *Santakruzan* gedenkt Helena bei der Suche nach dem Heiligen Kreuz. Doch steht bei *santakruzan* wie *flores des mayo* das Anliegen im Vordergrund, weiblicher Schönheit und Anmut, vom kleinen Mädchen bis zur heiratsfähigen Frau, öffentlich Anerkennung zu zollen.

Fiestaspiele

Die jährlichen Stadtfeste besitzen neben ihrer religiösen eine **hohe soziale Bedeutung**. Sie werden neben dem Festschmaus von den unterschiedlichsten, eigens der Fiesta vorbehaltenen Arten öffentlicher Unterhaltung begleitet.

Zu den **traditionellen Spielen** zählen das *palo sebo* und das *juego de anillo*. Beim **palo sebo** befestigt man an der Spitze eines **eingefetteten Bambusstammes** in einem kleinen Beutel einen Geldpreis. Der Gewinn gehört dem mutigsten und flinksten Jungen, dem es gelingt, über den rutschigen Stamm bis zum Wipfel zu klettern.

Das **Ringspiel** *juego de anillo* haben die Spanier auf den Philippinen und in Mexiko eingeführt. Es geht darum, herabhängende Ringe oder Reifen mit einer langen Stange aufzuspießen. Herkömmlicherweise versuchen dies ein Junge und ein Mädchen von einer Kutsche aus, bei der modernen Spielart Jungen auf Fahrrädern.

Basket- und Volleyballspiele gehören heute zu jeder Fiesta, außerdem **Sing-, Tanz- und Vortragswettbewerbe**. Wichtige Ereignisse wie Taufen, Firmungen und Hochzeiten werden häufig in die Fiestazeit gelegt, was auf jene Zeit zurückgeht, in der Priester, die diese Zeremonien abhielten, nur unregelmäßig ländliche Gemeinden aufsuchen konnten. Daher war es günstig, Feiern auf die Fiestazeit zu verlegen, zu der mehrere Priester oder gar ein Bischof anwesend waren.

Hahnenkämpfe

Eine weitere **Hauptattraktion von Fiestas** bilden die **Hahnenkämpfe**, die *corridas* der Philippinen.

Sie kennen die filipino Männer nicht, ehe Sie nicht einen jungen Kerl gesehen haben, der monatelang einen jungen Hahn trainiert hat, um ihn im Ring gegen den Hahn eines anderen antreten zu lassen. Er setzt bei der **Wette** alles, was er besitzt, auf sein Tier, stiehlt die Ersparnisse seiner Frau und verkauft die Hemden seiner Kinder, um noch einige Pesos zusammenzukratzen. Wenn er gewinnt – welcher Jubel! Doch wenn seinem Hahn in einem Streich

Bild links: **Pabitin** *ist eine beliebte Attraktion vieler Fiestas, insbesondere der* **flores de mayo.** *Kindheitserinnerungen bringen stets die Aufregung ins Gedächtnis zurück, mit der man sich nach den mit kleinen Geschenken gefüllten Körben reckte.*
Bild rechts: **Palo sebo** *ist ein Fiestaspiel. Die Kinder müssen einen hohen, einge- fetteten Bambusstamm erklettern, um zu dem Preis an der Spitze zu gelangen.*

die Kehle zerrissen wird, dann werden Sie Zeuge, wie ein Philosoph eine Katastrophe verarbeitet.

Es heißt, daß das Haushuhn vom südostasiatischen Bankiva-Huhn abstammt. Hahnenkämpfe waren bereits verbreitet, als die ersten Spanier die Insel Palawan besuchten. Durch den Aufbau von Städten durch die Spanier und die Einführung der Fiesta **gerieten Hahnenkämpfe zur Institution**. Überall auf dem Lande kann man auch heute im Schatten hockende Männer sehen, die ihren Kampfhahn massieren oder herausputzen und auf den Kampf vorbereiten. Einige Spaßvögel behaupten, daß Filipinos, wenn ihr Haus brennt, zunächst ihre Kampfhähne und danach erst ihre Familie und ihre »weltlichen« Besitztümer retten. Und tatsächlich hat **der bekannte Dichter und Hahnenkämpfer Manuel Bemabe** bei einem Feuer sein Haus mitsamt allen Preisen und Ehrenurkunden, die dem Barden von Paranaque verliehen wurden, verloren – aber all seine Kampfhähne gerettet.

Die meisten Städte verfügen über einen **Kampfplatz, ein rundes Gebäude mit einer Grube oder Arena** in der Mitte und kolosseumartig aufsteigenden, hölzernen Zuschauerbänken. Ein Dach hält Sonne und Regen ab. Der Raum besitzt keine Wände, nur die Skelettstruktur der Tribüne dient als Umgrenzung und läßt zugleich genügend Licht und Luft ein. Ein Hahn in der Hand sichert den Einlaß, ansonsten wird ein **Eintrittsgeld** verlangt.

Nachdem die Hähne monatelang trainiert worden sind, einigen sich die Besitzer auf ein **passendes Kampfpaar**. Spezialisten befestigen rasiermesserscharfe Sporen an den Tieren, die Hähne werden in die Arena gesetzt, und nun beginnt das Wetten. Ist das Gefieder zweier Gegner von gleicher Farbe, erhält ein Hahn einen Hut, und man setzt auf den »mit Hut« oder jenen »ohne Hut«. Prominente Hahnenkämpfer sitzen am Ring. Der **Buchmacher**, *casador* genannt, nimmt die **Wetten** an. Wenn er bemerkt, daß weit mehr Geld auf einen Hahn gesetzt wurde, dann verteilt er, damit der Kampf beginnen kann, einige Wetten unter den Prominenten. Er ruft sie mit ihrem Namen und den gewünschten Beträgen, für die sie bürgen sollen, an. Und meistens nicken sie zum Zeichen ihrer Zustimmung. Der *casador* zeigt ein bemerkenswertes Gedächtnis für Gesichter und Wetten, die von den Zuschauern gehalten werden, sowie für die Erhöhungen während des Kampfes. Wetten werden in Bruchteilen von Sekunden durch Handzeichen oder Ausrufe abgeschlossen, und es ist nicht empfehlenswert, zu versuchen, wieder aus ihnen auszusteigen. **Der Kampf ist binnen weniger Minuten entschieden.** Es gibt »Doktoren«, die mit chirurgisch geschickter Hand Wunden behandeln. Der Verlierer trägt seinen toten Hahn nach Hause und bereitet aus ihm eine Mahlzeit namens *talunan*, was soviel bedeutet wie **»Leichenschmaus des Verlierers«.**

Trotz aller Bemühungen, Hahnenkämpfe als **unproduktives und grausames Glücksspiellaster** zu brandmarken und auszurotten, sind sie beliebt wie eh und je. Der Verhaltenskodex in der Kampfstätte fußt auf einer **Gemeinschaftsehre**, die in dieser Radikalität in der Gesellschaft nicht aufzufinden ist. Arrangierte Kämpfe gibt es trotz hoher Wettsummen in der Regel nicht. Hahnenkämpfe sind insofern demokratisch, als auch der ärmste Kämpfer seinen Hahn gegen jenen des höchsten Stadtbeamten antreten lassen und gewinnen kann, wenngleich **teure importierte Züchtungen** manches verändert haben. Die Bereitwilligkeit, mit der namhafte Kampfhahnbesitzer auf Wettvorschläge des *casador* eingehen, die allein dazu dienen, daß der Kampf weitergehen kann, zeugt vom starken Gemeinschaftssinn und

Ein Mann und sein Kampfhahn –
enge Kumpane in den meisten Kleinstädten der Philippinen.
Hahnenkämpfe sind ein landesweit verbreiteter Zeitvertreib, der auf frühe Zeiten
zurückgeht und zur spanischen Kolonialzeit institutionalisiert wurde.

Vertrauen der Beteiligten. Hahnenkämpfe auf den Philippinen sind eine soziale Institution mit durchaus positiven und sinnvollen Verhaltensweisen.

Fiestarummel

Eine Fiesta ist Sammelbecken verschiedener typischer filipina Eigenarten. Für kurze Zeit sprießen kleine kommerzielle Unternehmen. Allerlei Wandergruppen ziehen von Fiesta zu Fiesta: Händler, Alleinunterhalter, Friseure, Medizinmänner, Taschendiebe und Bettler. In der vordiktatorischen Marcos-Zeit (vor 1972, als politische Wahlen noch regelmäßig stattfanden) gab die Fiesta Gelegenheit zum Stimmenfang. Viele Familienmitglieder kehren von entfernten Arbeitsorten für einen Besuch nach Hause zurück. Verdiente Bürger werden geehrt. Es ist die **Zeit der Erneuerung**: Häuser werden repariert und gereinigt, Straßen und öffentliche Plätze geschmückt, Heiligenbilder restauriert und Statuen in neue Gewänder gekleidet. Die Fiesta zeigt die gesamte Bandbreite von **Volkskunst** und **Volkskreativität**.
Man geht zur Fiesta, genießt das bunte Treiben und saugt die allgemeine

73

Freude in sich auf. Alle tragen ihre feinsten Kleider. Die Stadt lebt auf. *Gigantes*, Riesen aus Pappmaché und Stoff, wandern umher. Unter diesen leichten Bambuskonstruktionen, die an Gulliver erinnern, verbergen sich Kinder, die sich für einige Tage einmal nicht als Dreikäsehoch, sondern drei Meter groß fühlen. Das **Festessen** ist gerichtet, lokale süße Spezialitäten und viele andere Schleckereien locken überall. Sämtliche Freunde und Verwandte treffen ein. Die **Schönheitsköniginnen** und die hübschen jungen Mädchen mit ihrem schüchternen, nahezu verschreckt dreinblickenden Hofstaat ziehen, noch ein wenig unsicher in ihren neuen Kleidern und Schuhen, durch die Straßen der Stadt.

Die umlagerten **Buden**, die umherstreifenden **Musikkapellen**, die religiösen **Prozessionen** und die überfüllten **Kirchen**, die **Hahnenkämpfe**, die **Spiele** und **Wettkämpfe**, der rauschende **Ball** und die **Schulausstellung**, all dies scheint sich wie von selbst und natürlich ineinanderzufügen. Und doch ist alles Ergebnis eines hohen Organisationsaufwandes und kostspieliger Ausgaben.

Am Beispiel einer Fiesta enthüllt sich die Dynamik, die die philippinische Gesellschaft in Schwung hält. **Fiestas sind keineswegs spontane Ereignisse, sondern werden sorgfältig diskutiert, finanziert, organisiert, geprobt und zuguterletzt durchgeführt.** Die Schlüsselpersonen der Stadt erarbeiten Pläne, vergeben Verantwortung und verteilen die Aufgaben. Einzelpersonen und Organisationen bemühen sich, Geld oder Dienstleistungen zur Verfügung zu stellen. Die Namen von Spendern werden öffentlich bekanntgegeben, und deren Anerkennung spielt eine wichtige Rolle bei der Fiesta. Der Verkauf von Stimmkarten für Schönheitswettbewerbe und von Eintrittskarten für Bälle und Modeschauen bringt Geld in die Kasse der Fiesta.

Die **außerordentliche Ehre, zum *hermano mayor* ernannt zu werden**, kann kaum einer zurückweisen. Für diese Ehre kommen nur einige wenige Bürger der Stadt in Frage. Als Gegenleistung für diese Auszeichnung steht der *hermano mayor* für die Kosten verschiedener Fiesta-Aktivitäten ein, wie etwa die Verpflegung des Kirchenchores, Dekoration der Kirche und das Selbstbedienungsbuffet, das mehrere Tage bereitsteht. **Ohne die Unterstützung wohlhabender Einwohner gäbe es wohl keine Fiesta.**

Zur Fiestazeit stellen die Filipinos ihr Organisationstalent und ihre unerschöpfliche Energie unter Beweis, und doch scheinen die Aktivitäten sich wie von selbst, ohne sichtbare Organisationsmaschinerie, zu entwickeln. **Wo der filipino Gemeinschaftsgeist am ausgeprägtesten ist, dort ist die Fiestastimmung am ausgelassensten.**

Erneuern der Verwandtschaftsbande

Die **Zusammenkunft der ganzen Familie zur Fiestazeit** bietet Gelegenheit, Verwandtschaftsbande zu erneuern. Hochzeiten, Firmungen und Tau-

*Zwei **gigantes** am Strand: Diese Riesen aus Pappmaché
sind bei verschiedenen Stadtfesten zu sehen (so wie hier in Marinduque).*

fen erweitern durch Zeremonien die Verwandtschaftsgruppe. Freundschaft
und Zusammengehörigkeit können nun bestätigt werden. **Ärmere Verwandte** und *compadre* aus kleineren *barrio* strömen in die Stadt, um Besuche abzustatten und sich anzubieten, die Gäste zu bedienen oder in der
Küche bessergestellter Verwandter oder Grundbesitzer zu helfen, in **Anerkennung von** *utang na loob* **für erwiesene Gefälligkeiten oder verspro-
chene Hilfe**.

Die **reicheren und bekannteren Mitglieder der Gemeinde** wiederum
unterstützen die Fiesta mit Sachleistungen und organisatorischen Fahigkei-
ten. Bisweilen stürzen sich einzelne Familien gar in Schulden, um ein üppiges Festmahl anbieten zu können, denn es würde *hiya* verursachen, nur einen
kleinen Imbiß bereitzustellen. Der Brauch, Besuchern etwas Essen vom
Festtagstisch mit auf den Weg zu geben, zeugt ebenfalls vom **Geist des Tei-
lens**.

Die Fiesta ist der **Tag der Verwandtschaftsgruppe**, die Zeit der Festigung
und des Ausbaus des *barangay*. Die religiösen Riten bestätigen den geisti-

gen Zusammenhalt und die gemeinsamen Erwartungen der Stadtbewohner. Eine Fiesta bringt zum Ausdruck, daß die Stadt einen unausgesprochenen Pakt mit dem Schutzheiligen geschlossen hat. Sie erwartet, daß der Heilige die Gemeinde behütet, wenn die Bewohner ihre Pflicht erfüllen und den Ehrentag des Heiligen in angemessener Weise feiern. Gelegentlich deutet man dies als eine Haltung, mit der die Stadt »Protektion kauft«, aber diese Vorstellung von der Fiesta scheint eine **natürliche Anwendung des Prinzips der Gegenseitigkeit** zu sein, das im sozialen Leben der Filipinos eine solch bedeutende Rolle spielt.

Die Fiesta macht dem Filipino bewußt, woher er kommt und wer er ist. Der filipino Organismus erwacht zu neuem Leben, genährt durch die Festlichkeiten und Zeremonien und die Zusammenkunft der Familie.

Fehlschlag – Die Kampagne gegen den Fiesta-Luxus

In den frühen 60er Jahren beklagte ein bekanntes Mitglied des Senats der Philippinen die verschwenderischen, unproduktiven Kosten der Fiestas, die er damals auf 200 Mio. Pesos jährlich schätzte. Der wohlmeinende Senator wollte die Ausgaben und die gemeinschaftliche Energie für produktivere Zwecke einspannen, wie etwa für Landwirtschaftsausstellungen. Er schlug vor, durch die **Begrenzung der Festausgaben** Kapital für Gemeinschaftsprojekte zu sammeln.

Das erste Problem des Senators bestand darin, daß die Menschen und insbesondere die Massenmedien ihn beschuldigten, ihre Fiestas vollkommen abschaffen zu wollen, was aber wohl nicht in seiner Absicht lag. Jedoch erst als er zur Tat schritt und versuchte, die Bürger zu bewegen, Gelder weniger verschwenderisch für Fiestas und statt dessen produktiver einzusetzen, mußte er die Sinnlosigkeit seines Unterfangens einsehen. Seine ehrgeizige, junge und idealistische Kreuzfahrertruppe bereiste die Städte, schwang Reden vor den Mengen auf den Plazas und versuchte die Unterstützung einflußreicher Bürger zu gewinnen, um die Bewohner wachzurütteln. Jene namhaften Bürger aber begrüßten den Senator und seine Truppe mit der typischen **filipina Gastfreundschaft**: mit üppigen Eß- und Trinkgelagen auf die einzig angemessene Art – à la Fiesta.

Die Bewegung zur Eindämmung der Fiestas hatte eine neue Welle von Fiestas ausgelöst oder genauer: Sie hatte die von verwandtschaftlichen Beziehungen getriebene Dynamik in Bewegung gesetzt, die **neue Ausgaben im Stil der Fiestas zum Ziel der Unterstützung der Bewegung zur Einschränkung der Fiestas** ins Rollen brachte. So endete die Kampagne des Senators weder mit einem Knall noch mit einem Winseln, sondern, wie ein Schelm meinte, mit einem »Rülpser«.

Überlebenshilfen

Ein westlicher Ausländer schrieb nach zweijährigem Aufenthalt auf den Philippinen an einen Kollegen:

Ich erinnere mich genau, wie schnell ich feststellte, daß man mich nicht versteht. **Die für mich einfachsten Dinge schienen den Filipinos vollkommen unbekannt.** *Ich versuchte zu erklären, aber je mehr ich erklärte, desto weniger klärte sich und desto dümmer stand ich da. Plötzlich befiel mich ein Gefühl der Bodenlosigkeit. Die grundlegendsten Voraussetzungen, Werte und Konventionen gaben mir, als ich anfangs mit diesen Leuten zusammentraf, keinerlei Hilfestellung – all dies schien für sie gar nicht zu existieren! Eine unüberwindliche Kluft tat sich auf.*

Diese Kluft ist eine heikle Angelegenheit. Welche Wahl habe ich, wenn ich feststelle, daß die wesentlichsten Dinge, nach denen ich mich richte und die mir Sicherheit verschaffen, erst gar nicht verstanden werden von jemandem, mit dem ich zusammenarbeite oder lebe? Und was soll ich tun, wenn sich dieses unsichere Gefühl des sinnlosen Umhertastens, des **verzweifelten Suchens nach einer Brücke, einer Gemeinsamkeit, nach etwas, das die Trennung überwindet und vom anderen endlich wahrgenommen wird** *– wenn dieses Gefühl mich zittern und meinen läßt, ich sei vollkommen abgeschlossen von den anderen?*

Manche Menschen sind unfähig, in einer anderen Kultur zu leben. Wenn ihre tagtäglichen Begegnungen nicht ihren Erwartungen entsprechen, fühlen sie sich vor den Kopf gestoßen und werden feindselig. Diese Menschen sind wie die Karikaturen jener Touristen, die aus der Landschaft ragen, gekleidet in ein exotisches Ensemble von heimischer Freizeitmode und seltsamen Souvenirhüten sowie anderem Schnickschnack, der eigens für Touristen hergestellt und in den Hotelfoyers verhökert wird. Es stimmt traurig zu sehen, daß über die ganze Welt verstreut zahlreiche Menschen ausländischen Boden bereisen und sich dabei doch stets nach dem Heimatland sehnen. Die fremde Kultur, die sich entgegen ihren starren Erwartungen verhält, bleibt ihnen ein ewiges Rätsel. Viele pflegen eine herablassende Einstellung den »Eingeborenen« gegenüber und panzern sich mit dem **Schutzschild eines arroganten Überlegenheitsgefühls.**

Diesen Leuten mit ihrer versteinerten Psyche kann nicht geholfen werden, sie brauchen ihre Gin-Tonics in privaten Clubs, um in der fremden, doch selbstgewählten Umgebung zu überleben. Sie marschieren zum Takt eines »anderen Trommlers« an einem Ort, an dem es keine Trommeln gibt. Sie bauen sich ihr »Klein-Deutschland«, »Little America«, »Chinatown« usw., Lichtjahre entfernt von ihrer Heimat, wo ihre Herzen und Mägen leben.

Statt sich einzugraben, reagieren andere auf den **Kulturschock,** indem sie sich **bedingungslos anpassen.** Sie verfallen in das gegenteilige Extrem und geben sich mit Haut und Haar und ohne Rückgrat dem kulturellen Neuland hin, um, wie sie sagen, »Einheimische« zu werden. Solches Verhalten löst den Konflikt jedoch nur scheinbar, denn es verlangt die **Verleugnung der eigenen Herkunft.** Auf Kosten der Lösung persönlicher Schwierigkeiten geben sie vor, nun in den Problemen der selbst gewählten Gesellschaft, in ihren Spannungen, Ängsten und Widersprüchen aufzugehen. Doch wer vermag seinen bereits beschrittenen Lebensweg zu verleugnen?

Für die Mehrheit der Nicht-Filipinos auf den Philippinen ist jedoch keine der Alternativen zufriedenstellend. Sie versuchen, während sie mit dem Kulturschock kämpfen, **die Unterschiede zwischen der eigenen und filipina Kultur möglichst klar zu verstehen, um bewußt und aufrichtig mit den Filipinos verkehren zu können.** Solche »Opfer« des Kulturschocks sind nicht bereit, ihre eigene Identität zurückzustellen oder gar vollständig zu verlieren; sie wollen im Gegenteil ihr Bewußtsein und ihren Horizont erweitern **und** zu sich selbst finden.

Kulturelle Erschöpfung: »Ich fühle mich wie ausgelaugt«

Selbst wenn Sie den ersten Schock glücklich überwunden, die Unterschiede erkannt und akzeptiert haben, wird das Schritthalten mit zwei verschiedenen Lebensstilen und Wertesystemen Sie weiterhin aufreiben. Obwohl offen und bereit, Neues über Ihre Umgebung zu lernen, überfällt Sie eine **Kulturmüdigkeit.**

Diese **körperliche und geistige Erschöpfung** rührt her aus der **unablässigen Notwendigkeit, sich bei den winzigsten Angelegenheit der fremden Kultur anzupassen.** Das Leben und Arbeiten im Ausland erfordert nahezu immer, vertraute spontane Urteile auszuschalten, scheinbar bekanntes Verhalten neu zu deuten und Stil und Inhalt des Auftretens zu verändern.

Ob bewußt oder unbewußt, erfolgreich oder erfolglos, verzehrt dieser Prozeß ungeheure Energie und läßt den einzelnen in einen Zustand deutlicher Erschöpfung sinken ... **Traditionelle filipina Verhaltensweisen werden dann nur zu gern in negativem Licht gesehen** – starke Familienbande geraten zu »Sippschaftsklüngel«, persönliche Empfindsamkeit zu »Schmollen«, das Beachten gegenseitiger Verpflichtungen zu »Ränkeschmieden«, das Umgehen von Meinungsverschiedenheiten und unangenehmen Themen zu »Unehrlichkeit« und die großherzige Gastfreundschaft zu »Verschwendungssucht«.

Das **Wohlgefühl, ja: Überleben eines Fremden auf den Philippinen** hängt von seiner Kenntnis und Anerkennung der Gedankenwelt und Verhaltensweisen der Filipinos ab, während er **zugleich seine kulturelle Identität und geistige Klarheit bewahren** muß. Wahrhaft kein leichtes Unterfangen, wenn Sie versuchen, gerade noch rechtzeitig zu einer wichtigen Verabredung zu kommen, dann feststellen, daß der Fahrer irgendwo ein Täßchen

Kaffee trinken gegangen ist, Sie zurück in Ihr Büro hasten, um Ihren Geschäftspartner zu informieren, daß Sie sich etwas verspäten werden, das Telefon jedoch kein Lebenszeichen von sich gibt, Sie wieder auf die Straße eilen, hektisch nach einem Taxi Ausschau halten, das dann, ohne die Uhr einzuschalten, im Schneckentempo durchs Verkehrsgewirr schleicht, im strömenden Regen durch überflutete Straßen Sie endlich ans Ziel bringt – um dort festzustellen, daß das Gebäude in Dunkelheit gehüllt und Ihr Partner wegen des Stromausfalls heimgegangen ist.

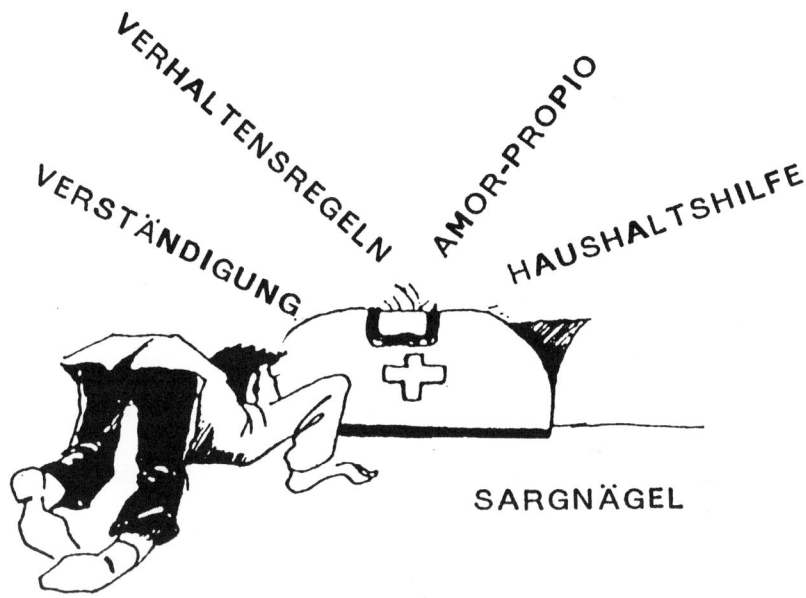

Der Versuch, die Dinge auf filipina Art zu sehen, wird bald zur Bedrohung der eigenen Identität. Die fremde Kultur fordert unsere so hochgeschätzten Werte der Direktheit, Aufrichtigkeit, Effizienz und Qualität bis zu einem Punkt heraus, an dem sich das Festhalten an ihnen als unsinnig erweist. Und dann drängen sich dem Besucher Fragen auf wie: »Wenn ich hier lediglich eine Rolle übernehme und mein Verhalten dem des Gastlandes anpasse, worin besteht dann mein Beitrag zur Gemeinschaft?« Oder: »Soll ich und kann ich gut genug schauspielern, um die mir wichtigen Grundsätze zu verleugnen?« Und letztendlich treten auch schlummernde Identitätsprobleme an die Oberfläche: »Warum kann ich nicht ich selbst sein?« Was unerbittlich zu der zermürbenden Frage führt: »Wer bin ich eigentlich?«

Wie aufrichtig darf der Besucher sein?

Es gibt darauf keine einfachen Antworten. Die bloße Anerkennung verschiedener sozialer Verhaltensweisen mit verschiedenen Wertesystemen schafft bereits den Grund für die Erkenntnis, daß die Welt nicht schwarzweiß ist oder richtig oder falsch und daß es **keine allgemeingültige Wahrnehmung menschlichen Sozialverhaltens gibt.**

Man muß sich zunächst vor Augen halten, daß widerstreitende kulturelle Werte sich nicht kurzerhand in einfachen Verallgemeinerungen kategorisieren lassen, obwohl Verallgemeinerungen die Unterschiede beleuchten können. Viele der offen erklärten westlichen Werte, wie etwa Aufrichtigkeit, Effizienz und Qualität, stehen keinesfalls im Widerspruch zur filipina Kultur. **Auch Filipinos schätzen Aufrichtigkeit, Effizienz und Qualität, jedoch von anderen Standpunkten aus.** Für einen Filipino ist aufrichtig, wer seine Zusagen einlöst und sich an das hält, was die Gesellschaft von ihm an mündlichen oder gar schriftlichen Verpflichtungen erwartet, und nicht, wer »sagt, wie es ist«, ohne sich zu kümmern, ob er damit jemanden verletzt. **Der Unterschied liegt in der Wahrnehmung von Aufrichtigkeit und sicher nicht darin, daß Europäer »aufrichtig« und Filipinos »unaufrichtig« sind.**

Zugeständnisse an die fremde Kultur sollten nicht zu dem Preis gemacht werden, menschlichen Werten entgegenzuhandeln – die Identitätskrise des Ausländers schneidet nicht derart tief ins Fleisch. **Aber der Besucher sollte grundsätzliche Werte neu hinterfragen und den Stil und die Form wertschätzen, die sie in der fremden Gesellschaft annehmen.** Die Sprache der Filipinos kennt Worte für Aufrichtigkeit und Unaufrichtigkeit, für Effizienz und Ineffizienz, für Qualität und Unzulänglichkeit. Diese Konzepte und Werte sind also sehr wohl im Bewußtsein der Filipinos vorhanden.

Es heißt, Filipinos seien »personenorientiert«, westliche Ausländer hingegen »zielorientiert«, Filipinos würden vom »sein«, wir vom »tun« motiviert. Dies verweist darauf, daß **unterschiedliche philosophische Standpunkte die Wahrnehmungen verändern.** Und genau darin, nicht in angeblich unvereinbaren moralischen Werten, liegt der kulturelle Konflikt. **Die unterschiedliche Betonung einzelner Werte, nicht eine absolute Gegensätzlichkeit, beschwört die Schwierigkeiten herauf.**

Das Schlüsselwort zur Lösung scheinbar diametraler Gegensätze heißt **»Erwartungen«.** Die eigene Erwartung oder vorgefaßte Meinung verdunkelt das Urteil über Werte wie Aufrichtigkeit, Effizienz oder Qualität. Der westliche, kurzsichtige und zielorientierte Handlungsstil verpaßt der »Aufrichtigkeit« eine buchstabengetreue, tatsachenbezogene, ernsthafte Vorrangstellung, während die langfristige, personenorientierte Sorge der Filipinos um das »Sein« Unverblümtheit nur in Situationen absoluter Notwendigkeit zuläßt.

*Sie gilt als Musterbeispiel der Integration (die Leidenschaft der Filipinos für
Schönheitswettbewerbe baute ihr eine zusätzliche Brücke):
Armi Kuusela, ehemalige Miss Universum, heiratete einen wohlhabenden
Filipino. Die Liebesgeschichte der beiden wurde verfilmt.
Heute berät sie Kandidatinnen für internationale Schönheitswettbewerbe.*

Der Januskopf der Aufrichtigkeit

Es fällt auf, daß in der **Geschichte der philippinisch-amerikanischen
Beziehungen**, angefangen von den Verhandlungen mit Admiral Dewey bis
zu Diskussionen über Menschenrechtsprobleme heute, stets und durchweg
die Filipinos, nicht aber die Amerikaner, das Thema »Aufrichtigkeit« ins
Spiel gebracht haben. Im historischen Zusammenhang offizieller staatlicher
Verhandlungen legte man die **Aufrichtigkeit der Filipinos** immer als **Naivität** aus, wohingegen **amerikanische Täuschungsmanöver** als vom
**nationalen Eigeninteresse der Amerikaner motivierte und berechtigte
Taktik** erachtet wurden.
Wer sich näher mit der Geschichte der philippinisch-amerikanischen Beziehungen befaßt, wird diese Einschätzung von namhaften Historikern bestätigt
finden. **Amerikaner und Europäer zögern nicht, in bestimmten Situationen zu beschönigen, was sie dann als »Aufrichtigkeit« schätzen,** wie
etwa bei Verhandlungen mit anderen Nationen oder beim Gebrauch schön-

färberischer Verbrämungen in den öffentlichen Erklärungen von Beamten und Politikern, die sich in der Regel als alles andere als »aufrichtig« erweisen. Sie ergeben sich auch bereitwillig den überschwenglichen Übertreibungen kommerzieller Werbung, die ebenfalls kaum den strengen Anforderungen des Begriffs »Aufrichtigkeit« genügen; doch wurden diese ihren kulturellen Erwartungen neu angepaßt. Und so würden Amerikaner Filipinos, die das Wort von auf den eigenen Vorteil bedachten offiziellen Verhandlungspartnern, Hausierern oder Werbefachleuten für bare Münze nehmen, für ausgesprochen dumm halten.

In diesem kulturellen Zusammenhang führen westliche Erwartungen die Filipinos in die Irre und »auf den Leim«. Wir wandeln unwillkürlich unser Verständnis von »Aufrichtigkeit« ab, wenn wir es mit Gebrauchtwagenhändlern, Politikern oder offiziellen Verlautbarungen zu tun haben. Filipinos, denen dieser kulturelle Zusammenhang nicht vertraut ist, mißverstehen die Signale und geben so viel zu leicht harter Werbung nach. So zum Beispiel die verarmte filipina Mutter, die, von ausländischer Werbung verführt, teure Trockenmilch oder Babynahrung kauft im Glauben, dies sei besser, gesünder und »zeitgemäßer« als das Stillen.

Von Angesicht zu Angesicht

Andererseits hegen die Filipinos eine vollkommen andere Erwartung von »Aufrichtigkeit« in **Situationen, in denen sich die Betroffenen Auge in Auge gegenüberstehen.** Dann sind Versprechungen und wohlmeinende Halbwahrheiten wichtige Hilfsmittel, um *amor-propio* nicht zu verletzen, denn **reibungslose zwischenmenschliche Beziehungen besitzen immer Vorrang gegenüber anderen Werten.** Hier verblüfft es den Ausländer, wenn sich ein filipino »Ja« als »vielleicht« entpuppt oder lange um den heißen Brei herumgeredet wird, anstatt kurz und bündig »nein« zu sagen.

Ein Grund, weshalb Filipinos keine gewissenhaften Briefeschreiber sind und zum Beispiel auf Einladungen mit dem ausdrücklichen Vermerk: »Um Antwort wird gebeten« nicht antworten, um dann doch zu erscheinen, liegt in der unwiderruflichen Verbindlichkeit von Schriftstücken.

Schwächen Sie Ihre Erwartungen an die »Aufrichtigkeit« ab in Situationen, wo Sie Auge in Auge mit dem Gegenüber konfrontiert sind. Und Sie tun gut daran, bei solchen Gelegenheiten Versprechungen mit Vorbehalten zu begegnen – dies tun die Filipinos auch. Um sicherzugehen, **sollten Sie Zusagen wiederholen und mehrfach bestätigen lassen sowie mündliche Vereinbarungen sogleich förmlich festhalten oder zu Papier bringen.** Auf diese Weise können Sie die »Aufrichtigkeit« einer Person auf die Probe stellen, denn wenn sie sich nicht festlegen und sofort handeln kann, dann wurde das Versprechen nur geleistet, um Ihnen zu gefallen.

Fremde sind oft irritiert, weil Filipinos eine Angelegenheit nicht, was allen Zeit ersparen würde, mit einem offenen »Nein« beenden. **Doch ebenso ver-**

ärgert es den Filipino, wenn man seine Zeichen und Signale, die das »Nein« umschreiben, nicht versteht. Schließlich vermeidet er absichtlich ein direktes »Nein«, um den anderen nicht in eine verzwickte und peinliche Lage zu bringen und mit einer bündigen Absage zu verletzen. Hier handelt er in der Tat aus Rücksicht auf die Selbstachtung des anderen. **Welches Verhalten beleidigend und welches rücksichtsvoll ist, dies ist eine Frage der kulturellen Interpretation.**

Weshalb sind die Filipinos stets besorgt, **Konflikte und Streitigkeiten zu vermeiden?** *Amor-propio* ist der eine Grund, doch ebenso wichtig sind die Verwandtschaftsbeziehungen. Wo die westliche Zivilisation den Individualismus betont, da findet der einzelne Filipino sich im Zentrum eines Verwandtschaftsuniversums: Eltern, Großeltern, Kinder, Onkel, Tanten, Vettern, Cousinen, Vettern und Cousinen zweiten Grades, Schwiegereltern und deren Familie, *compadres* und *comadres*. **Bei einem offenen Konflikt wird nicht nur der einzelne, sondern die gesamte Verwandtschaft verletzt.** Ein Streit zwischen zwei westlichen Ausländern ist ein Duell zwischen zwei Individuen. Bei einem Streit zwischen zwei Filipinos steht weit mehr auf dem Spiel. Er teilt zwei Familien in feindliche Lager.

Begegnungen und soziale Situationen

Unterschiedliche Erwartungen und Interpretationen können persönliche Beziehungen zerstören. **Bereits eine simple Einladung kann Irritationen und Mißverständnisse erzeugen** und zur klassischen »Aufrichtigkeitsdebatte« führen. Wenn Sie auf der Straße einem filipino Freund begegnen und beiläufig erwähnen, Sie hätten einige Bekannte zum Essen eingeladen und er sei ebenfalls herzlich willkommen, so wird er mit ziemlicher Sicherheit »ja« sagen, ohne jedoch Ihre Einladung ernstzunehmen. Er sieht in ihr eine bloße Höflichkeit und wird wahrscheinlich keinen einzigen Gedanken daran verschwenden.

Sie müssen **die Ernsthaftigkeit Ihrer Einladung durch einen Telefonanruf bestätigen oder einen gemeinsamen, gleichfalls eingeladenen Bekannten beauftragen, ihn an die Einladung zu erinnern** und dafür zu sorgen, daß er tatsächlich kommt. Ansonsten wird ein Filipino sein in einer oberflächlichen Unterhaltung dahingesagtes »Ja« nicht als bindend ansehen, da er davon ausgeht, Ihre Einladung sei lediglich ein spontaner Einfall, nicht aber Ihr ausdrücklicher Wunsch.

Außerdem sind Filipinos von einer nahezu phobischen Angst beseelt, als **»sozial aufdringlich«** zu erscheinen, etwa indem sie unverhohlen um soziale Anerkennung buhlen oder in irgendeiner Weise gierig handeln. Ihre Erziehung verurteilt Habgier, Gefräßigkeit, materialistisches Streben, Selbsterhöhung und sozialen Aufstieg und stellt Zurückhaltung, Bescheidenheit, Demut, Großzügigkeit und Selbstlosigkeit allem voran.

Bei gesellschaftlichen Anlässen verlangt es die Höflichkeit, etwas verspätet zu erscheinen, da **Pünktlichkeit** den Eindruck erwecken könnte, man sei zu sehr auf soziale Anerkennung und das Festessen erpicht. Wenn der Gastgeber seine Gäste zum Essen bittet, springen diese nicht sofort bei der ersten Einladung auf und setzen sich zu Tisch. Vielmehr muß er seine **Aufforderung mehrfach wiederholen**, ehe sie sich gemächlich an die Tafel bewegen. Und sie werden immer einige **Reste auf ihrem Teller** zurücklassen, um den Anschein zu vermeiden, sie seien schier verhungert zum Essen erschienen oder der Gastgeber hätte nicht genügend angeboten.

So wird Sie stets ein **Überangebot an Essen** erwarten, da es peinlich wäre, zu wenig aufzutischen, und es dem Brauch entspricht, guten Freunden Reste mit auf den Heimweg zu geben. Soll getanzt werden, gehört es zur Rolle des Gastgebers, mit freundlicher Eindringlichkeit seine Gäste immer wieder zum Tanzen zu ermuntern. Sie werden kaum je betrunkene und sich ungehörig aufführende filipino Gäste erleben, denn **übermäßiges Trinken** zeugt von Gier und weckt den Verdacht, der Betroffene habe zu Hause noch nie einen Tropfen Alkohol zu kosten bekommen. **Ungehobeltes Benehmen in der Öffentlichkeit, ob betrunken oder nüchtern, ist tabu!** Hat jemand zu tief ins Glas geblickt, so wird ein Bekannter ihn mäßigen, um einem Skandal vorzubeugen.

Wenn Sie der Gastgeber sind, so spielen Sie nicht die beleidigte Leberwurst, weil Sie Ihre Gäste geradezu zu Tische prügeln müssen. Und fassen Sie es nicht als böswillige Schikane auf, wenn Ihre filipino Gäste sämtlich verspätet eintreffen, sie sich scheinbar nicht einen Funken um Ihr liebevoll zubereitetes Essen scheren und Reste zurücklassen, als hätten sie jeden einzelnen Bissen nur mit Überwindung heruntergewürgt. Es gehört sich nun einmal so, und **in Gesellschaft ist Zurückhaltung geboten.**

Das Reden über andere Leute ist Lieblingsthema jeder Unterhaltung und jeden Smalltalks. Denn jeder wird nach seiner Familie eingeschätzt, nach seinen Freunden und Kollegen. **Manche Fragen mögen in westlichen Ohren zu persönlich klingen**, etwa: »Warum sind Sie nicht verheiratet?« oder: »Wieviel hat Sie das Kleid gekostet?« oder: »Was macht Ihr Vater?« Aber solche Fragen sind das Wasser auf der Mühle der Konversation und versuchen Sie in einen erkennbaren Verwandtschaftszusammenhang zu stellen. Filipinos werden Sie oft fragen, wieviel Sie für etwas bezahlt haben, weil Sie annehmen, man könnte Sie als Ausländer »übers Ohr gehauen« haben, und um Ihnen Tips für die Zukunft zu geben.

Bei einem Essen oder einer Party werden Sie häufig einige **ältere Leute** bemerken, die sich stets im Hintergrund halten. Es sind die Eltern oder Großeltern der Gastgeber, und sie werden mit **größtem Respekt** behandelt. Es ist üblich, Sie zu begrüßen und sich beim Verlassen des Festes auch von ihnen zu verabschieden. Der Tagalog Ausdruck *magpapaalam* betont den

Reisbauernidylle auf neuzeitlichem Verkehrsmittel:
Sinnbild für die reizvolle und typische philippinische Verquickung
von Tradition und Moderne, Fremdem und Urtümlichem

Brauch, **sich von Gastgebern und älteren Personen förmlich zu verabschieden.**

Wohlhabendere Leute beschäftigen im Haushalt einen Koch, deshalb zeugt
in solcher Umgebung das Essen nicht von den kulinarischen Fertigkeiten der
Gastgeber. Zuweilen bereitet die Gastgeberin persönlich das Dessert. **Komplimente über das Essen** sind zwar willkommen, doch von geringerer
Bedeutung als in westlichen Ländern, wo oft die Dame des Hauses oder der
Hausherr persönlich das Essen zubereiten. Hingegen entspringen Einrichtung, Ausschmückung und Blumendekoration dem persönlichen Geschmack der Gastgeberin, so daß Komplimente sich am besten in dieser
Richtung bewegen sollten.

Normalerweise werden weibliche und männliche Gäste nicht in abwech-
selnder Reihenfolge am Tisch plaziert, wenn auch manche Gastgeber darauf

achten mögen. Die Gäste neigen eher zu einer **spontanen Sitzordnung nach eigenem Gutdünken**. Häufig gruppieren sich auch jeweils die Frauen und Männer zueinander.

Es ist nicht üblich, als **Gastgeschenk** Süßigkeiten oder eine Flasche Wein mitzubringen, es sei denn, Sie befürchten tatsächlich, der knauserige Gastgeber könnte Ihnen zuwenig anbieten – so würde nämlich ein Filipino diese Geste verstehen.

Tips für Geburtstagsparties

- Geburtstagsfeiern sind in der Regel **Stehparties**. Meist wird ein **Buffet** hergerichtet.
- Die Parties beschränken sich nicht auf **Freunde**, sondern schließen immer die **Verwandtschaft** ein.
- Die **Gäste gruppieren sich zwanglos**, allerdings häufig nach Altersgruppen.
- Manchmal findet die Feier in einem **Restaurant** statt.
- **Jüngere Leute begrüßen ältere Verwandte** (wie *tito, tita, lolo* und *lola*) mit einem Kuß auf die Wange (auf die Stirn bei sehr alten Personen). Diese **filipina Grußform** wird auch bei anderen Gelegenheiten verwandt. Die Älteren erwidern den Gruß, nicht aber den Kuß.
- **Geschenke** werden nicht vor den Augen der Gäste geöffnet. Man legt sie zur Seite und öffnet sie, wenn die Gäste gegangen sind.
- Wenn Sie mit einem **Fahrer** kommen, sollten sie dies jemanden wissen lassen, damit man auch ihn verköstigt. Dies wird vom Gastgeber erwartet, es sei denn, es handelt sich um eine Abendparty, bei der kein Essen vorgesehen ist. In diesem Fall müssen Sie selbst für Ihren Fahrer sorgen, ehe Sie sich zum Fest begeben.
- Engen Freunden und Vertrauten gibt man ein *pabaon*, etwas **Essen, mit auf den Heimweg**.
- Man trägt dem Anlaß entsprechende **Partykleidung**.

Tischgesellschaften

Gibt man **für Gäste ein Abendessen**, so reicht man in der Regel eine Suppe, zwei oder drei Hauptgänge und ein Dessert. Traditionell serviert man dazu lediglich Wasser, doch heute gelegentlich auch alkoholfreie Getränke. Wohlhabende und mit den westlichen Gewohnheiten vertraute Filipinos warten womöglich mit Wein auf.

Reis ist die Grundlage jeden Essens. Man ißt nicht mit Messer und Gabel, sondern mit **Löffel und Gabel**, wobei man mit der Gabel das Essen auf den Löffel schiebt. Bei einer **großen Einladung** gibt es oft ein Buffet, an dem die Gäste sich selbst bedienen.

Bei einer **Familienfeier**, wie einem Geburtstagsfest oder Hochzeitsjubiläum, **finden sich Gruppen nach dem Alter zusammen**, so zum Beispiel die kleinen Kinder, die Teenager und unverheirateten jungen Leute, die Verheirateten und die Generation der Großeltern. Von **Kindern** erwartet man, daß sie sich im Hintergrund halten. Gewöhnlich spielen sie draußen oder in einem anderen Zimmer zusammen.

Familiengrüppchen bilden sich auch dann, wenn Gäste anwesend sind, die nicht mit den Gastgebern verwandt sind. Diesen werden dann aber oft **Ehrenplätze** zugewiesen. Häufig finden sich einzelne Frauen- und Männergrüppchen zu Gesprächskreisen zusammen.

Filipinos **tanzen** gern, und Tanzen ist der Höhepunkt vieler privater Parties. Musik, heutzutage aus einer Stereoanlage, hebt die Feierstimmung.

Bei diesen Gelegenheiten wird den Männern Gin, Scotch oder Bier angeboten. Nur wenige Frauen trinken **Alkohol**. Für die Männer jedoch ist es eine Übung im Machismo. Während sie sich dem Zwang, gesellig zu sein und nach Kräften mitzuhalten, unterwerfen, sorgt die Anwesenheit ihrer Ehefrauen, die ihre Männer nur allzu gern necken, für Mäßigung. In ländlichen, stärker an der Tradition festhaltenden Gegenden wird kräftiger zugelangt, um die Männlichkeit unter Beweis zu stellen. Dabei wird der lokale Punsch *tuba* oder seine stärkere, destillierte Variante *lambanug* getrunken. Der allgegenwärtige Druck des *pakikisama*, sich mit den anderen gut zu verstehen, lädt zum Mitzechen ein – wobei man die Kunst beherrschen sollte, sich weiteren Versuchungen erfolgreich zu widersetzen, wenn man das Gefühl hat, bereits abgefüllt zu sein. All den neckenden Anstachelungen und Anspielungen auf *amor-propio* zum Trotz lächeln die meisten Filipinos gelassen und **trinken maßvoll**.

Tischsitten

- In **städtischen Gebieten** ißt man mit **Löffel und Gabel**, in **ländlichen Gegenden mit den Fingern**. Man nimmt dabei das Essen mit den Fingern der rechten Hand auf und führt es zum Mund.
- Normalerweise erinnert das Essen an ein **Buffet**. Manchmal sind die verschiedenen Gerichte auch auf einem **drehbaren Tablett** in der Mitte des Tisches angerichtet; dann bedienen sich die Gäste selbst. Eine Mahlzeit besteht aus **Reis und verschiedenen Beilagen**.
- In manchen **wohlhabenden Familien** wird das Essen von einer **Bediensteten** aufgetragen, die die verschiedenen Speisen jedem einzelnen Gast anbietet. Dabei beginnt sie bei der ältesten Person und fährt nach dem Rang fort. Die Kinder der Gastgeber werden als letzte bedient.
- Die meisten Familien legen auf das **gemeinsame Essen** großen Wert. Mahlzeiten werden erst serviert, wenn alle Familienmitglieder versammelt sind.

• Filipinos lieben **Desserts**. Eine Nachspeise rundet stets ein Mittag- oder Abendessen ab.

Leben und Wohnen auf den Philippinen

Wer einen längeren Aufenthalt plant, erwägt vielleicht, sich **in einem Haus niederzulassen** – ein, wie Sie meinen, alltäglicher Schritt. Aber er ist mit vielen Stolpersteinen gepflastert.

Manches an den Häusern in den Städten wird dem Besucher sofort auffallen, so die hohen Mauern, vergitterten Fenster und schweren Schlösser an Vor- der- und Hintertüren. Dies sind notwendige **Sicherheitsvorkehrungen**, denn, so leid es uns tut, dies einzugestehen, es treiben sich auch **Diebe, Einbrecher und sogar bewaffnete Kriminelle** herum. Wer Wäsche über Nacht draußen auf der Leine trocknen, den Gartenschlauch oder Werkzeuge ungesichert herumliegen läßt, der lädt Gelegenheitsdiebe unmißverständlich ein. Es ist lediglich eine Frage der Zeit, bis unbewachte Habe aus Ihrem Garten verschwindet. Die enklavenartigen »Dörfer« in Manilas Vorstädten, von hohen Mauern umgeben und uniformierten Posten bewacht, zeugen keineswegs von einer unter den Vorstadtbewohnern verbreiteten Paranoia. Die meisten Leute würden liebend gern auf derlei architektonische Besonderheiten verzichten, nicht zuletzt weil vergitterte Fenster bei einem Feuer die Gefahr vergrößern. Aber diese Vorkehrungen haben nun einmal ihren Sinn und Zweck. Sie sollten dies von Anfang an im Auge behalten.

Ein aus zwei Flügeln bestehendes Metalltor schließt die Autoeinfahrt von der Straße ab. In das Tor ist eine Tür eingebaut, durch die Besucher, die ohne Wagen kommen, Einlaß finden. Ein schmaler Schlitz in dieser Tür läßt erkennen, wer der Besucher ist. **Filipinos besitzen eine Abneigung gegen Besuche von Fremden, Vertretern, Gläubigern und anderen Plagegeistern** und versuchen, sie in ihrem privaten Heim zu verhindern. Wenn der Besucher jedoch einmal identifiziert ist und sich innerhalb der Umfriedung befindet, wird er mit größter Zuvorkommenheit aufgenommen.

Die meisten Häuser verfügen über ein geräumiges **Wohnzimmer**, denn es ist wichtig, Besucher angenehm zu empfangen. Man bemüht sich, den halb- öffentlichen Bereich, den Gäste betreten, möglichst repräsentativ herzurichten. So sind auch meist **zwei Küchen** vorhanden, eine mit modernen, einem Einrichtungskatalog entsprungen scheinenden Geräten, und eine, die man die »schmutzige Küche« nennt, nach hinten gelegen und für das alltägliche Kochen benutzt. Ein **hinterer Garten** zum Wäschetrocknen und für andere unansehnliche Angelegenheiten ist abgetrennt von einem besonders gepflegten, mit Blumen bepflanzten **Vorgarten**. Das Haus wird so gehalten, wie die Filipinos ihr Leben führen: mit einer **äußeren Schale für die Öffentlichkeit** und einem **inneren, privaten Raum**, in dem das Familienleben stattfindet.

Äußere Fassade und inneres Selbst

Filipinos unterscheiden zwischen dem **inneren Selbst, das sie** *loob* **nennen,** und dem **äußeren Selbst, das manchmal auch als »Gesicht«** *(mukha)* **umschrieben wird.** Der Begriff *utang na loob* betont klar, daß eine Schuld nicht als oberflächliche, sondern eine Verpflichtung des inneren Selbst gilt. Die verschiedensten Redewendungen verleihen dieser Auffassung Ausdruck: Wer keinen Druck ertragen kann und nichts riskiert, von dem heißt es, er besitze ein schwaches inneres Selbst *(mahina ang loob)*; der Wagemutige und Dreiste hat ein starkes inneres Selbst *(malakas ang loob)*; Großzügigkeit und Wohltätigkeit zeugen von einem schönen inneren Selbst *(magandang loob)*; das innere Selbst fühlt sich schlecht *(masama ang loob)*, wenn jemand Ärger und Groll verhohlen in sich trägt. Man trennt also deutlich zwischen dem **öffentlichen Gesicht einer Person** und **ihrem inneren, oder wahren, Selbst**.

Das **äußere Selbst, die Fassade**, wird belegt mit Begriffen wie: Form *(porma)*, Haltung *(pustura)*, Gesicht *(mukha)*, Fassung/Gelassenheit/Gewandtheit *(arte)*, Erscheinungsbild *(papel)*, Blendwerk *(pasiklab)* oder Show *(palabas)*, Theaterfarce *(moro-moro)*, Eindruckschinderei *(pakulo)*, unübersehbare Extravaganz *(pabongga)*. Diese begrifflichen Zuordnungen zeigen, wie Filipinos ständig und bewußt im Geiste zwischen öffentlichem »Gesicht« und innerem Selbst trennen.

Die Architektur eine filipino Hauses versinnbildlicht diese Trennung. Öffentliche Bereiche, in denen Gäste empfangen werden, sind abgeteilt vom privaten Bereich. Gäste müssen zum Beispiel immer um Erlaubnis bitten, wenn sie den privaten Bereich betreten wollen, etwa die Toilette. Eine Reinigungs- und Aufräumwelle wird durch die Privaträume rollen, ehe man Ihnen gestattet, sie zu betreten. Zum privaten Bereich zählen Küche, Schlafzimmer, Lese- oder Arbeitszimmer, Badezimmer, Hinterhof und Zimmer von Bediensteten. **Die Privatsphäre soll von anderen nur im besten Zustand gesehen werden.**

Lebenshaltungskosten

Ausländer kann das Leben auf den Philippinen **teuer** zu stehen kommen. **Mieten** und **Benzinpreise** liegen höher als in Westeuropa. **Lebensmittel**, vor allem solche aus dem Supermarkt, kosten ebenfalls mehr. Auf alle eingeführten Waren sind hohe Zölle zu entrichten, was **importierte Produkte**, etwa Lebensmittel, Medikamente und Autoersatzteile, weiter verteuert. Autos und andere technische Geräte scheinen hier – aufgrund des Klimas, mangelnder Wartungsfähigkeiten und fehlender Ersatzteile – häufiger defekt zu sein. Die meisten Ausländer, und alle reichen Filipinos, schicken ihre Kinder auf sehr kostspielige **Privatschulen**.

Andererseits sind die Kosten für **Arbeits- und Serviceleistungen**, besonders bei Haushaltshilfen und medizinischer Behandlung, niedrig. Gemüse und Obst **auf dem Markt** ist billig und schmackhaft.

Wohnungssuche

Wenn Sie sich auf Haus- oder Wohnungssuche begeben, sollten Sie als erstes die **Lage** bedenken, da **Verkehrsstaus**, besonders in Metro Manila, ein ernstzunehmendes Alltagsproblem darstellen. Sie können leicht einen halben Tag verlieren, um von Punkt A zu Punkt B zu gelangen. Sie müssen mit dem dichten Großstadtverkehr leben lernen.

Wegen der geselligen Natur der Filipinos und der Notwendigkeit, miteinander auszukommen, ist auch die **Nachbarschaft** ein wichtiger Gesichtspunkt. Viele verdrießliche Meinungsverschiedenheiten entstehen durch von Hausangestellten unachtsam entsorgten Müll, ständig hereinplatzende Nachbarn, die das Telefon benutzen wollen, oder Reibereien zwischen benachbarten Haushaltshilfen.

Sicherheit und Schutz vor den überhandnehmenden Einbrüchen stellen ebenfalls Anforderungen an die **Lage**. Wählen Sie kein Haus neben unbebautem Land, in der Nähe enger, übervölkerter Straßen, ohne Umzäunung oder in dunklen, abgelegenen Gegenden.

Die häufigen schweren **Niederschläge** während der Regenzeit können leicht Häuser und Straßen überfluten. Achten Sie also auf die Lage und Umgebung des Grundstücks und den Zustand der Straße. Wenn möglich, besichtigen Sie das Haus in der Regenzeit nach einem heftigen Guß. Ansonsten könnten Sie sich bei Manilas jahreszeitlich bedingten **Überschwemmungen** ohne weiteres auf Robinsons Insel wiederfinden. Besichtigen Sie tiefliegende Teile des Erdgeschosses, achten Sie auf Anzeichen von Wasserlöchern im Garten. Prüfen Sie Abwassersystem, Dachrinnen und Abflußrohre. Bei Wirbelstürmen kann durch undichte Stellen das ganze Dach abgedeckt werden.

Finden auf der zu Ihrem Viertel leitenden Hauptstraße **Straßenbauarbeiten** statt, so führen Sie sich vor Augen, daß solche Arbeiten Jahre dauern können, den Verkehr weiträumig behindern und ein Netz von Umleitungen und verstopften Nebenstraßen in Ihrer Umgebung verursachen.

Die **Mieten** für Ausländer liegen unglaublich und unverhältnismäßig hoch. Dies rührt daher, daß Ausländern Landbesitz gesetzlich verboten ist, auch der eines Hauses mit kleinem Grundstück. Außerdem wurden an Ausländer vermietete Häuser zumeist eigens für diese gebaut und sind mit Annehmlichkeiten wie Klimaanlage und Swimmingpool ausgestattet, die für die meisten Filipinos äußersten Luxus bedeuten. Als **Vorauszahlung** erwartet man gemeinhin sechs bis zwölf Monatsmieten.

Mietverträge werden zwischen einem Unternehmen und einer Agentur abgeschlossen, häufiger jedoch zwischen Eigentümer und Mieter. Bedenken Sie die Personenbezogenheit der Filipinos, und sorgen Sie von Anfang an

*Diese naturnahe, ökologisch bewußte Bau- und Wohnweise
reizt sicher Aussteiger, taugt aber nicht, wenn Sie morgens
im Nadelstreifenanzug in die City fahren müssen.*

für ein **angenehmes, freundliches Verhältnis**. So stoßen Sie bei anfälligen Reparaturen und ähnlichem eher auf ein offenes Ohr, da es dem Eigentümer weniger leichtfällt, sich gegenüber jemandem, den er persönlich kennt, uninteressiert und unverantwortlich zu zeigen.

Wenn Sie mit Ihrem neuen Zuhause insgesamt zufrieden sind, aber noch kleinere **Veränderungen**, etwa einen neuen Anstrich, neue Vorhänge oder gar kleinere bauliche Umgestaltungen, planen, so tun Sie gut daran, den Eigentümer die Überwachung dieser Arbeiten (wenn nicht gar die Kosten) übernehmen zu lassen.

Dies erspart Ihnen die trübselige und verbitternde Erfahrung, von den Dienstleistungen der Handwerker enttäuscht zu werden. Kalkulieren Sie, selbst wenn man Ihnen Termine zusichert, mehr Zeit ein, als Sie von zu Hause gewöhnt sind.

Elektrizität

Vergessen Sie vertraute strikte Bauvorschriften, und gewöhnen Sie sich daran, daß diese auf den Philippinen lockerer – und ihre Überprüfung noch nachlässiger – gehandhabt werden. Gehen Sie deshalb nicht von bislang Selbstverständlichem aus, sondern **überprüfen Sie vor allem die elektrischen Leitungen**. Denn Defekte in der Elektrik sind eine Hauptursache für Brände in Manila, und Ausländer benutzen erfahrungsgemäß mehr Elektrogeräte als Filipinos.

In Metro Manila kann die **Stromspannung** sowohl 110 als auch 220 Volt betragen. Sie müssen also feststellen, welche Spannung in Ihr Haus verlegt wurde. Die meisten modernen Häuser sind mit beiden Spannungen versorgt, so daß Sie in Erfahrung bringen müssen, welche Steckdose welche Spannung führt. Sie sollten die Steckdosen markieren, um bösen Überraschungen vorzubeugen.

Gelegentliche **Stromausfälle** gehören zum täglichen Leben. Ohne Vorwarnung werden Straßenzüge oder Wohnviertel abgeschaltet, was man *brown-out* und nicht *black-out* nennt (Eselsbrücke: es versinkt nicht die gesamte Stadt in Dunkelheit). Die starke Spannungswelle bei Wiedereinschaltung des Stroms kann angeschlossene Elektrogeräte beschädigen. Es empfiehlt sich deshalb, bei einem *brown-out* sämtliche Stecker (auch von Kühlschrank, Gefriertruhe und Klimageräten) herauszuziehen. Schließen Sie sie erst wieder an, nachdem der Strom eingeschaltet wurde.

Wasser

Als Neuling in Manila sollten Sie als erstes den **Wasserdruck** prüfen. Metro Manilas Wasserversorgungsproblem besteht seit der Zerstörung der Stadt am Ende des II. Weltkrieges. Seit 1945 hat die Verlegung neuer Wasserrohre mit der wachsenden Bevölkerung der Stadt nicht Schritt halten können. Heute reißt Manilas Wasserbehörde (Nawasa) mehr und mehr Straßen auf, um nichtsdestotrotz den Kampf um die Wasserversorgung der über sieben Millionen Einwohner der Hauptstadt zu verlieren.

Die Filipinos haben darauf in typischer **Heimwerkermanier** reagiert, indem sie mit Motorpumpen Wasser aus den antiquierten, engen, rostigen und schadhaften Nawasa-Rohren in Tanks pumpen und horten. Natürlich mußte bald jedes Haus eine **Wasserpumpe** besitzen – was den nicht aufgerüsteten Haushalten noch weniger Wasser in den Leitungen beließ. Doch trotz einer Pumpe bleibt der Wasserdruck niedrig, und nur wenige Wohngegenden sind regelmäßig ausreichend mit Wasser versorgt, an dem es vor allem während der täglichen **Hauptverbrauchszeiten** mangelt.

Prüfen Sie bei der Hausbesichtigung den Wasserdruck möglichst zu diesen Stunden. Geben Sie sich nicht damit zufrieden, den Hahn im Garten oder Erdgeschoß aufzudrehen, sondern testen Sie die Duschen und drehen Sie einen Hahn an der höchsten Stelle des Hauses auf. Am besten betätigen Sie gleichzeitig mehrere Hähne und die Toilettenspülung. Ist der Druck niedrig, werden Sie voll eingeseift unter der Dusche im Trockenen stehen, sobald jemand in der Küche den Wasserhahn aufdreht oder der Gärtner beginnt, den Rasen zu sprengen. Doch selbst wenn Pumpen einen zufriedenstellenden Wasserdruck erzeugen, werden Sie überraschende Dürren erleben – wenn bei den mehr oder weniger regelmäßigen *brown-outs* auch Ihre Elektropumpe den Geist aufgibt.

Wirbelstürme haben bekanntlich die Eigenschaft, Stromleitungen zu unterbrechen und zugleich wolkenbruchartige Regenfälle und Überflutungen mit sich zu bringen, die den Hausbesitzer im Erdgeschoß kniehoch durch Wasser waten lassen, während die Hähne kein Tröpflein ausspucken. Die Überprüfung der Wasserleitungen ist deshalb unbedingt ratsam. Vor bösen Überraschungen feit Sie kein luxuriöser Neubau mit Swimmingpool und weitläufigem Kachelbad. Wohnen Sie in einem Stadtbezirk, in dem niedriger Wasserdruck herrscht, so können Sie nichts daran ändern.

Küchen

In westlichen Häusern ist die Küche ein zentraler Ort, da in der Regel die Hausbesitzer selbst kochen und viel Zeit darin verbringen. Oft sind westliche Küchen mit Eßecke, Eßzimmer oder sogar Wohnzimmer verbunden und betonen so die Bedeutung der Aktivitäten von Hausfrau/Hausmann, um die herum sich die Familie gruppiert. Da aber Filipinos mittlerer oder höherer Einkommensgruppen einen Koch oder eine Köchin beschäftigen, ist die Küche lediglich **Arbeitsplatz eines Hausangestellten**. Diese Küchen sind keine hellen, gut belüfteten, mit Vorhängen verzierten und Elektrogeräten ausgestatteten Räume, die vom persönlichen Geschmack der Hausbesitzer zeugen. Wollen Sie selbst den Kochlöffel schwingen, dann begutachten Sie auch die Küche, ihre Lage, Größe und Einrichtung.

Viele filipino Häuser, vor allem jene der Reichen, leisten sich **zwei Küchen**: eine für die Dame des Hauses, die ihre Kochkünste im Ambiente moderner Geräte entfaltet, und einen unscheinbaren Raum im hinteren Teil des Gebäudes, wo Koch/Köchin an einem beengten, mit Gaskocher ausgestatteten Arbeitsplatz die täglichen Mahlzeiten zubereitet. Die Energieversorgung mittels **Gasflaschen** ist überaus sinnvoll, da sich während der *brown-outs* Ihr hochmoderner elektrischer Superherd als schlichtweg nutzlos erweist. Als zweckmäßige Anpassung an philippinische Verhältnisse verläßt die »schmutzige Küche« sich auf weniger ausgeklügelte Technik.

Telefone – Ihr Eigenleben und Eigensinn

In Manila übersteigt die Nachfrage nach Telefonanschlüssen bei weitem das Angebot der vorhandenen Leitungen. Wenn Sie ein Haus besichtigen, kann die verlegte Leitung durchaus zu einem Apparat gehören, dessen Nummer der Vormieter auf seine neue Adresse übertragen ließ. Das Einholen einer Bestätigung, daß das Haus einen Anschluß besitzt, schadet also nicht. Doch sollten Sie sich dann zusätzlich vergewissern, daß dieser **nur zu Ihrem** Haushalt gehört. **Sehr oft besitzen nämlich mehrere Haushalte einen gemeinsamen Anschluß, und nichts, aber auch gar nichts, wird Ihren Kulturschock mehr steigern, als die Telefonleitung mit anderen teilen zu müssen.**

Auch sollten Sie die Tatsache beherzigen, daß ein Telefon auf den Philippinen keineswegs ein, wie Sie es gewöhnt sind, einfaches Instrument ist. Telefone entwickeln hier ein merkwürdiges Eigenleben. **Fehlschaltungen** bringen zusätzliche Teilnehmer und seltsame Stimmen in Ihr Gespräch. Das **Besetztzeichen** ertönt grundsätzlich erst, nachdem Sie sämtliche Ziffern gewählt haben, wodurch Anrufe in betriebsame Gegenden zur Sisyphosarbeit ausarten. Dort jemanden telefonisch zu erreichen kann Sie einen vollen Vormittag kosten – und restlos erschöpft zurücklassen. Wenn Sie Ihr Telefon am dringendsten benötigen, stellt es sich tot; und wenn es einmal funktionieren sollte, so ist mit Sicherheit jenes des Empfängers defekt. Das Telefonnetz scheint das Parkinson'sche Gesetz über die eigendynamische Aufblähung von Bürokratien auf sich ausweitende Störungen zu übertragen. Die Chancen, daß Alexander Graham Bells Erfindung wie gewünscht funktioniert, stehen fünfzig zu fünfzig, und wenn Sie einmal ein Problem telefonisch binnen Minuten gelöst haben, werden Sie sich fühlen, als hätten Sie soeben den Nobelpreis für Physik gewonnen. **Zwei Telefonleitungen** steigern Ihre Chancen, Augenblicke solchen Glücksgefühls erleben zu dürfen.

Trocken ins und aus dem Haus

Eine **Garage** leistet gute Dienste, denn während der trockenen Jahreszeit verwandelt die Hitze Ihr Auto in einen Glutofen, und oft genug sind Sie längst am Ziel, ehe die Klimaanlage den Wagen abgekühlt hat. Die Regenzeit währt mehrere Monate, und wenn Sie nicht bis auf die Knochen naß werden wollen, sollten Sie auf einen **überdachten Weg zwischen Auto und Haus** Wert legen.

Sicherheitsvorkehrungen

Denken Sie an Ihre **persönliche Sicherheit**, wenn Sie ein Haus auswählen. Häuser auf Eckgrundstücken erleichtern Eindringlingen die Arbeit. Je sicherer die Nachbarhäuser (ihre privaten Sicherheitsposten kommen auch Ihnen zugute), desto sicherer wird auch Ihr Haus sein. **Untersuchen Sie:** Wände, Tor, Sicherheitsschlösser der Türen, Gitter vor den Fenstern, Sicherheitsvorkehrungen an Schiebetüren und die Beleuchtungsanlage, die die Umgebung des Hauses in gleißendes Licht taucht.

Es sind vor allem diese Sicherheitserwägungen, die zu den **dorfähnlichen Einteilungen** geführt haben. **Manilas Ober- und Mittelschichtswohngegenden bestehen zunehmend aus eingeschlossenen Enklaven.** »Dörfer« genannt, sind sie umgeben von Mauern und Zäunen mit Ein- und Ausgängen und von Wächtern gesichert, die die Bewohner der »Dörfer« angestellt haben.

Die Mitglieder des »Dorfes« versuchen Diebstähle zu verhindern und ein Gefühl persönlicher Sicherheit zu verbreiten, indem sie den Zugang zu dem abgegrenzten Gebiet beschränken. Die Straßen im »Dorf« gehören in der Regel den »Dörflern« und werden von ihnen unterhalten. So bleibt ihre Benutzung auf Mitglieder beschränkt, die Ausweise auf die Windschutzscheiben ihrer Autos kleben. In manchen »Dörfern« müssen Besucher ihre Ankunft und Abfahrt eintragen. Manchmal muß sogar der Fahrer eines Autos, selbst ein Taxifahrer, seinen Führerschein am Tor abgeben und bei der Abfahrt dort wieder abholen.

Die Einrichtung von »Dörfern« in den Vororten begann in den späten 50er Jahren und breitete sich in den 70er Jahren stark aus, unter anderem wegen Metro Manilas **Bevölkerungsexplosion** und der erheblichen **geschäftlichen Transaktionen**, die in diesen Gegenden durchgeführt werden, sowie als **Antwort auf die bedrohliche soziale Lage der Mehrheit der Bevölkerung.** Dennoch hat das »Dorfleben« das Sicherheitsproblem nicht vollständig lösen können, und viele »Dorfbewohner« werden auch heute in Abständen tätlich angegriffen, trotz der kleinen uniformierten und bewaffneten Privatarmee.

Die **Wachmänner** werden von besonderen Dienstleistungsagenturen vermittelt. In der Praxis haben sie sich als zweischneidige Schwerter erwiesen. Einige haben ihre Stellung mißbraucht, um zu stehlen, zu rauben und vergewaltigen. Die Stelle eines Wächters ist die perfekte Tarnung für einen Dieb, da er unmittelbaren Zugang zu Informationen über mögliche Opfer besitzt, weiß, wie viele Leute in welchem Haus wohnen, wann sie täglich wohin fahren und wann sie für längere Zeit verreist sind.

Ein weiterer Nachteil der »Dorfgemeinschaft« liegt in der **Aufteilung der Stadtviertel nach ökonomischen Kriterien.** Gebiete, in denen ausschließlich die Ober- und Mittelschicht wohnt, schüren den Besitzneid und den Trieb, den Statussymbolen der anderen nachzueifern. Die philippinische Gesellschaft wird in soziale Gruppen gespalten und eine Kommunikation zwischen diesen verhindert.

Im **traditionellen Stadtleben Manilas** waren außerhalb dieser »Dörfer« die **sozialen Barrieren** weniger offensichtlich. Es war durchaus üblich, daß sich neben einer Villa ein einfacher Bungalow und eine altersschwache Hütte fanden. Alle Bewohner bedienten sich ohne Unterschied bei ihren kleinen Eckläden *(sari-sari)*, die Zigaretten einzeln, Schmalz stichweise, Essig tassenweise usw. verkauften und die Schulden mit Kreide an der Wand notierten. Es ist bezeichnend für die **sich verschärfenden sozio-ökonomischen**

Gegensätze der philippinischen Gesellschaft, daß die »Dörfer« wuchern, während die traditionellen Wohngegenden zunehmend verfallen.

Haushaltshilfen

Wenn Sie länger auf den Philippinen weilen, sollten Sie sich auf enge Begegnungen mit den **Grundstützen der philippinischen Gesellschaft** vorbereiten. Wenige kommen ohne Haushaltshilfen aus – doch der Umgang mit diesen bereitet den meisten Ausländern erhebliche Probleme. Denn der durchschnittliche Europäer ist nicht darauf vorbereitet, einen großen Haushalt mit Personal zu führen. Selbst wer in der Heimat dienstbare Hausgeister beschäftigt, ist sich der Irrwege beim Navigieren in philippinischen Gewässern oft nicht bewußt.

Die Tradition des Dienens

In der geschriebenen Geschichte der Philippinen zählen Haushaltshilfen seit eh und je zum Alltagsleben. Der spanische Chronist Juan Plasencia berichtet in seiner Beobachtung der Tagalog Gesellschaft des 16. Jh., daß die Chefs oder *dato* zwei Arten von Untergebenen besaßen, zum einen die Leibeigenen oder Pächter *(aliping namamahay)*, die ihrem Herrn, ob *dato* oder nicht, die Hälfte der Erträge ihres Landes ablieferten. Die anderen waren Sklaven *(aliping saguiguilir)*, die auch verkauft werden konnten. Ausgefeilte Vorschriften regelten die Rechte beider Arten von Untergebenen und die Macht des *dato* über sie und ihre Kinder.

Heute noch ist es üblich, dem *dato* oder einer mächtigen Person, der man verpflichtet ist, als Rückzahlung für *utang na loob* einen Dienst zu erweisen. Ein junger Bauernbursche, der seine große Liebe heiraten möchte, muß in ländlichen Tagalog Gegenden, zumindest nach traditioneller Sitte, ein Jahr lang bei seinen zukünftigen Schwiegereltern Dienste leisten, Wasser holen, Holz hacken o.ä., um seine Ernsthaftigkeit und Fähigkeiten zu beweisen. Verschuldete Pachtbauern haben früher ihre jungen Töchter und Söhne den Landbesitzern zur Teilabtragung ihrer Verpflichtungen als Diener angeboten. Doch selbst nichtverschuldete Pächter bitten häufig ihren Landbesitzer oder auch begüterte Stadtbewohner, an die dieser sie verweist, ihre Kinder im Haushalt anzustellen. **Das Tagalog Wort für »Diener«,** *katulong*, **bedeutet in seinem ursprünglichen Sinn »Helfer« und verweist in der Beziehung zwischen Hauseigentümer und Haushaltshilfe auf das traditionelle Prinzip der Gegenseitigkeit.**

Diese Tradition, die in jener abgemilderten Form von Sklaverei wurzelt, hat sich in gelockerter Weise aufrechterhalten, so daß **Bedienstete nicht als unpersönliche Angestellte, sondern Teil der Verwandtschaftsgruppe Aufnahme finden.** Doch ist diese traditionelle Beziehung heute weitgehend zerbrochen und weniger harmonisch. Ausnahme bilden tatsächliche Blutsverwandte, die wohlhabende Familienmitglieder bitten, die Schulausbildung ihrer Kinder in die Hand zu nehmen, wofür diese dann, während sie bei den Verwandten wohnen, im Haushalt helfen. Ansonsten sind nur wenige Filipinos begierig, verwandtschaftsähnliche Bindungen zu Haushilfen herzustellen, um allzu starke emotionale und finanzielle Zwänge zu vermeiden. Heute wird eine Haushaltsgehilfin als Dienstmädchen betrachtet (und in

Die Tradition der Haushaltsdienstleistungen reicht in vorkoloniale Zeit zurück.

unhöflicher Form *atsay* genannt), ihre Arbeitgeber heißen *senorito* und *senora*. Ihre Beziehung beruht zunehmend auf **Haßliebe**. Galt einst der Dienst im Haushalt als jahre-, gar lebenslange Anstellung, so ist er heute ein **vorübergehender Job,** Sprungbrett für einen Arbeitsplatz als Verkäuferin oder Kellnerin, um schließlich einen Wachmann oder Jeepney-Fahrer zu heiraten und in der Stadt eine Familie zu gründen. Früher kamen Haushilfen ihrer Kindespflicht nach, indem sie einen Teil ihres Lohnes ihrer Familie auf

97

dem Lande zukommen ließen, oder sie kauften von ihrem schwerverdienten Geld ein kleines Stück Land, um es zu bearbeiten, wenn sie sich nach etlichen Dienstjahren zur Ruhe setzten. Diese Art von Haushilfen stirbt heute aus.

Wer eine Haushaltshilfe beschäftigte, übernahm damit zugleich die Verpflichtung, sich um das Wohl seiner Bediensteten zu kümmern, für ärztliche und medizinische Behandlung zu sorgen, bei besonderen Anlässen Geschenke zu verteilen und für ihre bescheidenen alltäglichen Bedürfnisse aufzukommen. Wenn ihre Familie Hilfe benötigte, stellten die Dienstherren Geld oder Kleidung zur Verfügung. Die Bediensteten, die als Putzfrauen, Köchinnen, Kindermädchen *(yaya)* oder Gärtner arbeiteten, wurden freundlich, fast wie Familienangehörige, behandelt. **Steigende Ansprüche beider Seiten haben diese traditionelle Beziehung gestört – heute ähnelt sie einer reinen Geschäftsbeziehung.** Sie ist gesetzlich geregelt, doch überkommene Vorstellungen wirken nach und komplizieren die alltägliche Handhabung.

Manche Filipinos sehen Haushaltshilfen als Teil der Familie an, andere behandeln sie nahezu wie Leibeigene. Jedoch **verachtet die Gesellschaft jeden, der Bedienstete schlecht behandelt,** und den meisten Hausbesitzern liegt schließlich daran, daß die Arbeit mit möglichst wenig Ärger und Aufwand vonstatten geht. Aber da die Hilfen im Haus wohnen und so in engem Kontakt zur Familie stehen, geraten menschliche und persönliche Beziehungen zwangsläufig ins Spiel. Mehr als alles andere wünschen sich die Haushilfen eine freundliche, persönliche Behandlung. **Doch das Abgrenzen von Großzügigkeit und Ausnutzen von Gastfreundschaft schafft häufig Konflikte.** Beide Seiten spielen tagtäglich ein Spiel, bei dem einer den anderen auszustechen versucht.

Bedienstete einstellen

Filipinos stellen Hilfen aufgrund **mündlicher Empfehlung** ein. Von Agenturen sollte man besser Abstand nehmen, weil sie keine Gewähr für Ausbildung, Fähigkeiten und erst recht nicht Charakter der Dienstboten bieten. Es ist eine sinnlose Übung, ein unfähiges neues Dienstmädchen gegen ein anderes, ebenso unfähiges auszuwechseln. In der stark personalisierten Gesellschaft der Filipinos zieht man es vor, Verwandte und Freunde zu fragen, die sich wiederum von ihren Hilfen geeignete Personen empfehlen lassen.

Sie werden sich fragen, in welche Haushaltsfallen Sie denn stolpern könnten: Nun, in einem filipino Haushalt könnte die Köchin den Fahrer, auf den sie ein Auge geworfen hat, oder gar alle und jeden mit Ihren Feinschmeckervorräten und Ihrem besten Wein versorgen; Ihre Speisekammer könnte die Schwindsucht befallen, Ihr Kühlschrank zur labenden Quelle für die dürstenden Kehlen der Angestellten, Ihr Haus in Ihrer Abwesenheit zum Schauplatz rauschender Feste werden; die leidenschaftliche Affaire zwi-

98

schen Fahrer und Köchin, von der Sie nichts ahnen, könnte den Verlust Ihrer inzwischen schwangeren Köchin und zu guter Letzt auch Ihres Fahrers bedeuten, der Fersengeld gibt, um der Rache der Familie seines einstigen Schwarms einschließlich einer mit vorgehaltener Pistole erzwungenen Hochzeit zu entgehen. Das Dienstmädchen könnte mit allen und jedem flirten und Gott und die Welt in Ihrem Haus unterhalten: Wachmänner, Briefträger, Müllmänner, Eisverkäufer (von Milchmännern ganz zu schweigen) und natürlich auch Diebe; die heißgeliebte Vase aus dem Erbe Ihrer Großmutter könnte schon vor Monaten zerschmettert worden sein, ohne daß einer ein Wörtchen darüber verliert; Ihr bester Anzug oder bestes Kleid könnten ruiniert werden, wenn die Waschfrau beim Bügeln in Ihrem Schlafzimmer gebannt fernsieht; das Haus kann menschenleer zurückbleiben, wenn der ganze Haushalt sich mit Ihrem Auto zu einer Spritztour aufmacht, während Sie im Büro hocken.

Dieses Szenario des Schreckens entspringt nicht der Einbildung oder billigen Hollywoodkomödien, sondern **tagtäglicher Leidenserfahrung**. Filipino Hausbesitzer werden Ihnen berichten, noch nie von einer perfekten Haushaltshilfe gehört, geschweige denn eine gesehen zu haben.

Einige Hinweise für den Umgang mit Hauspersonal

• Wenn Sie mehrere Hilfen einstellen, sollten diese nicht aus untereinander zerstrittenen Familien, Städten oder Regionen kommen: sie werden sich nicht vertragen. Stammen jedoch alle aus einem Ort oder einer Familie, so könnte es geschehen, daß sie das Zepter in Ihrem Hause schwingen. **Streben Sie nach einem Gleichgewicht zwischen Verwandten und Außenseitern**, und wägen Sie die Vor- und Nachteile ab.

• Stellen Sie **getrennte Unterkünfte für männliche und weibliche Hilfen** zur Verfügung.

• Stellen Sie **getrennte Lebensmittelvorräte** zur Verfügung, und bewahren Sie Ihre Familienvorräte in einer abgeschlossenen Speisekammer. Stellen Sie den Hilfen Kaffee bereit, den sie sich selbst zubereiten, sowie vertraute Lebensmittel wie etwa getrockneten Fisch. Übernimmt Ihre Köchin die Einkäufe, so **überprüfen Sie die Ausgaben**.

• Weisen Sie Ihren Hausangestellten **klar abgegrenzte Aufgabenbereiche** zu. Stellen Sie sicher, daß jeder von den Aufgaben des anderen weiß, um Streitereien und das Weiterreichen unliebsamer Pflichten zu vermeiden.

• Beherzigen Sie die **unter Bediensteten übliche Hierarchie**: Fahrer zum Beispiel nehmen ungern Anweisungen von Dienstmädchen entgegen, und die meisten Köchinnen lieben es nicht, wenn jemand in ihrer Küche herumfuhrwerkt. **Territoriale Bereiche** sollten klar abgesteckt werden.

• Nehmen Sie **hausinterne Reibereien** nicht auf die leichte Schulter. Zwei Dienstboten könnten sich gegen einen dritten verbünden und ihn bei Ihnen anschwärzen, ohne daß Sie bemerken, was gespielt wird. Führen Sie bei den ersten Anzeichen von Zwistigkeiten eine Befragung durch. Dabei sollten Sie wissen, welche Hilfe Sie am höchsten schätzen. Seien Sie bereit, die anderen zu entlassen, sonst verlieren Sie womöglich ausgerechnet Ihre einzige »Perle«. Denn nicht allein gute Bezahlung und Beziehung zu den Arbeitgebern tragen zum Wohlbefinden von Hausangestellten bei, sondern auch ihr Verhältnis zum restlichen Personal. Will eine Haushaltshilfe Sie verlassen, so beruht ihre Unzufriedenheit häufig auf Streitereien mit Kolleginnen und Kollegen.

• Seien Sie vorsichtig mit **Krediten** und **Vorschüssen**. Übersteigt die Summe zwei Monatslöhne, läßt womöglich das Interesse an der Arbeit nach, und Sie müßten sich entweder mit einem nicht zurückgezahlten Kredit oder einer gleichgültigen Haushilfe abfinden.

• Gewähren Sie beizeiten **Lohnerhöhungen** und **Sondervergünstigungen**. Andernfalls genehmigen die Betroffenen sie sich vielleicht durch kleine Betrügereien selbst, ohne daß Sie Ihren guten Willen hätten zeigen können. Wenn zum Beispiel eine Hilfe zur Fiestazeit Urlaub nehmen und in ihre Heimatstadt reisen will, so sollten Sie den Urlaub, sofern er Ihre eigenen Pläne nicht grundsätzlich durchkreuzt, bewilligen. Ansonsten wird die Hilfe durch ein Telegramm mit der Nachricht, ihre Eltern seien schwer erkrankt, nach Hause gerufen.

• Filipinos gewähren ihren Haushaltshilfen einige **Privilegien**. Oft übernehmen sie die Fahrtkosten für die jährliche Reise in die Heimat. Neben dem **Jahresurlaub** sind **freie Tage** üblich, entweder wöchentlich, 14täglich oder monatlich. Die **Bezahlung** erfolgt zumeist monatlich. Als **Unterkunft** mag ein eigenes Zimmer mit Farbfernseher oder auch nur ein Platz auf dem Fußboden zum Ausrollen der Schlafmatte dienen. Manchmal wird **Arbeitskleidung** bereitgestellt. Eine jährliche **Prämie** von einem Monatslohn ist üblich. Kleine **Geschenke** zu Weihnachten, ein Kleid oder eine Brieftasche mit etwas Geld, werden geschätzt.

• Sie müssen vielerlei Fragen bedenken: freie Tage, Empfang von Besuch, welche Einrichtungen und Geräte (zum Beispiel das Telefon) für private Zwecke benutzt werden dürfen und zahllose andere Kleinigkeiten des tagtäglichen Beisammenseins. **Finden Sie Ihre persönlichen Regelungen und machen Sie diese deutlich.** Sie müssen sie nicht erklären und begründen, beschreiben Sie lediglich genau die Aufgaben und deren Durchführung. Es ist wichtiger, daß Ihre Regeln bekannt und durch Wiederholung hinreichend im Gedächtnis verankert sind, als sie zu rechtfertigen und logisch zu begründen.

• Zwar ist es gut zu wissen, wie Filipinos Haushalte führen, doch werden Sie als Ausländer etwas anders vorgehen müssen. Die meisten Haushaltshilfen, die sich bei Ausländern bewerben, haben bereits bei Ausländern gearbeitet oder werden von jemandem eingeführt, der darin Erfahrung besitzt. **Bei Ausländern angestellte Hilfen gehen von einer komfortableren Unterkunft und Einrichtung, mehr Privilegien und höherem Lohn aus.**

Liebevolle und geduldige Hausangestellte nehmen die eher mühsamen Seiten der Kindererziehung ab – was bleibt, ist eitel Freude.

Anders als in einem filipino Haushalt erwarten sie jedoch keinen Familienanschluß. Dessen ungeachtet werden ihre Wertvorstellungen und Vorgehensweisen eine Rolle spielen – schließlich sind sie Filipinos.

Privatsphäre …?

Die häusliche Umgangsweise wird sich nach filipina Lebensart gestalten. Ausländer leiden häufig darunter, nie allein zu sein. Dieser **Verlust der Privatsphäre** ist der höchste Preis, den die Erleichterung der Hausarbeit kostet. Ihre Angestellten werden Ihr starkes Bedürfnis, allein zu sein, nicht verstehen; **Filipinos betrachten das Alleinsein keineswegs als erstrebenswert.** Die Anwesenheit anderer bedeutet ihnen emotionalen Beistand, und die meisten Filipinos verlangen in jedem wachen Moment nach Gesellschaft, insbesondere in Zeiten persönlicher Krisen, bei Krankheit, dem Verlust von

101

Verwandten oder Freunden, aber ebenso in Augenblicken der Freude wie Geburtstagen oder bestandenen Prüfungen. Ausländern fällt es oft genug schwer, mit Bediensteten zu leben, und fühlen sich im eigenen Heim mitunter wie in einer Hotelhalle, in der die Angestellen nach Gutdünken kommen und gehen. Sie fühlen sich beobachtet und belauscht und vermissen private Rückzugswinkel. Hier hilft allein das **Verbot des Zutritts zu bestimmten Räumen**, etwa dem Schlafzimmer außerhalb festgelegter Zeiten für Putzarbeiten. Bestehen Sie darauf, daß vor dem Eintreten **angeklopft** wird – eine Sitte, die Filipinos vollkommen überflüssig erscheint.

Ausländer und Hausangestellte

Die Behandlung von Bediensteten wird Ihnen, wie den meisten Ausländern, Kopfschmerzen bereiten. Die niedrigen Löhne, die langen Arbeitszeiten, die harte körperliche Arbeit und die ärmlichen Familienverhältnisse und Lebensumstände widersprechen Ihrem gewohnten westlichen Lebensstil. **Schlechtes Gewissen** nagt an Ihnen: Wie können sie nur von dem niedrigen Lohn leben? Der **sozio-ökonomische Unterschied** trennt Welten.
Aber mit der Erfahrung und mit der Zeit lassen zweckbedingte Überlegungen Sie einen *modus vivendi* finden. Und zu Ihrer Überraschung werden eines Tages auch Sie **detektivisches Gespür** entwickeln: Wer konsumiert solch ungewöhnliche Mengen Kaffee? Mit wem hat die Haushilfe so lange am Tor gesprochen? Warum bügelt sie die Hemden nicht ordentlich?
Es empfiehlt sich, einen gewissen **Abstand zu wahren**. Sie sollten sich besser nicht in enge, verwandtschaftsähnliche Beziehungen nach Art der Filipinos stürzen, aus denen sich nämlich gerade die in der Stadt lebenden Filipinos zu lösen versuchen. Sie mögen dies zunächst als Ausdruck von sozialem Snobismus und Klassenbewußtsein verurteilen, aber es erscheint tatsächlich wenig ratsam, sich mit den Hausangestellten auf die Ebene von guten Freunden, die man mit dem Vornamen anredet, zu stellen. Sie könnten Ihre Freundschaftsangebote aus ihrer Sicht der Verwandtschaftsbeziehungen leicht mißverstehen und dann mehr erwarten, als Sie zu geben bereit oder in der Lage sind. Dieses Verhalten wird Ihre **Autorität untergraben**, und Sie werden die Kontrolle verlieren, ohne bessere Dienste oder Anerkennung zu gewinnen. Auch Filipinos unterscheiden sehr wohl zwischen Menschen, mit denen sie eine »verwandtschaftliche« Beziehung verbindet, und jenen außerhalb dieser Gruppe.
Da es die perfekte Haushaltshilfe nicht gibt, müssen Sie Ihre **Erwartungen zurückschrauben** und angemessene Regeln festlegen. Kleine Verstöße sollten Sie als Preis für die billige Arbeitskraft übersehen. Bei besserer Ausbildung hätten Ihre Hausangestellten sicher einen anderen Beruf. Vertrauen Sie nicht blind darauf, daß Ihr bester Anzug tatsächlich gereinigt oder gebügelt wird. Schließlich können Ihre Angestellten den **persönlichen Wert Ihrer Habe** nicht gleichermaßen nachvollziehen.

Beispiel: Sie bewahren in Ihrem Kühlschrank ein Stück Ihres Lieblingskä-
ses auf, Gorgonzola, den Ihnen ein Freund aus der Heimat geschickt hat –
kostbar, da auf den Philippinen kaum erhältlich. Nach einem Essen, das
Wasser läuft Ihnen schon im Munde zusammen, bitten Sie Ihre Köchin, den
Käse zu servieren, und hören die Antwort:»Oh, den habe ich weggeworfen.
Er war ganz verschimmelt und stank zum Himmel. Der war mit Sicherheit
längst verdorben!«
Soeben vom Lande eingetroffene Angestellte werden Ihre städtischen
Sicherheitssorgen nicht verstehen. Sorgen Sie dafür, daß sämtliche **Sicherheitsvorkehrungen** zur Abwehr von Dieben und andere **Hausregeln** stets
genau befolgt werden. Eine einmal zugestandene Ausnahme wird leicht zum
ständig erwarteten Recht.

Die Haushalts-Hackordnung

Die Haushaltshilfen haben ihre eigene **Hierarchie** und **Berufsehre**.
Köchinnen fühlen sich als Königinnen der Küche. Manche von ihnen hegen
unverrückbare Vorstellungen von den Geschmacksnerven der anderen und
lassen keinen abweichenden Geschmack zu, doch die meisten sind wahre,
höchst begabte Perlen, die auch gern von Nachbarn und anderen Haushalten
neue Rezepte übernehmen.
Das **Kindermädchen** *(yaya)* ist meist jung und versessen darauf, mit den
Kindern zu spielen. Natürlich wird sie in ihrem Eifer auch ihre eigenen Werte und Ideen auf die Kinder übertragen, was Sie wohl nur dann stört, wenn
Sie Ihre ganz persönlichen Vorstellungen von Kindererziehung haben, vor
allem was Unabhängigkeit und Kontrollmaßnahmen angeht oder die span-
nende Unterhaltung durch Märchen und Geschichten, in denen es von phan-
tastischen Bestien, grauenhaften Monstern und Dämonen nur so wimmelt.
Die **Waschfrau** *(lavendera)* ist meistens schon älter, verheiratet und lebt bei
ihrer eigenen Familie.
Das »**Mädchen für alles**« reinigt das Haus und steht in der Rangordnung auf
der untersten Stufe. Sie muß den anderen zur Hand gehen, läßt Besucher her-
ein, geht ans Telefon und füttert den Hund.
Der Fahrer hält sich für den Hahn im Korb. Er wird am besten bezahlt,
hantiert mit komplizierter Technik, kutschiert in der Stadt umher und bringt
Sie zu aufregenden Orten, schwatzt stundenlang auf dem Parkplatz mit Kollegen über Löhne und die allerletzten Neuigkeiten aus dem Leben seines
Chefs. Selbst wenn er verheiratet ist und fünf Kinder hat, wird er sich in der
Rolle des Macho-Liebhabers sonnen. Dies ist er seiner Stellung schuldig,
und es ist schwer zu entscheiden, ob Sie die Unschuld der weiblichen Hilfen
vor seinem verführerischen Charme oder ihn vor den inbrünstigen Anträgen
des liebeshungrigen Dienstmädchens schützen müssen.
Der Fahrer kämpft immer um **freie Tage** und ausreichende **Eßpausen**.
Wenn er mit Ihnen zügellos durch das Verkehrsgewirr Manilas prescht, dann

ist wahrscheinlich die Mittags- oder Abendessenszeit bereits verstrichen und Sie haben versäumt, Ihrem Fahrer eine Eßpause zu gönnen. Zudem sieht der Fahrer **Verkehrsregeln** in besonderem, ganz und gar persönlichem Licht. Dabei ist er der felsenfesten Überzeugung, daß sein Arbeitgeber auf kleine Polizisten einen überwältigen Einfluß ausübt. Es könnte also durchaus Ihrer Sicherheit dienlich sein, ihn über Ihre Einstellung zu Verstößen gegen die Verkehrsregeln aufzuklären.

Weitere Tips für den Umgang mit Hausangestellten

• Da Haushaltshilfen meist nicht ausgebildet sind, müssen sie **in ihre Aufgaben eingeführt** werden, und zwar am besten mittels **praktischer Demonstrationen**, insbesondere bei technischen Geräten.

• Bewahren Sie **Überblick über Haushaltsvorräte** – andernfalls könnten Arbeiten wochenlang unerledigt bleiben, da die Seife ausgegangen ist.

• Zeigen Sie **Verständnis für das Verlangen der Filipinos, zu gefallen und keine Unwissenheit erkennen zu lassen**; fassen Sie Schweigen oder Nicken also nicht unbedingt als Zustimmung oder Verstehen auf. Am Telefon sollten Sie Ihre Anweisungen wiederholen lassen. All dies hört sich oberlehrerhaft und zeitraubend an, schont jedoch Ihr Nervenkostüm, bis Sie dann letztendlich die Fähigkeiten Ihrer Haushilfen kennen und zu schätzen wissen.

• Müssen Sie eine **Kündigung aussprechen**, so tun Sie es am besten rasch und unwiderruflich. Sie können die Entlassung taktvoll vornehmen, indem Sie auf die Unzufriedenheit Ihrer Haushaltshilfe anspielen (»Sie fühlen sich offensichtlich bei uns nicht wohl«) und eine Abfindung zahlen. Ein Blick ins Reisegepäck beleidigt nicht, sondern nimmt der gehenden Hilfe im Gegenteil die Angst vor nachträglichen Beschuldigungen. Tränen oder Wutausbrüche beim Abschied sollten unbedingt vermieden werden, weil dann *hiya* oder *amor-propio* der betroffenen Person und ihrer Verwandten ins Spiel kämen und Vergeltung verlangen könnten.

Die Vorteile von Hausangestellten

Sind Ihnen die Schattenseiten einmal bekannt, werden Sie auch die Vorteile der Haushilfen entdecken und verstehen, weshalb Filipinos der Mittel- und Oberschicht ohne sie gar nicht mehr auskommen könnten. Ihre Haushilfen verschaffen Ihnen ungeahnt viel **Freizeit**, und nach einiger Zeit werden Sie womöglich nicht einmal mehr ein Glas Wasser eigenhändig holen oder selbst nach der Zeitung suchen. Im Haushalt läuft alles wie am Schnürchen, ohne daß Sie den kleinen Finger krümmen.

In Ihrer zweiten Phase der kulturellen Anpassung wird Sie das Gefühl beschleichen, **nicht gebraucht zu werden**. Da nur wenige **ausländische Ehefrauen** auf den Philippinen einem Beruf nachgehen können, müssen sie

Im philippinischen Geschäftsleben herrscht traditioneller Geist auch hinter ultramoderner Fassade (hier: NCCC Department Store in Puerto Princesa).

auf andere Art Erfüllung außerhalb des Hauses suchen. Frauen sind hier im gesellschaftlichen und kulturellen Bereich besonders aktiv. Es gibt öffentliche Projekte und die verschiedensten Frauenorganisationen, außerdem Kunstgruppen, Theatertruppen, Gartenclubs, Abendgesellschaften usw., zahllose Aktivitäten, denen Sie nun in Ihrer reichlichen Freizeit fronen können.

Das Geschäftsleben

Es herrscht ein **für multinationalen Handel und Zusammenarbeit sehr fruchtbares Geschäftsklima**. Die Einrichtungen sind modern, Englisch ist die Verkehrssprache unter Geschäftsleuten, und billige Arbeitskräfte gibt es im Überangebot. Ausgebildete Arbeitskräfte zählen in der Tat zu den wichtigsten »Exportgütern« der Philippinen, die hohe Deviseneinkommen erzie-

105

len, was der ansonsten einseitigen Zahlungsbilanz ein wenig auf die Sprünge hilft. Einst wurde dieses Phänomen *brain drain* (Abfluß der Intelligenz) genannt; heute sieht man darin eher einen Weg, der Arbeitslosigkeit entgegenzuwirken (überdies durch einen Dollar-Verdiener). Die letzten Regierungen haben sämtliche Bremsen gelockert, den roten Teppich ausgerollt und alle möglichen Anreize geschaffen, um westliche Geschäftsleute anzulocken.

Der **Kulturschock** schlägt erst dann zu, wenn Sie, ein alter Hase in Ihrem Metier, diese vertraut anmutenden Einrichtungen und Organisationsformen in Gang setzen wollen. Sie drücken auf die Knöpfe, doch nichts geschieht. Der **menschliche Faktor** verschiebt alles. Wir wiederholen nicht ohne Grund, wie wichtig es ist, filipino Werte, Geschichte und Strukturen der Verwandtschaftsgruppen zu kennen. Geschäfte auf den Philippinen erfordern **viel Zeit**, Sie sollten Zeit- und Arbeitspläne sowie Fristen großzügig bemessen.

Eine **verkehrsgünstige Lage von Geschäft oder Büro** ist überaus wichtig. Die eigentliche Altstadt Manilas hat aufgrund des starken Verkehrs inzwischen an Bedeutung verloren. Das Geschäftszentrum hat sich nach Makati verlagert, das nun noch hoffnungsloser im Verkehr erstickt.

Der personalisierte Geschäftsstil

In einer stark personenorientierten Gesellschaft werden geschäftliche Angelegenheiten am besten **persönlich und in angenehmer Atmosphäre** geregelt. Wo der westliche Geschäftsmann Zeit für Geld hält, schleicht der Filipino wie die Katze um den heißen Brei herum, plänkelt über gemeinsame Freunde und Familie, tauscht Höflichkeiten aus. Erst wenn ein günstiges Klima hergestellt ist, können Verhandlungen ins Auge gefaßt werden. Unabhängig vom Ergebnis sollten **Diskussionen stets freundlich enden**. Sie werden vielleicht meinen, Zeit zu verschwenden, wenn Sie über andere Leute und allerlei Unwichtiges plaudern. Für einen Filipino jedoch sind die Pflege von Freundschaften, der Aufbau wertvoller Kontakte und die Entwicklung persönlicher Beziehungen die **entscheidenden Elemente, die die Geschäfte am Laufen halten**.

Vom Umgang mit der Bürokratie

Es tut uns leid, aber der Umgang mit der – oder: Kampf gegen die –Bürokratie wird Ihnen nicht erspart bleiben. Machen Sie sich auf **Berge von Formularen** gefaßt. Zollerklärungen, selbst für die einfachsten per Luftfracht eintreffen Waren, benötigen Dutzende von Unterschriften.

Filipinos lösen derlei Probleme, indem sie mit ihnen Mitarbeiter betrauen, die ihre Fähigkeiten und ihren Überlebenswillen beim Durchforsten undurchdringlicher Papierdschungel bewiesen haben. Selbst bei alltäglichen

Angelegenheiten wie dem Ausstellen eines Führerscheins oder der Zulassung eines Autos wird es Ihrer geistigen und körperlichen Gesundheit zugute kommen, **die bürokratischen Formalitäten einem Mitarbeiter – selbstredend gegen Entgelt – zu überlassen,** der sich durch das Meer der Schreibtische hindurchverhandelt und genügend Beamte kennt, um unter stetem Lächeln und oberflächlichem Geplänkel die erforderlichen Unterschriften einzuholen. Selbstverständlich sollte diese Person auch im Auftrag Ihres Unternehmens höchstpersönlich die Weihnachtsgeschenke bei ihren an den Schreibtisch gebundenen Kontaktpersonen abliefern.

Bei vielen Anlässen bewegt sich nichts ohne *lagay*, schönfärberische Umschreibung einer kleinen **Bestechung,** auch »Überzeugungskommunikation« genannt. Während mancher behauptet, »unverlangte, aber erwartete« Zeichen der Anerkennung für geleistete Dienste seien unnötig, sehen andere dies als **einzig wirksames Gegenmittel gegen die Qual der Untätigkeit.** *Lagay* wird offiziell und öffentlich als illegal und unmoralisch abgelehnt, so daß die »überzeugende Kommunikation« angewandt wird, ohne daß jemand über sie schreibt oder spricht. Schreibtischschubladen von Sachbearbeitern und Bürokraten bleiben oft offen in der Erwartung, daß man wortlos etwas hineinlegt.

Bestechung und Korruption werden auf den Philippinen seit langer Zeit heiß diskutiert. Politische Wahlen standen nicht selten im Zeichen dieses Themas. Gelegentlich deuten offizielle Erklärungen und Säuberungsaktionen darauf hin, daß Bestechung und Korruption, obwohl öffentlich als ungesetzlich und unmoralisch verfemt, munter blühen und gedeihen. Aber beim Blick auf Politik und Wirtschaft der westlichen Welt zeigt sich, daß Verbrechen und Bestechung in allen Gesellschaften und Kulturen ihr Dasein behaupten. Und tatsächlich stammte bei vielen Skandalen das Schmiergeld von großen multinationalen Konzernen.

Einige Bestechungstips

Gehen wir also brav davon aus, daß das Problem der Bestechung gar nicht existiert und offenbar nur in der Einbildung einiger Leute besteht, die wir befragten und die von den folgenden Wahnvorstellungen heimgesucht wurden:

Ein **Verkehrspolizist** hält Sie wegen eines unbedeutenden Verkehrsdeliktes an und fragt nach Ihrem »Rechtsanwalt«. Als Antwort wird der Name jenes Helden erwartet, dessen Konterfei auf dem Peso-Schein abgebildet ist, den Sie zu opfern bereit sind, etwa Rizal (2 Pesos), Mabini (10 Pesos) oder Quezon (20 Pesos). Versehentlich einen 2-Peso-Schein im Führerschein liegen zu haben, den Sie dem Polizisten überreichen, ist zwar recht dreist, soll aber Erfolg gezeitigt haben. Ausländer können bisweilen davonkommen, wenn sie den Eindruck von Unnachgiebigkeit erwecken und dabei den Namen eines wichtigen Beamten fallen lassen, den sie angeblich persönlich kennen.

Bestechungen, Provisionen und Rabatte werden von Mittelsmännern »bearbeitet«. Die **Vermittler**, gelegentlich »Einflußhändler« genannt, überbringen die Forderungen ihres mächtigen Freundes. Es läßt sich nicht nachprüfen, wohin das Geld tatsächlich wandert.

Wollen Sie einen ganz großen Coup landen, sollten Sie also lieber den direkten Weg einschlagen. Ein Informant berichtete uns, er habe hören sagen, manche ließen von Vermittlern die Summe aushandeln und statteten dann dem Boß persönlich einen Höflichkeitsbesuch ab. Beim Abschied ließen sie einen dicken Umschlag auf seinem Schreibtisch zurück, und wenn der Hohe Herr den Ahnungslosen spielte, sagten sie, es handele sich lediglich um eine kleine Aufmerksamkeit. Ein anderer Informant vertraute uns an, er zöge es vor, mit einem Aktenkoffer, prall gefüllt mit jenem Papier, das garantiert nie im Papierkorb landet, im Büro des Bosses aufzutauchen und Koffer samt Inhalt dort zu vergessen. Sind Sie ein sehr beschäftigter Geschäftsmann, so benötigen Sie etliche Aktenkoffer – ohne verräterische Initialen.

Beim delikaten Thema der Mittelsmänner brachte ein weiterer Informant die **Geliebte** des Bosses, die er »Nummer Zwei« nannte, ins Spiel. Die hehre angetraute Ehefrau ist natürlich hoch über schändlichen geschäftlichen Niederungen erhaben; eine Geliebte indes, da ebensowenig vorhanden wie jedwede Korruption, stellt eine **ideale Vermittlerin** dar. Jeder weiß, daß »sie« »ihn« vertritt, und so kann die nicht-existente »Nummer Zwei« tatkräftig bei der nicht-existenten Bestechung mitmischen. Bei solch doppelbödiger Moral wird nie über Dinge gesprochen, die unter der Oberfläche schlummern und dort ihr Unwesen treiben, geschweige denn ihr Vorhandensein zugestanden. Ausländische Geschäftsleute mögen Berichte über *tong* oder *lagay* oder »Rabatte« schockieren. Auf jeden Fall kann man nie vorsichtig genug sein und **vermeidet am besten, persönlich oder direkt in diesen Sumpf zu geraten.**

Tips für das Geschäftsleben

Geschäftsessen

• Geschäftsessen werden gewöhnlich **persönlich am Telefon vereinbart** und von der Sekretärin nur bestätigt.

• Vergessen Sie nicht, Geschäftsmänner und -frauen mit ihren **Titeln anzureden** (z.B. Abgeordneter Cruz, Rechtsanwalt Jose). Das Angebot einer informelleren Anrede sollte stets vom anderen ausgehen.

• **Der Einladende zahlt die Rechnung.** Wenn Sie Gast sind und demnach nicht bezahlen müssen, so erwartet man, daß **Sie nicht ausgerechnet das Allerteuerste bestellen**, was die Speisekarte bietet, es sei denn, Ihr Gastgeber besteht darauf.

• Es ist üblich, einen **Drink** zu schlürfen, bevor man sich an den Tisch begibt.

• Eine **angenehme Atmosphäre bei einem Minimum förmlichen Auftretens** gehört zum guten Ton. Geschäfte werden normalerweise erst besprochen, wenn eine gesellige Stimmung hergestellt ist, meist nachdem die Suppe serviert ist.

• Die **Kleidung** richtet sich nach dem Anlaß. Es ist niemals falsch, ein *barong tagalog* zu tragen.

Offizielle Parties

• **Einladungen sollten bestätigt werden, doch wird dies nicht streng gehandhabt.** Filipinos gehen mit »Um Antwort wird gebeten«-Einladungen recht ungezwungen um. Es ist daher ratsam, **ein bis zwei Tage vor dem Termin telefonisch nachzufragen.** Sind Sie der Gastgeber der Party, so sollte Ihre Sekretärin ein bis zwei Tage zuvor die telefonische Verfolgungsjagd aufnehmen, um die Antworten Ihrer Gäste einzuholen.

• Bei **sehr formellen Anlässen** gibt es eine **Sitzordnung** mit einem Kopftisch für die *V.I.P.*

• Es ist üblich, daß **prominente Gäste vorgestellt** werden.

• Meist stehen einige **Reden** auf der Tagesordnung. Oft bildet ein **Gastvortrag** den Höhepunkt. Zuweilen wird auch für **kurzweilige Unterhaltung** gesorgt. Seien Sie nicht überrascht, wenn man wichtige Gäste zum **Singen** auffordert und sie diesem Wunsch tatsächlich nachkommen. Filipinos lieben das Singen, und wenn Sie eine gute Stimme haben, können Sie sogar Kapital daraus schlagen.

• **Kleidung** ist **halboffiziell**, sofern nicht anders erbeten.

Büroalltag

• Wenn Sie **Angestellte zurechtweisen**, nehmen Sie sie beiseite und sprechen **unter vier Augen** mit ihnen. Gehen Sie so sanft wie möglich vor, und achten Sie darauf, zu guter Letzt zum Beispiel nach der Familie zu fragen, um dem Betroffenen das Gefühl zu verleihen, daß er weiterhin zum Team gehört und die Kritik keinen persönlichen Angriff bedeutet.

• Filipinos lieben **Kaffeepausen** und brauchen ihr *merienda*.

• Filipinos **begrüßen** einander *(bati)*, also sollten auch Sie dies tun.

• Es ist Sitte, allen Angestellten **Weihnachtsgeschenke** zu überreichen. Dies ist auch die Gelegenheit, all jenen Anerkennung zu zollen, mit denen Sie ständig Umgang haben: Briefträgern, Wachmännern, dem Portier, guten Kunden und Geschäftspartnern – und vergessen Sie über all dem nicht Ehefrau/Ehemann. Als Geschenke sind denkbar ein Korb mit Süßigkeiten, Kalender, auch Firmengeschenke.

Ölen des Geschäftsgetriebes

Bei normalen, legitimen Geschäftsbeziehungen mit Filipinos sollten Sie die **grundlegenden Motivationsunterschiede** nicht aus den Augen verlieren. Drei Motivationen leiten die Filipinos: **soziale Anerkennung, ökonomische Sicherheit** und **soziale Mobilität**. Materielle Überlegungen, Profit oder Lohnhöhe stehen hinter Familieninteressen und Zufriedenheit mit der Arbeit zurück.

Aus diesem Grunde wuchern auf den Philippinen **Amtstitel** wie Pilze. Im Westen weisen derlei Titel in der Regel auf eine gewisse Verantwortung und Eigenständigkeit hin, während auf den Philippinen trotz weiterer Verbreitung von Titeln und Berufsbezeichnungen **Betriebe und Organisationen straff zentralisiert geführt** werden und **hohe Einkommensunterschiede** bestehen. Dies liegt daran, daß auf den Philippinen im Bereich des oberen ausgebildeten Managements eine pyramidenartig aufgebaute Struktur fehlt, Titel anstelle materieller Kompensation verliehen werden und sich die meisten Firmen im Besitz einer einzigen Familie oder einer Handvoll miteinander verwandter Personen befinden.

Zahlreiche rechtlich abgesegnete Regelungen schreiben ausdrücklich und genau die im Einzelfall vorzunehmenden Bestrafungen für Übertretungen o.ä. vor. Nicht materielle Vergütungen oder andere Anreize, sondern **Bestrafung scheint die wirksamere Kontrollmaßnahme zu sein.** Dieses System leitet sich vermutlich aus der Notwendigkeit her, harmonische persönliche Beziehungen zu erhalten und mögliche Verletzungen von *amor-propio* durch explizite Regeln zu vermeiden. So hat man alle vorhersehbaren Situationen im vorhinein entpersonalisiert und kann persönliche Disziplinierungen Auge in Auge umgehen, da sämtliche Strafmaßnahmen im voraus festgelegt wurden.

Beobachtungen genug, um Sie erkennen zu lassen: **Philippinische Firmen werden anders geführt als westliche und bestimmt von filipino Werten** wie *hiya, amor-propio, pakikisama, utang na loob* und reibungslosen zwischenmenschlichen Beziehungen. Erinnern Sie sich stets daran, denn es gibt kein Entrinnen.

In Geschäftskreisen wird die traditionell **emanzipierte Filipina** sich als überaus fähig erweisen, aber auch darauf bedacht, ihre Weiblichkeit einzusetzen. Vergessen Sie dabei nicht, daß jede Art von Intimität zwischen den Geschlechtern, Berührungen etwa, in der Öffentlichkeit verpönt sind.

Freundlichkeit und kleine Flirts einer Filipina sind Teil ihres weiblichen Charmes und ihrer »harmonischen zwischenmenschlichen Beziehungen« *(pakikisama)*. Verzichten Sie also auf jenen ohnehin wackeligen Zacken in Ihrer Krone, und wähnen Sie sich nicht unwiderstehlich.

Regierung und Geschäft

Jede Menge **Regierungsanordnungen und Gesetze** – und deren Anwendung – greifen in das Geschäftsleben ein. Ein Sprichwort lautet: »Für meine Freunde alles, für meine Feinde – das Gesetz.« Ihr Geschäft könnte dahinsiechen, während das Ihres Konkurrenten blüht, als Auswirkung eines Gesetzes, einer neuen Regierungsverordnung oder der offensichtlich willkürlichen Anwendung vorhandener Gesetze und Verordnungen. Firmen pflegten stets darauf zu achten, daß Politiker ihre Interessen beherzigen, und manche Familienclans schickten Mitglieder in die Politik, um mit ihrer Hilfe ihre kommerzielle Basis ausdehnen zu können, eine Übertragung des Verwandtschaftssystems auf nationale Ebene. Umgekehrt haben verschiedene Politiker ökonomische Imperien aufgebaut.

Persönliche Beziehungen, Teilnahme bei gesellschaftlichen Anlässen, das **Anknüpfen von Kontakten im Regierungs-, Medien- und Geschäftsbereich** sind wichtig, nicht allein um Ihren Standpunkt bekanntzugeben, sondern auch um frühzeitig von Veränderungen in der schwankenden Regierungspolitik zu hören. Wenn Sie also geschäftlich auf den Philippinen zu tun haben, so sollten Sie auf jeden Fall Ihr Augenmerk nicht nur auf das Geschäft richten, sondern auch **Augen und Ohren offenhalten für etwaige Regierungsanordnungen, wechselnde Ausrichtungen in der Politik und das Vorgehen der Konkurrenz.**

Mein und Dein: Privater und öffentlicher Raum

Die **ins Auge springenden Widersprüche zwischen privaten und öffentlichen Angelegenheiten** werden auch Sie verwirren. So sind Filipinos stets äußerst sauber und gut gekleidet, ihre Häuser und Gärten wohlgepflegt und ansehnlich – während sich auf den Fußwegen neben dem Grundstück die Abfälle haufen. Die **öffentliche Sauberkeit** läßt sehr zu wünschen übrig, trotz der allgegenwärtigen, unaufhörlich kehrenden, rot und gelb gekleideten Straßenfeger, den *Metro Manila Aides*.

Filipinos unterscheiden haarscharf zwischen ihrem privaten und dem öffentlichen Raum. Sie sehen öffentlichen Raum nicht als gemeinschaftlich genutztes Eigentum an, das von allen respektiert und gepflegt werden muß – dafür hat der Staat zu sorgen. Und ihr **Verhältnis zum Staat** haben die Filipinos anscheinend noch nicht geklärt, wie Steuervergehen, Verkehrsverhalten, private Umweltverschmutzung usw. andeuten. Ohne die physische Präsenz eines Verkehrspolizisten werden Ampeln und Schilder nicht ernsthaft beachtet. Eine **Autoritätsperson** wird respektiert, ein abstraktes, unpersönliches Schild hingegen mit allergrößter Wahrscheinlichkeit ignoriert.

Filipinos schleudern ihre **Abfälle** auf die Straße, damit der Müllwagen sie von dort beseitigt. Gelegentlich wirft eine Haushilfe auch Abfall auf den Haufen des Nachbarn, was natürlich Streit verursacht. Oft sammelt die Müllabfuhr den Abfall an ausgewiesenen Stellen ein, wo sich dann riesige häßliche und unhygienische Berge von Unrat türmen.

Handliche und pflegeleichte Mülltonnen – die Sie vermutlich spontan empfehlen würden – würden dieses Problem keineswegs lösen, da sie im Nu verschwunden wären. Alles wird stibitzt, selbst die schwersten eisernen Kanaldeckel, von Hunderten von Metern Draht städtischer Strommasten ganz zu schweigen.

Während **Diebstahl** als unmoralisch und kriminell gilt, ist das »Ausleihen« und »Mitnehmen« von Dingen weit verbreitet. Auch auf **Postzustellungen** sollten Sie sich daher nicht allzusehr verlassen. Die traditionellen Verwandtschaftsstrukturen fördern die Selbstbedienung und **saloppe Einstellung zum Eigentum** anderer Familienmitglieder. Wer ungern teilt, gilt als Geizkragen.

Wenn Sie Wert darauf legen, daß ein Gegenstand in Ihrem Haus unangetastet bleibt, sollten Sie ihn sicher in einem Schrank verschließen. Andernfalls findet sich mit Gewißheit jemand, der sich seiner bedient. Dies ist auch der Grund, weshalb Sie auf lange Finger bei Haushilfen achten sollten, denn: **Teilen ist Brauch.** Und so ist es unter filipino Arbeitern verbreitet, Zigaretten einzeln zu kaufen, was sie der Verpflichtung enthebt, eine volle Packung unter den Umstehenden die Runde machen zu lassen.

Auch das **heillose Verkehrswirrwarr** läßt sich zum Teil aus der besonderen, ungeklärten Einstellung der Filipinos zum öffentlichen Raum erklären. Das Autofahren im Hexenkessel Manila erfordert Ihre allerhöchste Konzentration. Gefährte aller Art rasen aus den unerwartetsten Richtungen auf Sie zu. Das Kreuzen hoffnungslos verstopfter Straßen meistern Sie, indem Sie die allgemein anerkannte Taktik des Täuschens und plötzlichen Vorstoßens anwenden. Ihr Fahrer will Ihre Nerven nicht auf die Probe stellen, sondern es ist ein Zeichen seiner Entschlußkraft, wenn er sich skrupellos an Verkehrsschlangen vorbeimogelt, seelenruhig in der zweiten Reihe parkt, während Sie einkaufen, über sämtliche Bürgersteige fährt und Sie zielsicher an jeder gewünschten Stelle abliefert, gleich mit welchen Mitteln, *fair play* oder *foul*. Aggressivität und der Wille zu überleben, auch auf Kosten der anderen, prägen das Verhalten im Verkehr.

Nun, nachdem Sie soeben ein wenig über die harmonischen zwischenmenschlichen Beziehungen der Filipinos gelernt haben, werden Sie sich fragen, wo all die Höflichkeit geblieben ist.

In Fragen des öffentlichen Raumes, des öffentlichen und auch Firmeneigentums haben ethische Standards im Verein mit der Ungewißheit über das Verhalten in traditionell unbekannten Situationen Stehlen, Egoismus und Chaos

Filipinos sind sauber und gut gekleidet, ihre Häuser und Gärten wohlgepflegt.
Doch sie kippen ihre Abfälle rücksichtslos auf die Straße. Der öffentliche
Bereich wird nicht als summarischer Privatraum betrachtet, den es gleichfalls
zu pflegen gilt, sondern als gleichsam sitten- und gesetzesfreier Raum.

erzeugt. Filipinos versuchen ganz einfach, sich durch derlei Situationen hindurchzuschlängeln, wie sie es im Straßenverkehr tun – und Sie werden damit leben mussen.

Geschichte • Kultur • Charakter

WER BIN

ICH?

Es heißt, die Filipinos seien malaiisch in bezug auf die Familie, spanisch in der Liebe, chinesisch im Geschäft und amerikanisch in ihrem Ehrgeiz.

Bei der Entwicklung und Herausbildung der filipina Kultur spielte die Geschichte eine große Rolle, da fremde Mächte sich in kritischen Augenblicken einmischten und den filipino Charakter zum Besseren oder Schlechteren beeinflußten. **Ein Blick zurück auf die Entstehungsgeschichte ihrer Kultur hilft verstehen, weshalb Filipinos heute gerade so denken und handeln, wie sie es tun.**

Die Steinzeit: Jäger und Sammler

Der **älteste Menschenfund** ist eine 22.000 Jahre alte Schädeldecke, von Robert Fox in den Tabon-Höhlen in Quezon (Palawan) entdeckt. Der Fund warf neue Fragen auf, denn frühere Theorien hielten eine negroide Pygmäenart (Aeta) für die Ureinwohner des Archipels. Da archäologische Beweise für die Aeta in der Stein- oder Eisenzeit fehlen, bleibt ihre Existenz ein Rätsel.

Frühere Nachweise von Menschen auf den Philippinen sind Steinwerkzeuge und Fossilien heute ausgestorbener Tiere, so Riesenschildkröten und Stegodonen (Rüsseltieren), die in Cagayan gefunden wurden. Diese frühen Völker waren **nomadische Jäger**.

Erst 1971 richtete sich die Aufmerksamkeit der Weltöffentlichkeit auf eine Gruppe von 27 Menschen, die sich selbst **Tasaday** nannten und offensichtlich als **steinzeitlicher Sammlerstamm** in den Regenwäldern von Süd-Catabato auf der Insel Mindanao vollkommen isoliert vom Rest des Archipels lebten. Die Steinzeitvölker waren vermutlich sowohl Jäger als auch Sammler.

Die Technologie des Neolithikum (ca. 6.000–500 v.u.Z.) beeinflußte die kulturelle Entwicklung auf verschiedene Weise, da die neuen, geschliffenen Werkzeuge eine wirksame Rodung von Wäldern ermöglichten, die zur Ausbildung von **Landwirtschaft**, zur Einführung von **Haustieren, Bootsbau** und Töpferei **führte**. Damit einher ging ein ausgeprägteres sozio-politisches System.

Die Eisenzeit: Bambusmenschen

Die Metallzeit (ca. 700–200 v.u.Z.) vergrößerte den kulturellen Horizont zunehmend. Das allgegenwärtige, vielfältig einsetzbare *bolo* (ein langes Messer, das auch zum Pflanzen verwandt wird) wurde entwickelt, mit dem sich Bambus nutzbringend be- und verarbeiten ließ. **Man hat die Filipinos als Bambusmenschen beschrieben:** Sie leben in Bambushäusern mit Wänden, Pfeilern und Fußböden aus Bambus; sie singen und tanzen zu Bambusinstrumenten, und zwei berühmte Tänze, *sinkil* und *tinikling*, sind »Bambustänze«. Die Bambusorgel von Las Pinas ist ein Nationalschatz. Filipinos kochen mit Bambus und essen Bambus: Kochtöpfe, Trinkgefäße und Messer sind aus Bambus, Bambussprossen eine beliebte Speise. Sie jagen und fischen mit Speeren, Stangen und Fallen aus Bambus.

Ein filipino Menschheitsmythos

Es überrascht daher nicht, daß **nach der klassischen filipina Schöpfungsgeschichte der Mensch aus einem Bambus entstanden ist**. Der Mythos erzählt:

Ein Vogel mußte unablässig zwischen Meer und Himmel hin- und herfliegen, da er keinen Platz fand, an dem er sich niederlassen und ausruhen konnte. Da wandte der Vogel eine List an und entzündete einen Streit zwischen Meer und Himmel, indem er beide gegeneinander ausspielte und vor der Gewaltanwendung des anderen warnte. Er erzählte dem Himmel, das Meer besäße die Fähigkeit, aufzusteigen und den Himmel zu ertränken, worauf dieser erwiderte, einem solchen Angriff begegnen zu wollen, indem er Felsen und Inseln hinabstürzen würde, um das Meer in Bann zu halten. Dies überbrachte der Vogel dem Meer, das daraufhin mit hohen Wellen nach dem Himmel langte. Der Himmel rächte sich mit Felsen, bis das Meer, durch Inseln zurückgehalten, keine Bedrohung mehr darstellte. Glücklich ließ sich der Vogel auf einem vorstehenden Felsen nieder.

Während der Vogel auf dem Felsen ruhte, wurde ein Bambusstock vor seine Füße gespült. Der Vogel hüpfte ein Stück weiter, doch erneut schlug der

Bambus vor seine Krallen. Dies ging so weiter, bis der Vogel wütend auf den Bambus einhackte und ihn spaltete. Dem Bambusknoten entstieg der erste Mann und einem zweiten Knoten eine Frau.

Mit der Erlaubnis der Götter gebar die Frau viele Kinder. Aber diese waren sämtlich Herumtreiber, die nie ihren Eltern halfen, bis der Vater verärgert zu einem dicken Stock griff und drohte, sie allesamt zu züchtigen. In Panik stieben die Kinder auseinander, einige rannten aus dem Haus, andere flohen ins Schlafzimmer, einige kauerten im Wohnzimmer, wieder andere versteckten sich in der Küche und einige zwischen den verrußten Kochtöpfen.

Diejenigen, die sich ins Schlafzimmer geflüchtet hatten, sollen die Vorfahren der Häuptlinge und dato *sein; die sich im Wohnzimmer verborgen hielten, wurden freie Bürger; die Nachfolger der in die Küche Geflüchteten wurden Sklaven; aus den Nachkommen der von den Kochtöpfen Geschwärzten entstanden die Aeta. Und von all jenen Kindern, die aus dem Haus geflohen waren, um nie wieder zurückzukehren, stammen die Völker in den anderen Teilen der Welt ab.*

Diese Geschichte ist, mit einigen Variationen, weitverbreitet und wurde auch als Thema eines modernen Tanzes verarbeitet. So hat sich die Erinnerung an den **mythischen ersten Mann und die erste Frau** (in einigen Versionen heißt der Mann *malakas* oder »mächtig«, die Frau *maganda* oder »schön«) bis heute bewahrt.

Spuren des Lebensstils der Eisenzeit sind bei verschiedenen **kulturellen Minderheitsgruppen** noch sichtbar, wie bei den **T'boli** auf Mindanao und den **Ifugao** in der Bergprovinz. Beide Gruppen gießen heute noch in kleinem Umfang Eisenwaren.

In der Eisenzeit hat auch die **Töpferei** einen Höhepunkt ihrer Entwicklung erreicht. In verschiedenen nationalen Ausstellungen und privaten Sammlungen kann man Zeugnisse der Fähigkeiten jener Töpfer bewundern. Daneben blühte die **Webkunst.** Kulturelle Minderheiten pflegen bis heute Web- und Färbetechniken und das Textilhandwerk. Es herrschte schon damals **reger Handel zwischen Stammes- und regionalen Gruppen.** Archäologische Funde belegen, daß Töpferwaren und Muster über den gesamten Archipel verbreitet waren.

Die Zeit des Handels und der Entdeckungen
(1000–1600 u.Z.)

Ausländische Händler fanden den Weg in die Inselwelt der Philippinen vor allem zwischen dem 10. und 16. Jh. Die **Chinesen** brachten in ihren Dschunken Porzellan und Seide im Austausch gegen Geweihe, Trepang und Bienenwachs. Der Handel mit den Chinesen war so umfangreich, daß **Porzellan** in jedem Winkel des Inselreiches gefunden wurde, selbst in unzugänglichen Höhlen in Palawan, unter den Kalinga und anderen Stammesgruppen in der Bergprovinz, in Kokosnußhainen in Laguna, alten Grabstätten auf zahllosen

*Tinikling **ist ein im reisanbauenden Tiefland verbreiteter Bambustanz. In ihm
sieht man auch ein Sinnbild für das Wesen der Filipinos, die zwischen zwei
widersprüchlichen Kulturen, der westlichen und fernöstlichen, hin und her
springen. Das ursprüngliche Tanzmotiv gab ein Vogel namens* tikling *ab.***

Inseln und sogar unter der Hauptstraße, einer Kirche und einem Basketball-
feld in Santa Ana in Manila.
Die Hunderttausende von Porzellanscherben, von denen einige sogar aus der
Tang-Dynastie (10. Jh.), die meisten jedoch aus der Song- und Ming-Zeit
(12.–16. Jh.) stammen, zeugen von ausgedehnten Kontakten über Hunderte
von Jahren.

Das chinesische Vermächtnis

Die Chinesen steuerten viel zur filipina Kultur bei: natürlich **Kochtechni-
ken** wie das Kurzbraten, mancherlei Reiskuchen und Nudeln. Die Namen
verschiedener Kochgeräte, wie etwa des Wok, *kawa,* wurzeln im Chinesischen.
Der kleine **Lebensmittelladen** an der Straßenecke und der **Gartenanbau**
von Gemüse sind chinesischen Ursprungs. Die filipina **Familienstruktur**
wurde verschärft durch den straffen, autoritären chinesischen Stil, und bis
heute bezeichnen traditionsbewußte filipina Familien ihre Kinder streng
nach der Altersreihenfolge mit chinesischen Begriffen. Der älteste Sohn
wird von den anderen Geschwistern *kuya,* eine ältere Schwester *ate* genannt.

Ihre Autorität, aber auch Verantwortung gegenüber den jüngeren Geschwistern ist klar festgelegt.

Als die Spanier kamen, um Manila zu kolonisieren, trafen sie dort auf eine chinesische Siedlung, und während der spanischen Periode machten die Kolonisatoren, obwohl ihre Vorstellungen von den Chinesen von Schreckensbildern geprägt waren, sich deren Fähigkeiten zunutze. Die Chinesen waren meisterliche **Handwerker**, die beim Bau von Kirchen und großen Häusern halfen und auch Möbel herstellten. Die **älteste Kirche des Landes**, San Augustin in Manila aus dem 16. Jh., zeigt noch einen Altarraum und auch Gestühl, welche Chinesen in Kanton geschnitzt hatten; chinesische Steinlöwen halten an der Friedhofsmauer Wache. Auch auf **Bildwerken** der spanischen Periode, *santo* genannt, und **Schnitzereien** erkennt man chinesische Einflüsse, etwa in den Wolkenformationen oder den mandelförmigen Augen hölzerner und elfenbeinerner Heiligenstatuen.

Umgekehrt beeinflußte aber auch der filipino Lebensstil die Chinesen auf den Philippinen. Die chinesische Familie ist patrilinear, die filipina Familie bilateral ausgerichtet. **Bei Ehen mit Filipinos mußten die Chinesen neben der männlichen auch die matrilineare Familienlinie anerkennen.** Der Chinese, der nur eine kleine Familie in das Einwanderungsland mitbrachte, hatte die Dominanz der Familie seiner filipina Frau unbedingt zu achten.

Chinesen, die auf den Philippinen Reichtum erworben hatten, heirateten oft in die herrschende Klasse ein und ließen so eine **filipina-chinesische Mestizenklasse** entstehen, die sich zu einem aktiven Mitglied der gesellschaftlichen Elite entwickelte. In den Adern verschiedener berühmter Filipinos, wie des Nationalhelden José Rizal, des Revolutionsführers Emilio Aguinaldo und des Staatsmannes Sergio Osmena, einst Präsident des Commonwealth, floß chinesisches Blut.

Andererseits waren die Jahrhunderte der spanischen Herrschaft von sporadischen, doch systematischen Massakern an den Chinesen gezeichnet. **Die westliche Kolonialherrschaft hat antichinesische Gefühle unter den Filipinos geschürt.** Chinesische Auswanderer auf den Philippinen sind oft verarmt und bereit, Nöte zu ertragen, um ein einigermaßen annehmbares Leben führen zu können. Filipinos empfinden sie als **aggressive ökonomische Bedrohung**, da sie alles pragmatisch dem Wohl des Geschäfts unterordnen; andere sehen ihre Unkenntnis der philippinischen Sprachen und ihren bescheidenen Lebensstil als Zeichen ihrer Unterlegenheit an. **Filipinos äußern sich häufig spöttisch und abfällig über Chinesen**, die in Märchen, Spielen und Liedern als unheilbringende oder komische Figuren auftauchen.

Die Ankunft des Islam

Zur selben Zeit wie die Chinesen kamen die **Araber**, um auf den Philippinen Handel zu treiben. Bereits vor der Islamisierung der arabischen Länder

Diese Moschee eines Dorfes im Süden der Philippinen versinnbildlicht den islamischen Einfluß. Der Islam erreichte das Land kurz vor der Ankunft der spanischen Kolonisatoren.

besuchten die Araber häufig chinesische Häfen. Der **Islam** förderte schließlich den Reichtum der Araber, das Bevölkerungswachstum und ihre Kultur und vermittelte ihnen das Selbstbewußtsein eines Weltreiches. In Südostasien führte die **Gründung des Stadtstaates Malakka**, gefolgt vom Übertritt seines Führers zum Islam im Jahre 1414, zur Ausweitung des Einflusses des Islam unter den malaiischen Völkern, der so die südphilippinische Küste im 15. Jh. erreichte.

Der Islam übt bis heute einen **beherrschenden Einfluß im Süden der Philippinen** aus. Er vereinte die Verwandtschaftsgruppen dieser Gegend, die vierhundert Jahre erfolgreich der Kolonisierung durch die Spanier widerstanden und auch der amerikanischen Kolonisierung starke Gegenwehr leisteten. Obwohl die Muslime auf den Philippinen eine Minderheit von unter zehn Prozent der Bevölkerung ausmachen, prägten sie doch entscheidend den kulturellen Charakter des Landes.

Während der gesamten spanischen Periode unternahmen die Muslime **Raubzüge in die christianisierten Küstengegenden**, terrorisierten die Bewohner, plünderten und brandschatzten und versorgten die holländischen **Sklavenmärkte** mit Menschen. Das muslimische Wort für Sklave lautet *bisaya* und bezieht sich eigentlich auf eine große regionale Gruppe. Die christlichen Filipinos erflehten Hilfe von christlichen Heiligen, mit Vorliebe von Santiago Apostol, der bei den Spaniern als Santiago Matamoros, der »Vernichter der Mohren«, bekannt ist. Große, stumme Wachtürme zeugen noch heute an verschiedenen Küsten von jenen unruhigen Tagen, als die Bedrohung durch Überfälle der Muslime allgegenwärtig war und der Alarmruf *Hay moros en la costa* (»Die Mohren kommen«) in die Umgangssprache der Filipinos einging.

Die Spanier verstärkten die Feindseligkeit gegenüber den Muslimen, indem sie ihre Phobie gegen den Islam durch **Theaterstücke** *(moro-moro)* verbreiteten, die den Kampf zwischen Christen und Mauren schilderten und Teil der Fiestas werden ließen. Die Spanier nannten die Muslime auf den Philippinen *moros* und identifizierten sie so mit den **Mauren**, die Spanien erobert und bis zur Reconquista beherrscht hatten.

Das Schisma zwischen christlichen und muslimischen Filipinos schwelt noch heute. Die neuzeitliche **Islamische Befreiungsbewegung** (MNLF) und militärische Reaktionen seitens der Regierung haben diesen historisch gewachsenen Gegensatz fortgesetzt.

Im Zeitalter des Handels und der Entdeckungen trafen die verschiedensten Kulturen und Ideen aufeinander. Neben den von außen einwirkenden Einflüssen wurden die Philippinen selbst zu einem Kanal, durch den Einflüsse in den Pazifik weitergeleitet wurden. Der Handel verstärkte auch den heimischen Austausch unter den Bewohnern der Inseln. Die reichen Porzellanfunde belegen die **Blüte von Handel und kulturellem Austausch** unter den Inseln. Funde von Goldschmuck aus jener Zeit, die vor kurzem bei Ausgrabungen entdeckt wurden, zeugen von einer hochentwickelten, in vielen Teilen der Welt unerreichten **Handwerkskunst**. Auch die malaiische Kultur blühte. Im Zuge des Kolonialismus gerieten im späten 16. Jh. Indonesien unter holländischen, Malaysia unter britischen und die Philippinen unter spanischen – später amerikanischen – Einfluß, wodurch die **malaiischen Völker in drei verschiedene Richtungen auseinandergerissen** wurden.

Die spanische Periode (1565–1898)

Im Jahre 1521 landete **Magellans** Flotte, auf halbem Wege der ersten Weltumsegelung, auf den Philippinen. Sie waren die vorerst letzten »freien«

*Die Fassade des Museo Iloilo (Iloilo City) widerspiegelt
die bauliche Hinterlassenschaft der spanischen Kolonisation.*

Händler. Nach ihnen galten andere westliche Reisende – Portugiesen, Holländer, Briten – als **Invasoren**, denen Magellan mit seiner Ankunft in Limasawa und seiner »Entdeckung« des Archipels zuvorgekommen war, eines Archipels, das seit Hunderttausenden von Jahren von Menschen bewohnt war, die in den vergangenen Jahrhunderten ausgiebigen Handel mit Arabern, Chinesen, Siamesen und den benachbarten malaiischen Völkern betrieben hatten. Für nahezu vierhundert Jahre gerieten die Philippinen unter die **Vorherrschaft Spaniens**, bis dieses 1898 das Gebiet für eine Abfindung von 20 Mio. Dollar in einem Vertrag, bei dem die Filipinos kein Mitspracherecht besaßen, an die Vereinigten Staaten von Amerika abtraten.

Zur Zeit der Landung Magellans auf den Philippinen lagen zwei Führer in Familienfehde, eine für das Land bezeichnende Situation. Um sich mit einem von ihnen, **Rajah Humabon**, zu verbünden und die militärische Unbesiegbarkeit Spaniens zu beweisen, erbot sich Magellan, die gegneri-

121

sche Gruppe unter **Lapu Lapu** zu vernichten. Dies war ein folgenschwerer Fehler. Magellans Leute berechneten die Gezeiten falsch, das Ufer befand sich außerhalb der Reichweite der spanischen Kanonen, und als die Soldaten in ihren schweren Rüstungen im knietiefen Wasser wateten, bewegten sie sich wie lahme Enten im Vergleich zu den flinken, mit Speeren und Schwertern bewaffneten Verteidigern. **Magellan verlor das Leben** – und die Überlebenden ihr Gesicht. Ihr Gastgeber schlachtete, nachdem ihm die Verwundbarkeit der Spanier derart deutlich vor Augen geführt worden war, so viele von ihnen ab, wie er an den Strand locken konnte. Die restlichen Überlebenden versenkten daraufhin eines ihrer Schiffe und ergriffen auf den zwei verbliebenen die Flucht.

Vermutlich haben Lapu Lapu und Rajah Humabon nach diesem Zwischenfall ihre Fehde fortgesetzt. Solche **Auseinandersetzungen zwischen Verwandtschaftsgruppen** sind heute noch eine häufige Erscheinung. Ist eine Person unzufrieden mit der Gruppe, der sie angehört, so verläßt sie diese kurzerhand, um ihre eigene Gruppe zu bilden. Alle Arten von Clubs, ob geschäftliche oder rein gesellschaftliche, wuchern üppig, da Gruppen stets dazu neigen, sich aufzusplittern. Man hat die **Unfähigkeit der Filipinos, sich zum Zweck eines gemeinsamen Zieles zu verbünden**, als *banda uno – banda dos* bezeichnet, in Anlehnung an die Tatsache, daß jede Stadt zwei Musikkapellen besitzt, anstatt die besten Talente in einer Kapelle zu vereinen.

Die spanischen und später amerikanischen Kolonisatoren haben sich, indem sie eine lokale Gruppe gegen die andere ausspielten, dieses tief verwurzelte Spaltungsbestreben zunutze gemacht, um die Philippinen zu beherrschen. Das politische Geschehen seit dem II. Weltkrieg hat weniger mit ideologischen Überzeugungen, dafür aber viel mit von Verwandtschaftszusammenhängen bestimmten Konflikten und Wahlen zu tun. In zahlreichen Städten und Provinzen herrschen zwischen den führenden Familien seit Generationen überkommene Rivalitäten.

Santo Nino: Ein christliches Symbol

Während Magellans Aufenthalt in Cebu schloß Humabons Frau (von Magellans Chronisten Pigafetta als »Königin« bezeichnet) eine kleine **Statue des Jesuskindes** in ihr Herz, die man ihr schließlich zum Geschenk machte.

Als 44 Jahre später, im Jahre 1565, Spanien eine Flotte unter **Legaspi** aussandte, um die Philippinen zu kolonisieren, fand ein spanischer Soldat bei der Suche nach Beutegut in Cebu eine Statue des Jesuskindes, »so wie man sie in Flandern herstellt«, in einer Kiste voller Blumen. Es schien sich um jene Figur zu handeln, die Magellan zurückgelassen hatte. Wie dem auch sei, Legaspis Begleitung erkannte sie als christliche Ikone an und setzte sie für **missionarische Zwecke** ein.

Der mystische, aber auch greifbar sinnliche Marienkult fand bei den Filipinos regen Zuspruch. Marienbildnisse finden sich überall, auch an profanen Orten wie etwa rostigen Blechzäunen.

Die Statue befindet sich noch heute in Cebu, und die **Verehrung des Santo Nino** lebt weiter (ihr ist zum Beispiel das *ati-atihan* von Kalibo gewidmet). Die Verehrung des Jesuskindes hat sich nachgerade zu einem Kult entwickelt, was verwundern mag, da die Ehrerbietung nicht Christus, dem gekreuzigten Sohn Gottes, gilt, sondern Christus als Kind. Zur Fiestazeit »droht« man der Santo-Nino-Statue, sie unter Wasser zu tauchen, falls sie nicht den erhofften Regen bringt. Und einmal im Jahr werden in vielen Städten des Landes die Statuen des Jesuskindes gewaschen und neu eingekleidet.

Die Statue der Maria

Nach einigem Widerstand zerstörte und eroberte Legaspi Manila, und hier fand ein an Land watender Seemann durch Zufall zwischen Pandanwurzeln eine weitere Figur, die Statue einer Frau. Im spanischen Konquistadorenstil sprach man sie heilig und stellte sie als **Nuestra Senora de Guia** in einem Schrein in **Manilas Ermita-Kirche** aus. Nun, manche sind sich sicher, daß die Holzfigur eigentlich die chinesische Göttin des Mitleids *guanyin* darstellt, einige sehen in ihr ein einheimisches Idol und andere eine christliche Heiligenfigur portugiesischen Ursprungs, worauf der portugiesische Name Nuestra Senora de Guia und auch eine ähnliche Figur in Macao hinzuweisen scheinen.

Die Statue ist aus zwei heimischen Harthölzern geschnitzt, wobei das Gesicht und die geschnitzten Haare (das falsche Haar wurde erst später hinzugefügt) sehr orientalische Züge tragen. Sie beweist, daß **das Christentum der Ankunft der Spanier vorausgeeilt** war. Dies belegt auch Legaspis Bericht über die Begegnung mit einem Japaner, der, was ihn als Christ auswies, eine Theatiner-Mütze trug und auf Nachfrage bestätigte, christlichen Glaubens zu sein und Pablo zu heißen.

Diese beiden mit der Ankunft der ersten Spanier unmittelbar verbundenen religiösen Figuren zeigen, daß sich die Christianisierung anfänglich nicht vollständig vom **vorchristlichen Glauben** abgesetzt hat.

Andere in das Land eingeführte Symbole brachten die verschiedensten Kulte und Mythen hervor, deren ausgeprägtester der **Marienkult** war. Die Jungfrau von Antipolo und Nuestra Senora del Rosario (La Naval) zogen während der spanischen Herrschaft eine wahrhaft stattliche Anhängerschar an. Mit der Zeit bildete sich ein inbrünstiger **Volkskatholizismus** heraus, den eine nahezu greifbar sinnliche Atmosphäre des Geheimnisvollen und Übernatürlichen prägt.

Das spanische Vermächtnis

Der **wesentliche »Beitrag« Spaniens zur Kultur der Philippinen** bestand in der **Einführung des Christentums**. Es wurde Instrument bedeutsamer Veränderungen.

Um die Filipinos zu christianisieren, mußten die spanischen Missionare sie in größeren Gemeinschaftszentren zusammenführen. Energisch verfolgten sie das Programm, mögliche Konvertiten zu den Kirchenglocken zu rufen *(bajolas campanas)*, was zur **Bildung von Städten** führte, mit der Kirche als Zentrum und der Bevölkerung in Hörweite der Glocken. Je größer die Kirchenglocken, desto größer war auch die Gemeinschaft der Gläubigen (oder umgekehrt).

Heute noch sieht die **typische Kleinstadt** so aus, wie sie zur Zeit der spanischen Christianisierung entworfen und angelegt wurde: Im Zentrum liegt die Plaza mit der Kirche an ihrem einen und dem Municipio oder Regierungsgebäude anderen Ende und den Häusern der »führenden Bürger« zu beiden Seiten. Die Anlage eines zentralen Platzes, ja die Schaffung von Städten überhaupt, ist eindeutig ein Vermächtnis der Spanier.

*Bei der Kirche von Miagao Iloilo wird der starke katholisch-spanische Einfluß
deutlich sichtbar. Architektonischer Gesamtstil und Fassade gerade dieser
Kirche belegen aber zugleich die örtliche Anverwandlung und damit
Entstehung eines* **filipino** *Stils in der Kirchenarchitektur.*

Einführung der Schönen Künste

Die Christianisierung brachte den **Bau von Kirchen** mit sich, eine auf den
Philippinen zuvor unbekannte Form der Architektur. Diese schweren, mas-
siven Steinkonstruktionen veranschaulichen auf beeindruckende Weise ein
Kunstverständnis, das von Dauerhaftigkeit und der Zurschaustellung von
Größe ausging – ganz im Gegensatz zu den vorspanischen filipina Kunstfor-
men, die Rituale und die damit verbundene Kunst als vergänglich ansahen.
Die Errichtung von Kirchen nebst den dazugehörigen Behausungen der
Priester *(conventos)* entwickelte nicht nur eine **städtische Architektur**, son-
dern führte auch **neue Technologien und Baumaterialien** ein. Die christli-
chen Zeremonien verlangten die entsprechende Innenausstattung, religiöse
Statuen, Gemälde und liturgische Musik. Aus diesen religiösen Notwendig-
keiten entstanden die philippinischen Schönen Künste, die **Architektur,
Malerei, Bildhauerei**, eine westliche Form der **Musik** und das **Theater**.
Zahllose Kirchen in allen Landesteilen, besonders in Laguna und Ilocos,
offenbaren die Entwicklung der Kirchenarchitektur auf den Philippinen.
Auch religiöse Statuen und Gemälde zeugen von der **Entwicklung eines**

eigenen nationalen Stils. Heute werden diese Kunstgegenstände begierig gesammelt und in Museen ausgestellt.

Die **Malerei** gewann schnell an Beliebtheit, so daß nicht-religiöse Portraits und Landschaftsbilder bald reiche Häuser schmückten. 1844 hatten zwei in Europa lebende filipino Maler dort die Gipfel der Anerkennung erklommen, und **Juan Luna** erhielt den begehrten *Prix de Rome*, den damals höchsten eigenständigen Kunstpreis.

Die funktionale Aufteilung der Wohnräume spanischer Kolonialvillen geht zurück auf das bescheidene filipino Haus, die *Nipa*-Hütte. Die **klassische *Nipa*-Hütte**, in der viele Menschen heute noch leben, ist auf Stelzen errichtet. Eine Leiter in der Mitte bildet den Eingang. Von dort erreicht man den Hauptraum, der als Empfangs- wie auch Wohnzimmer dient. Im hinteren Teil befinden sich die Schlafzimmer sowie ein sich an die Küche anschließender freier Platz, genannt *batalan*, für Wasservorräte und schmutzige Arbeiten.

Das **spanische Kolonialhaus** ist ebenso angeordnet, allerdings in weit großzügigerem Maßstab und unter Verwendung dauerhafterer Materialien wie Ziegeln und Kacheln. Es verfügt über einen breiten, ebenfalls in der Mitte gelegenen Eingang, eine eindrucksvolle Treppe, ein geräumiges Wohnzimmer *(sala)* und die Vorratsecke für Wasser neben der Küche, die hier *azota* heißt.

Beide Häuser sind einstöckig, jedoch vom Erdboden abgehoben, wobei der Raum unter dem Haus als Lagerplatz dient. Ihre hohen Decken und Öffnungen in den Wänden erlauben eine gute Luftzirkulation. Beide Haustypen paßten sich den natürlichen Gegebenheiten ihrer Umgebung an. Spitze Dächer leiteten die heftigen Regenfälle ab, und Fenster, beim Kolonialhaus aus Perlmutt, bei der *Nipa*-Hütte aus Bambusgitterwerk, hielten das gleißende Sonnenlicht ab und sorgten zugleich für Durchlüftung.

Die westliche Kunst der Renaissance veränderte die filipina Ästhetik. Früher war Kunst **Produkt einer anonym bleibenden Person**, von jemandem im Dorf, der eine geschickte Hand beim Töpfern, Korbflechten, Weben oder Schnitzen zeigte.

Mit der westlichen Kunstvorstellung gewann die **Individualität des Künstlers** an Bedeutung, und er zeichnete schließlich seine Werke mit seinem Namen. Während die **vorspanische** Kunst zumeist als **vergänglich** betrachtet wurde – Holzschnitzereien, Blumen- und Blätteropfer, die den Elementen ausgesetzt waren und schnell von der Natur zurückgeholt wurden –, führten die Spanier Steine für Kirchenbauten und Bildhauerei ein, eine geschriebene Literatur sowie Ölgemälde, Materialien, die das Kunstwerk möglichst lange erhalten sollten. Auch die **Größenordnung** hat sich durch den spanischen Einfluß verändert. Die meisten Werke vorspanischer Zeit waren von bescheidenem Ausmaß, im Gegensatz zu den turmbewehrten Steinkirchen, überlebensgroßen Statuen oder riesigen Wandgemälden der Kolonialzeit.

Vermächtnis der katholisch-spanischen Mission und Kolonisation
(Devotionalienmarkt in Cagayan de Oro)

Literatur hatte man früher von Mund zu Mund weitergegeben; nun entstand, unter Verwendung des lateinischen Alphabets, eine **schriftlich festgehaltene Literatur**. Zunächst auf religiösen Quellen fußend, entwickelte sich eine **umgangssprachliche filipina Literatur** in Form von Passionsspielen *(pasyon)*, religiösem Theater *(sinakulo)*, christlich-maurischem Drama *(moro-moro)* und schließlich gereimten Romanzen *(awit, corrido)*. Und im Jahre 1891 schließlich hatte José Rizal seine beiden politischen Romane veröffentlicht, die das spanische Kolonialregime auf den Philippinen erschütterten.

Die christlichen Filipinos haben auf vielerlei Art und Weise die spanische Kultur aufgenommen, wobei sie auswählten, was ihrem Lebensstil entsprach, und zurückwiesen, was ihnen nicht zusagte. Musik, Kleidung, Tanz, Speisen, Zeremonien, Bürokratie, politische Ideen – **nichts wurde in**

ursprünglicher Form übernommen. Die Verarbeitung war wichtig. Selbst spanische Ausdrücke, die in philippinische Sprachen Eingang fanden, erhielten andere Bedeutungen. Das spanische Wort für Sicherheit *(seguro)* bedeutet im Tagalog und Pilipino Unsicherheit, während der Begriff für Sicherheit *segurado* lautet. Und das spanische Wort für Philosoph *(pilosofo)* bezeichnet auf den Philippinen einen Sophisten – also keineswegs einen weisen Menschen, sondern einen Wortverdreher.

Wurzeln der Hispanisierung

Die Filipinos übernahmen das spanische ***Compadrazco*-System** und dehnten mit seiner Hilfe ihre Verwandtschaftsgruppen aus und führten diesen mächtige Mitglieder hinzu. Sie nahmen auch den **Katholizismus** auf, allerdings mit einer Betonung der Zeremonie, der Fiesta und der wundersamen Kräfte einer Vielzahl von Heiligen. Ein Völkerkundler bemerkte, daß der Protestantismus, der den unmittelbaren Dialog mit Gott predigt, im Gegensatz zum Katholizismus bei den Filipinos niemals Einfluß gewinnen konnte, weil die katholische Praxis, sich auf die Mittlerrolle einer Schar von Heiligen zu verlassen, der filipina Eigenart, sich in jeder Lebenslage eines Vermittlers zu bedienen, entgegenkam.

Strenge **Sittsamkeit** wurde Teil der Sexualmoral. So mußten in der Zeit vor dem II. Weltkrieg Liebespärchen die Allgegenwart einer Anstandsdame hinnehmen; erst nach der Hochzeit ließ man das Paar unbeaufsichtigt. Heute noch blicken viele Filipinos auf junge Frauen oder Männer herab, die sich ohne Begleitung zu einem Rendezvous begeben. Die spanischen Missionare verpönten jegliches Zeigen von Körperblößen, und bis heute legen christliche Filipinos Wert auf züchtige Kleidung. Selbst unter Männern ist es nicht üblich, sich im Adamskostüm zu zeigen, nicht einmal beim Duschen in einer Sporthalle oder einem Schwimmbad.

Dennoch sind die Filipinos aus verschiedenen Gründen **nicht vollständig hispanisiert**. Spanien hat die Philippinen nicht unmittelbar, sondern via Mexiko regiert. Viele, die kamen, um die Inseln zu kolonisieren, hatten zuvor in Mexiko Erfahrungen gesammelt oder waren halbe Mexikaner. Der Galeonenhandel, der mehr als zweieinhalb Jahrhunderte als spanische Verbindung zu den Philippinen diente, fand zwischen Acapulco und Manila statt und brachte **eher mexikanische als rein iberische Einflüsse** mit sich. Aus dem Mexikanischen eingeführte Wörter, so etwa für Vater *(tata)*, Mutter *(nana)*, Markt *(tiangui)* und verschiedene Pflanzen, haben sich bis heute erhalten. Anstatt, wie in Mexiko, die Bewohner Spanisch zu lehren (was dort das fast vollständige Verschwinden der Nahuatl-Sprache zur Folge hatte), **erlernten die spanischen Missionare die jeweilige Filipino-Sprache** ihres Missionsgebiets. Man sah darin später auch eine Methode, den Filipinos Wissen vorzuenthalten, da die spanische Sprache ihnen den Zugang zur westlichen Zivilisation eröffnet hätte.

128

Steigt aus den Ruinen und der Asche des spanischen Erbes der Phönix einer selbstbewußten und eigenständigen filipina Kultur?

Spanische Mönche und Filipinisierung

Ihr Eifer führte die spanischen Missionare in abgelegene Gegenden, wo sie Gemeinden gründeten und Kirchen errichteten, während die Regierungsbeamten zufrieden im Luxus von Manilas ummauerter Altstadt *(Intramuros)* lebten und möglichst schnell im Galeonenhandel Geld zu scheffeln versuchten. **Der spanische Klerus etablierte sich als Macht in der Provinz und auch in Manila.** Daher bemühten sich Mitglieder der filipina Elite, denen höhere politische Ämter ohnehin vorenthalten blieben, ihre Kinder an diese prestigeträchtigen Schalthebel der Macht zu setzen.

Entstehen und Aufstieg eines filipino Klerus führten letztendlich zu einem **Zusammenstoß zwischen den die christlichen Gemeinden beherrschenden Mönchen und dieser neuen Gruppe von Filipinos**, die die spanischen Kolonisatoren bei ihrem eigenen Spiel herausforderten. Sie betrachteten sich nicht lediglich als folgsame Schafe der christlichen Herde, sondern wollten selbst als Priester auch Hirten sein. In der folgenden Auseinandersetzung wurden drei filipino Priester zu Unrecht mit einer Meuterei in Cavite in Verbindung gebracht und daraufhin in Manilas Bagumbayan (dem heutigen Rizal-Park) öffentlich hingerichtet.

Der **Märtyrertod der drei Priester im Jahre 1872**, in der Geschichte als *Gomburza* bekannt, kennzeichnete einen **Wendepunkt**. Der Nationalheld **José Rizal**, damals ein Junge von elf Jahren, war von dem Geschehen tief erschüttert. Denn sein Bruder Paciano war ein Schüler eines jener drei Priester. Rizals berühmter zweiter Roman ist den drei Märtyrern gewidmet:

… ob Ihr nun Patrioten gewesen seid oder nicht, und ob Ihr nun Gefühle für Gerechtigkeit und Freiheit empfunden habt oder nicht – ich habe das Recht, mein Werk Euch als Opfern des Bösen zu widmen, das ich bekämpfen will.

Den **ersten politischen Konflikt zwischen Spanien und den kolonisierten Philippinen** hatte die zunehmende Filipinisierung des Klerus geboren, der sich die spanischen Mönche widersetzten, indem sie sich weigerten, den kolonialen Status, die Macht, den Reichtum und das angenehme Leben mit anderen zu teilen.

Als die spanischen »Brüder im Herzen« die Filipinisierung des Klerus in Schach hielten, wandte sich die filipina Elite weltlichen Dingen zu. In der Mitte des 19. Jh. war eine **Schicht von wohlhabenden Einheimischen** entstanden, deren Reichtum sich deutlich an ihren beeindruckenden Häusern im spanischen Kolonialstil zeigte, die in jeder größeren Stadt aus dem Boden wuchsen. Ein Bankwesen entstand, Landbesitz wurde nach westlichen Bodenrechten umgrenzt, Zucker produziert und Tabakfirmen gegründet. Das Erziehungswesen konnte sich einer Universität und eines Observatoriums rühmen. Die Elite sandte ihre Kinder zur **Ausbildung ins Ausland**. Diese wurden nach ihrer Rückkehr in die Heimat als *illustrados* bezeichnet. Eine **nationale politische Identität** nahm allmählich Gestalt an.

Der Filipino entsteht

Die Idee der Nation war also eine weitere Auswirkung des spanischen Kolonialismus. Die frühen Kolonialisten nannten die Einwohner des Archipels »Indios«, gleich den Bewohnern Amerikas bei Kolumbus' vermeintlicher Landung in Indien. **Als »Filipino« bezeichnete man zunächst die auf den Philippinen geborenen Spanier**, um sie so von den im Heimatland geborenen zu unterscheiden, die sich die »Glücklicheren« wähnten und Wert auf ihren Status als *peninsulares* (von der Iberischen Halbinsel stammend) legten. Bald darauf galten auch die spanischen und chinesischen Mestizen als Filipinos.

Die **filipino *illustrados* in Spanien** begannen **für Reformen zu kämpfen** und nutzten ihre hervorragende Ausbildung als Beweis, daß Filipinos den

Spaniern gleichwertig und deshalb zur Vertretung in der spanischen *Cortes* oder gar zur Selbstregierung befähigt wären. Den künstlerischen Erfolg der beiden filipino Maler **Luna** und **Hidalgo** feierten die *illustrados* als Triumph ihrer Rasse.

Aber all diese Reformbewegungen galten, wie in anderen Kolonialregimen auch, als subversiv. Die unausweichliche **radikale Wende von der Forderung nach Reformen hin zur Bildung eines Geheimbundes mit dem Ziel, die Kolonialherrschaft gewaltsam zu stürzen**, fand schließlich statt, als die Spanier **José Rizal**, einen hochangesehenen *illustrado*, Arzt, Künstler, Dichter und Verfasser von Romanen, verfolgten und verbannten. Eine **Geheimgesellschaft namens** *Katipunan*, gegründet von einem früheren Kaufmann aus Tondo, Manila, fand rasch Zulauf. Die spanische Ära hatte sich selbst ausgespielt. Eine Zeit des **bewaffneten Kampfes** folgte. Die Filipinos behaupten, in ihrem Lande sei Asiens erste nationalistische Bewegung entstanden und erste bewaffnete Revolution gegen die westlichen Kolonialherren ausgelöst worden.

Dieses Nationalgefühl, ja selbst das Wort »Filipino«, nährte sich aus der Erfahrung der spanischen Kolonialzeit. Zuvor war das Denken der Filipinos von den Strukturen der Verwandtschaftsgruppen, der *barangay*, und der Sprachgruppen wie Tagalog, Visaya, Pampango usw. bestimmt. Die filipino *illustrados*, die ihrer nationalen Identität Ausdruck verliehen, schrieben in der spanischen Sprache, um so von *illustrados* in anderen Gegenden des Landes verstanden zu werden. Zunächst richteten sie ihre Reformforderungen an die in Spanien ansässigen Spanier. Als dies aber ergebnislos blieb, verlagerte sich die Propagandakampagne hin zu den Filipinos auf den Philippinen, was ihre nationale Identität und den Stolz auf ihre alte Kultur und ursprünglichen Wurzeln weckte. »Wo es keine Sklaven gibt, da gibt es auch keine Tyrannen«, ermunterte Rizal seine Landsleute.

Die Unabhängige Kirche der Philippinen

Zwar hat Spanien das Christentum auf den Philippinen eingeführt, doch handelte es sich dabei weniger um einen theologisch begründeten als vielmehr einen **emotionalen Übertritt zum neuen Glauben, der durch einheimische Werte und Glaubensgrundsätze verändert wurde**. Der äußerliche Prunk läßt auf einen oberflächlichen Katholizismus schließen.

Trotz ihrer Missionserfolge gaben manche Mönche ein äußerst schlechtes Vorbild ab. Und heute ist ein Mönch in der Vorstellung der Filipinos jemand, der ein angenehmes Leben ohne Sorgen führt. Einen länglichen, bequemen Sessel nennt man »Mönchsstuhl« *(silya de fraile)*. Die **lose Moral der spanischen Mönche** trug im wörtlichen Sinne die Vaterschaft für die Mestizenklasse mancher Gemeinden. Auch die Familienlinie von Imelda Romualdez Marcos geht direkt auf einen spanischen Priester zurück. **Die *illustrados* führten die Übel des Kolonialismus in ihrem Lande auf** die *frailocracia* (»**Mönchsherrschaft**«) **zurück.** Rizal und seine Familie waren Opfer von Landstreitigkeiten mit dem Klerus von Calamba. Deshalb ging er vornehmlich gegen die Ausbeutung der Philippinen durch die spanischen Mönche vor. Marcelo del Pilar, ein anderer, für seine spitze Feder bekannter filipino Propangandist, richtete seine satirischen Angriffe gegen die »Herrschaft der Klöster auf den Philippinen«.

Der Konflikt zwischen den Mönchen und den Nationalisten, wurzelnd in der enttäuschten Bewegung zur Filipinisierung der Kirche in den *Gomburza*-Tagen, schuf ein **Schisma innerhalb des philippinischen Katholizismus.** Von diesem spaltete sich die **Philippinische Unabhängige Kirche** unter **Gregorio Aglipay** ab, einem katholischen Priester, der sich von Rom trennte, um eine eigene philippinische katholische Kirche zu schaffen.

In vielen christlichen Gemeinden finden sich **zwei Kirchen, eine katholische und eine aglipayanische.** Filipinisierungskonflikte treten auch heute noch in den verschiedensten katholischen Organisationen, die vom westlichen Klerus beherrscht werden, ans Tageslicht.

Das Christentum ist zwar auf den Philippinen weit verbreitet, jedoch in einer sehr menschennahen Form. Der irdische Lebensstil der spanischen Mönche lebt in der Geschichte und im Gedächtnis der christlichen Filipinos weiter. Ein Priester, der Wein, gutes Essen und schelmischen Humor liebt, findet eher Anerkennung als der stille Asket oder der feurige Demagoge.

Spanische Namen? Ein Blick hinter die Kulissen

Die meisten Filipinos haben **spanisch klingende Vor- und Nachnamen**, wie Ramon oder Leonora und Gonzales oder Romualdez. Diese Namen wurden ihnen erst **1849 durch ein Dekret des spanischen Gouverneurs Narciso Claveria** erteilt, der beobachtet hatte, daß Filipinos keine Nachnamen besaßen, an denen man ihre Familienzugehörigkeit hätte feststellen können. So wurden Nachnamen eingeführt, die helfen sollten, die Blutsverwandtschaft zu belegen, straf- und zivilrechtliche Fälle zu verfolgen, Steuerzahlungen zu überwachen und den Militärdienst zu kontrollieren.

Das Dekret führte im Anhang eine Liste von Nachnamen *(catalogo alfabetico de apellidos)* auf, die man vergab, als sich die Bevölkerung des ganzen Landes registrieren lassen mußte. In der Region Bicol wurde dieses alphabetische Register auch alphabetisch auf die Städte verteilt. Die Nachnamen mit dem Anfangsbuchstaben »A« teilte man der Bevölkerung der Provinzhauptstadt zu, jene mit »B« und »C« beginnenden Namen den Städten an der Küste usw. Die Bewohner wählten ihre Namen dann aus den Seiten, die ihrer Stadt zugeschrieben worden waren.

Noch heute kann man **anhand des Anfangsbuchstabens eines Familiennamens mutmaßen, aus welcher Stadt die Familie des Namensträgers stammt.** Vor dem Dekret hatten christliche Filipinos religiöse Nachnamen angenommen. Doch schon bald wimmelte es von so vielen Cruz, de la Cruz,

Solche bunten Kleinbusse vernetzen Stadt und Land und wirken so als »Agenten des Wandels« im ländlichen Bereich.

Santos und de los Santos, daß die Verwirrung noch größer wurde. **Iberische Nachnamen von Filipinos weisen also nicht auf spanische Abstammung hin.**

Stadt und Land

Anfänge des Stadtlebens

Städtische Filipinos ahmten Stil und Benehmen der Kolonialherren nach. Im eitlen aristokratischen Gebaren, sozialen Snobismus, der Wichtigtuerei öffentlicher Amtsinhaber, Mißachtung körperlicher Arbeit und Unterwürfigkeit Untergebener zeigen sich bei aufsteigenden Mittelschichtlern oder den Schwerreichen die unglückseligen Spuren der Vergangenheit. Der

133

spanische Ehrbegriff wurde bereitwillig mit der filipino Vorstellung von Selbstachtung identifiziert; der von den Filipinos verwandte Begriff *amor-propio* ist ein spanisches Wort. Der Tagalog Ausdruck *pagpapakatao* (Umgang mit der Würde eines menschlichen Wesens) mag die ursprüngliche Bedeutung jener Selbstachtung veranschaulichen. Da sie selbst stets derart darauf bedacht waren, niemandes Selbstachtung zu verletzen, waren die Filipinos zweifellos höchst empfänglich für die übertriebene Empfindlichkeit des spanischen *amor-propio*.

Das städtische Leben spaltete die filipina Kultur in zwei Welten. Die große Mehrheit der Filipinos lebte, und lebt noch, in den *barrio*. Die Ausbreitung von Städten und Großstädten gewöhnte jedoch einen Teil der Menschen an das neue urbane Leben. Mit dem Wort *urbanidad* umschreiben die Spanier **Zivilisiertheit und Höflichkeit, den städtischen Lebensstil**. Mitte der 1860er Jahre wurde der Bestseller *Urbana at Felisa* veröffentlicht. Modesto de Castro, ein Tagalog Priester, erteilt darin der aufsteigenden Mittelschicht in Briefform Ratschläge für Benehmen und Moral. Das Buch geriet zum Erfolg, nicht allein weil es den Filipinos half, das städtische Leben zu verstehen, sondern vor allem weil es städtisches Benehmen und Etikette mit vorhandenen filipino Werten verband. Und das Buch hilft auch den Zeitpunkt markieren, an dem **westliches Städtertum filipinisiert** wurde.

Barrio: Das Dorfleben geht weiter

Seither haben sich ländlicher und urbaner Lebensstil ständig überlappt und gegenseitig beeinflußt. **Ungefähr 70% der Filipinos wohnen in den *barrio*.** Sie ernähren sich größtenteils von Landwirtschaft und Fischfang. In den *barrio* ist das Leben bestimmt von den Tages- und Jahreszeiten, hier zählt man nicht Minuten und Sekunden. Fließendes Wasser kommt aus Bächen, nicht aus Leitungen. Elektrizität ist erst in neuerer Zeit in die Dörfer vorgedrungen. Hier gibt es wenige Ärzte, Kranke werden noch weitgehend von traditionellen Kräuterheilern versorgt. Der **traditionelle Tauschhandel** hat sich neben der Geldwirtschaft erhalten.

Im *barrio* erscheint das Leben zeitlos. Veränderungen gehen nur sehr langsam vor sich. **Selbstversorgung** kennzeichnet das ökonomische Dasein. Gelegentlich lindert eine Fiesta die Mühsal, und dies auch nur dann, wenn das *barrio* genügend erspart hat, um sich ein Fest leisten zu können.

In den *barrio* bewahren sich die Traditionen. Die **Familie** ist Dreh- und Angelpunkt des Dorfes. Die Ordnung wird eher durch Druck von seiten der Verwandten als durch Gesetzeskraft aufrechterhalten. Der **Schulbesuch** geht selten über die vierte Klasse hinaus, denn die Schule liegt in einiger Entfernung, Bücher sind teuer, und die Feldarbeit benötigt Hilfskräfte. Viele Dorfbewohner werden geboren, heiraten und sterben, ohne jemals ihr Dorf verlassen zu haben, höchstens für Besuche in der nächstgelegenen

Elemente ländlichen Wohnstils auch im erbärmlichen barong-barong.
*Diese Wildsiedlungen werden aus aufgelesenen Brettern, Eisenplatten, Kartons
und Zeitungen zusammengestückelt und stellen in ihrer Art
architektonische Kunstwerke dar.*

Stadt, um dort an einer Fiesta teilzunehmen oder Waren zu kaufen oder verkaufen.

Einige verlassen ihre *barrio*, um in den großen Städten zu arbeiten oder ihre
Schulausbildung fortzusetzen. Manche Jugendliche, ruhelos und süchtig
nach mehr Unterhaltung und Abwechslung, machen sich in die Städte und
Großstädte auf. Etwa ein Viertel der Bewohner der **Slums** in den Großstädten, die sich auf privatem oder staatlichem Boden ausbreiten, sind **Abwan-
derer aus den** *barrio*. Man nennt sie *squatter* (Haus-/Landbesetzer) und ihre
Hütten *barong-barong*.

Kontraste und Brücken zwischen Stadt und Land

In den Großstädten vollzieht sich die Verwestlichung und Modernisierung.
Metro Manila gibt bei der Parade der urbanen Errungenschaften den Ton
an. Hier findet sich alles: Industrien, bürokratische Institutionen, Handels-
häuser, elektronische Massenmedien, Universitäten, Hotels, Museen, Buch-
läden, Apotheken, Krankenhäuser, Ärzte, Millionäre, Prostituierte, Kriminelle, Polizisten, Feuerwehrleute, Künstler, Filmschauspieler, Journalisten,
Piloten und Straßenkehrer.

Metro Manila ist der Sitz der Regierung. Internationale Kongresse finden
hier statt, weltberühmte Künstler treten in den Konzerthallen auf. **Westliche
Einflüsse** erreichen die Stadt in der Person ausländischer Experten, von

135

europäischen oder amerikanischen Universitäten heimkehrender junger Intellektueller, ausgebildeter Profis mit dem allerneuesten Know-how, in Form einer Flut von Informationen aus den Massenmedien und durch den Import modernster technischer Geräte und Anlagen aus aller Welt.

»Braune Amerikaner«, so nennt man jene **Stadtbewohner, die sich schrankenlos der westlichen Kultur hingeben**; in spanischen Zeiten waren es, nach einer Romanfigur von Rizal, die *Dona Victorinas*. Man bezeichnet diese Krankheit als »koloniale Mentalität« oder auch »Blausiegel-Mentalität« (wegen der Bevorzugung importierter Zigaretten, die ein blaues Steuersiegel tragen). Nicht zuletzt das bekannte Schlagwort »Coca-Cola-Kultur« steht für die uneingeschränkte, kritiklose Verehrung äußerlicher westlicher »Errungenschaften«.

Avantgardistische Kunst, Rock'n Roll, Hollywoodfilme, Pferderennen, Fastfood, Videospiele, ein wahres Füllhorn von Konsumgütern und -ideen ergießt sich über Manila, um abzusickern in die anderen Großstädte, Städte und schließlich sogar – wenn auch nur als allerneuester Gesprächsstoff – in die *barrio*. Der **Kontrast zwischen ländlichem und städtischem Leben** springt grell ins Auge beim Vergleich einer bescheidenen *Nipa*-Hütte mit einem jener piekfeinen Drehrestaurants. Hier als genügsame Mahlzeit ein wenig getrockneter Fisch, Gemüse und Reis. Dort die Feinschmecker, die ohne Wimperzucken Zechen in der Höhe von mehreren Monatseinkommen der einfachen Leute machen. Der Preis eines Autos liegt weit jenseits der Vorstellungskraft eines Bauern. Ärzte werden bei ihrer Tätigkeit in einem *barrio* unausweichlich enttäuscht, weil sie auf Argwohn stoßen, keine medizinischen Instrumente vorfinden und die verordneten Medikamente für ihre Patienten unerschwinglich sind. Es sind tatsächlich **zwei verschiedene Welten.**

Nichtsdestotrotz findet ein **steter Dialog zwischen städtischem und ländlichem Leben** statt, und der Fremde, der aufmerksam die Verwestlichung auf dem Dorfe, ihre Aufnahme, Auswertung und Anpassung beobachtet, wird manches festhalten können. Eben diese Spannung zwischen verwestlichtem Stadt- und traditionellem Dorfleben macht den **Charakter der philippinischen Gesellschaft** aus. Selbst der gebildetste Filipino trägt noch Züge eines Dorfjungen in sich, so wie der Dorfbauer sich in einen Städter verwandeln mag.

Die ausgeprägtesten Formen des urbanen Lebens, experimentelles Theater, Kunstgalerien, Aktienmärkte, Penthouse-Appartements und etliches mehr, wirken sich natürlich nicht unmittelbar auf das Landleben aus. Aber zwischen diesen beiden Extremen besteht ein abgestuftes, **ineinander wirkendes Geflecht ländlicher und städtischer Verhaltensweisen.** Haushaltshilfen, die soeben ihr *barrio* verlassen haben, arbeiten in modernen Appartements, während das Transistorradio städtische Stimmen und Ideen geradenwegs in die Dörfer transportiert. Eine hochqualifizierte Krankenschwester auf der Intensivstation des Makati-Krankenhauses unterstützt mit hoher

Wahrscheinlichkeit ihre bäuerlichen Eltern im *barrio*, die alles geopfert haben, um ihrer begabten Tochter den Besuch der Schwesternschule zu ermöglichen. Die Verbindung ist persönlich und direkt.

Westliche Einflüsse: Ihre Filipinisierung auf dem Land

Filipinisierung bedeutet, daß fremde Einflüsse nicht unverändert übernommen, sondern den eigenen kulturellen Vorstellungen der Filipinos anverwandelt werden. **Die meisten der Kultursymbole, die Ausländer für typisch filipino halten, sind im Grunde westlichen Ursprungs, haben aber auf den Philippinen eine Umwandlung erfahren.** Von den städtischen Filipinos angenommene Neuerungen gehen eigentlich erst dann in die filipina Kultur ein, wenn auch die ländliche Bevölkerung sie aufnimmt.

Die **Nationaltracht** zum Beispiel, das *barong tagalog* für Männer und das *balinta wak* für Frauen, geht auf westliche Kleidungsstücke zurück, die im Prozeß der Anpassung ihr folkloristisches Aussehen erhielten. Das *barong tagalog*, getragen über der Hose, entstand aus der im 19. Jh. bei den westlichen Ausländern verbreiteten Hemdenmode. Einige Historiker behaupten, die »Indios« auf den Philippinen hätten Hemden früher über der Hose tragen müssen, um sie so von den Spaniern unterscheiden zu können. Durch die Verwendung einheimischer Materialien, *jusi* oder *pina* während der Kolonialzeit, und verziert mit alten Volksmotiven geriet das Hemd schließlich zur landesüblichen Tracht.

Und auch jene auf der ganzen Welt als typisch für die Philippinen geltenden **Volkstänze** gehen zurück auf spanische Tänze, *jota, rigodon* und *polka*, die erst durch ländliche Umwandlung »filipino« wurden. Antike **Heiligenfiguren**, heute von Sammlern zu hohen Preisen gehandelt, haben den gleichen Prozeß durchlaufen. Und der Jeep der US-Armee wurde, reich verziert mit folkloristischen Farben und phantasievoll geschmückt, zum über seine Grenzen hinaus bekannten **»Jeepney«**.

Eben diese **Spannung und Wechselwirkung zwischen städtischen und ländlichen, ausländischen (meist westlichen) Einflüssen und traditionellen Wurzeln** kennzeichnet den Filipinisierungsprozeß. Jener im höchsten Maße vom Stadtleben geprägte Neurochirurg ist ebenso Filipino wie der erdverbundene Gesundbeter. Diese Widersprüche werden aufgelöst durch die Schattierungen der Persönlichkeiten, die unablässig zwischen den Extremen pendeln. Ein westlich gebildeter filipino Millionär ißt zu Hause genausogern seinen Trockenfisch und *bagoong*, wie der Dorfjunge die allerneuesten Tanzschritte probt. **Tradition und Veränderung sind der Webstoff der filipina Kultur.**

Auch Ideen, Werte, Verhaltensweisen und Moral, Organisationssysteme, Fertigkeiten und Techniken, Glauben und Ästhetik machen, wenngleich weniger augenfällig, einen ähnlichen Prozeß durch. Auf den Philippinen erlebt der Besucher eine **merkwürdige Form des Kulturschocks**. Er erkennt zunächst in der städtischen Fassade den Westen wieder, beginnt auf gewohnte Weise Kontakt aufzunehmen und zu handeln, um alsdann festzustellen, daß nichts die gleiche Bedeutung besitzt oder in der vertrauten Weise abläuft. »Nein danke« bedeutet nicht notwendigerweise »nein«, sondern oft: »Sind Sie nur höflich? Fragen Sie mich noch einmal, beweisen Sie, daß Sie auch meinen, was Sie sagen, dann werde ich ja sagen.« Das amerikanische *okay* und das filipino *okay lang* tragen unterschiedliche Bedeutungen.

Spanien und der Filipino von heute

Die **spanische Periode** war also ein bedeutsamer Wendepunkt. Sie veränderte die Bewohner des Archipels und **schuf den Filipino von heute**. Man kann inzwischen annähernd nachvollziehen, wie die Filipinos sich entwickelt hätten, wenn die Spanier nicht in ihr *Barangay*-Leben eingegriffen hätten.
Der Einfluß des Islam im Süden der Philippinen half den dortigen Menschen, der spanischen Herrschaft zu widerstehen, und bewahrte so den **muslimisch geprägten filipino Lebensstil**, von den stattlichen Maranao bis zu den stolzen Tausog. Und bei den räumlich abgeschieden lebenden kulturellen Minderheiten, wie den Manobo und T'boli auf Mindanao, den Hanuoo in Mindoro und den Tabganwa in Palawan, wie auch unter den Ifugao, Kalinga und Bontoc der Bergregion, wohin weder der Islam noch die Spanier vordrangen, kann man die **prähistorische philippinische Kultur**, nicht verfälscht vom spanischen Einfluß, beobachten.

José Rizal: Vorbild der Filipinos

Während die spanische Eroberung sich unzulässig und gewaltsam in das Leben auf den Philippinen einmischte, löste sie zugleich Bewegungen aus, die im Volk Wurzeln schlugen und schließlich eine eigenständige filipina Kultur erblühen ließen. Die einstigen Schüler überholten ihre Lehrmeister, forderten Gleichberechtigung und erkannten die Schwächen der spanischen Herren. Dr. **José Rizal** war der beste und herausragendste dieser **neuen, selbstbewußten Filipinos**.
Auch wenn Sie sich keinen Deut um die Geschichte der Philippinen scheren, werden Sie Rizals Gegenwart nicht entfliehen können. Unausweichlich finden Sie in jeder Stadt, auf jeder Plaza des Landes sein Denkmal, sein Bild hängt in vielen Klassenzimmern, sein Konterfei blickt Sie von der 1-Peso-Münze, 2-Peso-Note und Briefmarken an. Jede Hauptstraße des Landes ist nach Rizal benannt, sogar eine ganze Provinz. Manilas bekanntester Park, ein Theater und selbst profane Produkte wie Zement, Bier, Streichhölzer und Zigarren tragen seinen Namen. Eine landesweite Organisation namens *Die Ritter Rizals*, mit Ortsgruppen in fast all jenen Teilen der Welt, wo Filipinos leben, widmet sich dem Ziel, Rizals Lehren zu verbreiten. Verschiedene,

Harmonie der Widersprüche?
Das kulturelle Integrations- und Harmoniestreben der Filipinos scheint ein
nationaler Charakterzug zu sein. Wie könnten sie sonst das Denkmal des von den
Spaniern ermordeten Nationalhelden Rizal in scheinbarer Eintracht neben
eine Kirche im katholisch-spanischen Kolonialstil setzen? (Puerto Princesa)

sich um den Erhalt des Volkstums kümmernde Gruppen verehren Rizal, und
einige reihen ihn gar in den Himmel christlicher Heiliger ein.
Ehrengarden bewachen das **Rizal-Monument im Rizal-Park**, wo er begra-
ben liegt. Jeder wichtige Besucher legt dort einen Kranz nieder. Sein
Geburts- (19. Juni) und Todestag (30. Dezember) sind **nationale Feiertage**.
Zahlreiche Bücher wurden über ihn geschrieben, seine Romane zu Opern
und Filmen verarbeitet. Kaum eine Konferenz über die Entwicklung des
Landes oder die filipina Kultur schließt, ohne daß ein Teilnehmer aus Rizals
Werken zitiert.
Alle anderen Nationalhelden mögen umstritten sein, José Rizal aber, seine
Ideale und sein persönliches Vorbild genießen aufrichtige **nationale**

139

Bewunderung. Rizal kennen bedeutet das Modell Philippinen verstehen. Er verkörpert die Blüte der spanischen Kolonialzeit, aber mehr noch die schönsten Träume und höchsten Erwartungen der Filipinos.

Eine kurze Biographie

Rizal wurde am 19. Juni 1861 in Calamba (Laguna) geboren. Seine Familie zählte zur lokalen Elite und besaß einige chinesische Vorfahren. Seine Mutter, eine für damalige Zeiten äußerst gebildete Frau, wurde ein Opfer der *guardia civil* und der *Alcalde*-Ungerechtigkeit. Unter Druck gestand sie in ihrer Angst ein Verbrechen, das sie nicht begangen hatte und für das sie eine Zeitlang im Gefängnis verbringen mußte. Diese Ereignisse beeindruckten den sensiblen Jungen nachhaltig. Sein älterer Bruder Paciano, ein Schüler von Bruder Burgos (einem der drei Märtyrer der *Gomburza*-Affäre aus dem Jahre 1872), lehrte ihn den **nationalen Stolz** und unterstützte ihn finanziell und moralisch während seiner Ausbildung, auch in Europa. Ihr enges brüderliches Verhältnis spricht vom Familienzusammenhalt der Filipinos.
Die Familie Rizal legte hohen Wert auf **Bildung**. Ihr Haus quoll über von den Büchern einer riesigen Privatbibliothek, was selten war zu einer Zeit, in der Mönche nur das Lesen religiöser Abhandlungen gestatteten. Das frühreife Kind wuchs zu einem glänzenden Schüler heran, besuchte Manilas Atcneo und die Universität Santo Tomas, wo Rizal Medizin, Philosophie und Literatur studierte, ein Doppelstudium absolvierte und verschiedene **Literaturpreise** gewann. Mit der Hilfe Pacianos schrieb er sich an der Universidad Central de Madrid ein und spezialisierte sich auf Augenchirurgie. Nach seinem Hochschulabschluß arbeitete er als Assistent bei zwei bedeutenden europäischen Augenchirurgen, Louis de Wecker in Paris und Otto Decker in **Heidelberg**.
Während seines Studiums in Spanien engagierte er sich mit anderen Studenten, die für Reformen auf den Philippinen eintraten, in einer Bewegung, die später als »**Propaganda-Bewegung**« bekannt wurde.
In **Berlin** schrieb er im Alter von 26 Jahren seinen **ersten Roman**, *Noli me tangere*, der als erster gesellschaftspolitischer Roman das Leben von Spaniern und Filipinos auf den Philippinen mit realistischer Genauigkeit beschrieb. Er annotierte eine erneute Ausgabe von Antonio de Morgas' *Sucesos de las islas Filipinas* aus dem Jahre 1609, um zu zeigen, mit welcher Bewunderung ein vornehmer Spanier die prähistorische Kultur der Philippinen beschrieben hatte.
Sein **zweiter Roman**, *El Filibusterismo*, sah in einer **gewaltsamen Revolution** die Lösung der philippinischen Probleme. Rizal wies aber eine solche Alternative zurück, solange das Volk weder moralisch noch kulturell auf den Aufbau einer freien Nation vorbereitet war. Er fragte: »Warum Unabhängigkeit, wenn die Sklaven von heute die Tyrannen von morgen werden?« Rizals Aktivitäten versetzten den mächtigen spanischen Klerus in Unruhe.

*Häuptling Lapu-Lapu tötete Magellan und war somit
der erste antikoloniale Freiheitskämpfer der Philippinen (Mactan / Cebu).*

Man verbot seine beiden Bücher, wobei die Dominikaner feststellten: »Das Werk *Noli me tangere* ist aus der religiösen Perspektive gesehen ketzerisch, ehrfurchtslos und skandalös, aus der politischen Perspektive antipatriotisch und subversiv, ungerecht der spanischen Regierung gegenüber …« Als Rizal die **nicht-gewaltsame Organisation** *La Liga Filipina* aufbaute, wurde er verhaftet und **nach Dapitan in Zamboanga verbannt**.

Während seiner vier Jahre in Dapitan gründete er eine Schule nach aristotelischem Vorbild, errichtete ein Krankenhaus, finanzierte mit einem Lotteriegewinn die Straßenbeleuchtung, baute ein Abwassersystem, führte neue Fischereimethoden ein, organisierte eine Kooperative, um die ökonomische Macht des lokalen chinesischen Händlers zu brechen, verfaßte Gedichte und schnitzte Statuen. Durch einen geheimen Boten ersuchte ihn **die revolutionäre Organisation** *Katipunan* um Unterstützung, die er jedoch mit dem Argument verweigerte, für einen Sieg mangele es an Gewehren. Statt dessen

141

meldete er sich freiwillig zum medizinischen Dienst im **Spanisch-Kubanischen Krieg**. Er verließ Dapitan, ohne zu ahnen, daß er bald sterben mußte. Die Organisation *Katipunan* flog auf. In Erwartung nächtlicher Verhaftungen riefen die Anführer den **Aufstand** aus. Obwohl er sich zu dieser Zeit auf dem Schiffsweg nach Kuba befand, brachte man Rizal mit dem Aufstand in Verbindung, führte ihn zurück nach Manila, wo er angeklagt, verurteilt und schließlich in Bagumbayan **öffentlich hingerichtet** wurde.

In seiner letzten Nacht verfaßte er in der Gefängniszelle ein **Abschiedsgedicht**, das er in einer Spirituslampe versteckte, die er seiner Schwester anvertraute. Rizals *Ultimo Adios* ist **das beliebteste und bekannteste Gedicht der Filipinos**. Ein jeder kann zumindest die Anfangszeilen zitieren: *Adios patria adorada ...* So starb er im Alter von nur 35 Jahren den Tod eines Märtyrers, Opfer des unterdrückenden Kolonialismus. Sein beispielhaftes, selbstloses Leben verdient wie das keines anderen Filipino Bewunderung und Respekt.

Die Zeit des bewaffneten Kampfes (1896–1913)

Der spanischen Kolonialepoche folgte eine Periode des bewaffneten Kampfes. Wie Rizal scharfsinnig vorausgesagt hatte, besaß die Geheimgesellschaft *Katipunan* nicht das militärische Organisationsvermögen und die Kraft, die Spanier endgültig zu besiegen. Ihr Anführer, **Andres Bonifacio**, verlor in Fraktionskämpfen die Macht, ein Opfer der alten **filipina Tendenz zur Aufsplitterung**. Er wurde militärisch hingerichtet – die philippinische Revolution verschlang den ersten Anführer. Die Führung übernahm General **Emilio Aguinaldo**. In dieser sackgassenähnlichen Situation, bei der sich die Kämpfer durch Verhandlungen und Manöver mit dem Ziel, die Oberhand zu gewinnen, gegenseitig selbst blockierten, intervenierten die **Vereinigten Staaten**.

Die Philippinen spielten eine entscheidende Rolle im **Spanisch-Amerikanischen Krieg**, Amerikas Debut als Kolonialmacht. Aguinaldo hatte sich – dies war Teil der Bedingungen für einen unsicheren Waffenstillstand zwischen den revolutionären Kräften und den Spaniern – nach Hongkong ins Exil begeben. Dort arbeitete er mit dem amerikanischen Konsul, Rousenville Wildman, zusammen und kehrte auf dem Schiff des US-Admirals **Dewey**, der die spanische Flotte in der Manila Bay zerstört hatte, mit Waffen versorgt auf die Philippinen zurück.

Nachdem so die Revolution wiederbelebt war, marschierte Aguinaldo nach Manila, offensichtlich ohne die **amerikanischen Kolonialpläne der USA für die Philippinen** zu kennen. Amerikanische Truppen landeten, während Aguinaldo auf dem Weg nach Manila gegen die spanischen Kolonialkräfte kämpfte. Als er Manila bedrohte, besetzten US-Truppen strategisch wichtige Positionen. Die spanische Kolonialregierung in Manila ergab sich nach einem kurzen, eingeplanten Scheingefecht lieber den Amerikanern, als sich der Rache der filipino Rebellen auszusetzen. Der spanische Kommandeur wurde später wegen seiner Teilnahme an diesem inszenierten Spiel in Spanien vor ein Kriegsgericht gestellt. Aber die Amerikaner hatten sich inzwischen Manilas bemächtigt. Nachdem sie einen Soldaten der filipina Revolutionsarmee erschossen hatten, **wandte sich der Kampf vom 400jährigen spanischen Kolonisator ab und richtete sich gegen den neuen amerikanischen Beherrscher.**

Die Amerikaner bezeichnen die nachfolgenden Kämpfe als einen »**philippinischen Aufstand**«, eine beschönigende Umschreibung ihres brutalen Krieges, der weitaus heftigere Ausmaße annahm als die filipina Revolution gegen die Spanier. Militärstatistiken verzeichnen unter den Todesopfern 16.000 »Aufständische« und 200.000 Zivilsten. Die US-Armee ging gegen die Filipinos vor, wie sie es bei den Indianern getan hatte, trieb die Zivilisten in »Zonen« zusammen, so daß alle Personen, die sich außerhalb dieser Gebiete aufhielten, als Feinde angesehen und erschossen wurden.

Auch als General Aguinaldo, der nun gegen die Amerikaner kämpfte, festgenommen wurde, schwelte der Konflikt weiter. Die verbliebenen filipino Kämpfer gingen zu einem **Guerillakrieg** über. Nach einem Erfolg der Guerillas in **Samar** gegen US-Marineeinheiten, Veteranen des Boxer-Aufstandes in China, verfolgte die US-Militärführung eine **Politik der »verbrannten Erde«.** »Ich wünsche, daß ihr verbrennt und tötet, und je mehr ihr verbrennt und tötet, desto mehr wird es mich befriedigen«, so lautete der Befehl des Brigadegenerals Jacob H. Smith, der nach seinen eigenen Worten Samar in eine »gewaltige Einöde« verwandelt sehen wollte.

Die militärische Eroberung endete nicht mit der Niederlage der Revolutionskräfte, da die Muslime im Süden den bewaffneten Widerstand fortsetzten. Das amerikanische Militär entwickelte ein 45mm-Geschoß speziell für den Einsatz gegen angreifende *moros*, die nicht mit einfachen Gewehrkugeln niedergemacht werden konnten. **Erst 1913 wurden die Muslime endgültig militärisch unterworfen.**

Nach dem Ende des bewaffneten Kampfes **fand das erwachte Nationalgefühl der Filipinos anderweitig Niederschlag.** Filipino Schriftsteller benutzten das spanische *zarzuela*, um Musikspiele aufzuführen, die das Gemeinschaftsgefühl der Filipinos weckten. Die Zuschauer reagierten auf verborgene Andeutungen, Symbole für die unterdrückte Nation, indem sie sich erhoben und Beifall spendeten. Die Amerikaner antworteten darauf mit Razzien in den Theatern und Verhaftungen von Schriftstellern, die solche »aufrührerischen« Stücke schrieben.

Die amerikanische Herrschaft (1900–1941)

Die brutale Gewalt des bewaffneten Kampfes hinterließ bei den unterworfenen Filipinos eine tiefe **Sehnsucht nach Frieden.** Hier machten die Amerikaner einiges wett, indem sie umgehend die **Bürgerrechte** einführten. Cho-

143

lera, Ruhr, Typhus und Pocken hatten der Bevölkerung unablässig zu schaffen gemacht; durch die Zustände während des Krieges hatten Epidemien ein beängstigendes Ausmaß erreicht. Die Amerikaner führten ein öffentliches **Gesundheitswesen**, Vorläufer des heutigen Systems, ein. **Öffentliche Schulen** wurden errichtet, und amerikanische Freiwillige unterrichteten Lesen, Schreiben und Rechnen, wobei die **neue Kolonialsprache Englisch** zur **Unterrichtssprache** wurde.

Ein Journalismus amerikanischen Stils erweckte erste Vorstellungen von einer freien Presse. Allmählich wurde ein **politisches System** eingeführt, wobei die amerikanischen Verwalter die jungen Führer persönlich auswählten. Binnen vierzig Jahren war eine Generation von Filipinos entstanden, die Englisch sprach und eine verstärkte **Amerikanisierung** wünschte. In den 1920er Jahren schrieben filipino Schriftsteller bereits Kurzgeschichten in englischer Sprache, und schon vor dem II. Weltkrieg hatte Carlos Romulo den Pulitzerpreis gewonnen.

Die amerikanisch ausgebildete, englischsprechende Generation verband nichts mehr mit der älteren, spanischsprechenden *Illustrado*-**Generation.** Zwischen ihnen war eine tiefe Kluft entstanden. Diese »neue« Generation kannte die Zeit des bewaffneten Kampfes nicht und interessierte sich auch nicht dafür. Die Schriftsteller, die noch in spanischer Sprache geschrieben hatten, konnten ihr in Jahrhunderten angesammeltes Erbe nun nicht an die nachfolgende Generation weitergeben.

Aguinaldos rechte Hand, General **Artemio Ricarte**, der sich den Amerikanern nie ergeben hatte, zog das Exil in Japan vor, kehrte mit der japanischen Armee im II. Weltkrieg zurück und mußte feststellen, daß die amerikanisch ausgebildete Generation sich mit den Besatzern arrangiert hatte und den Japanern entschlossenen Widerstand entgegensetzte. Ricarte, der als Befreier auftreten wollte, sah sich statt dessen als Verräter angeklagt.

Die amerikanische Periode bedeutete die **kulturelle Vernichtung der gesamten Generation von filipino** *illustrados*, als diese gerade in ihrer vollen Blüte stand. Die amerikanische Vormundschaft erzeugte Kinder ohne Väter. Die *Illustrado*-Generation zog sich in die Schatten ihrer Kolonialhäuser zurück und entschwand mit der Zeit von der Bildfläche, so wie ihre Ideen und Verhaltensweisen ignoriert und vergessen wurden von einer Generation, die geradezu überschwenglich alles Amerikanische liebte und die spanische Sprache ihrer Eltern weder lesen noch sprechen konnte.

II. Weltkrieg und japanischer Einfluß

Obwohl die **japanische Besatzung im II. Weltkrieg** nur drei Jahre währte, übte sie starken Einfluß aus, da die Japaner, von der Amerikanisierung der Gesellschaft entsetzt, die **asiatischen Wurzeln** auszugraben versuchten. Sie führten eine offizielle, auf dem Tagalog basierende **Nationalsprache** ein. Vor allem aber deckte der erste militärische Sieg der Japaner die Verwund-

Die japanische Krake umfängt gesamt Südostasien.
(Niederländisches Plakat, 1944)

barkeit der Amerikaner auf. Und er enthüllte zudem, daß das Interesse der
Amerikaner an den Philippinen ihnen keine grundsätzliche Verpflichtung
bedeutete und auch nicht auf das Land selbst bezogen war, wie die Filipinos
geglaubt hatten. **Der Nationalismus erwachte von neuem.**
Bei ihrer Rückkehr 1945 erkannten die Amerikaner zwar formell die **Unabhängigkeit der Philippinen** an, entließen jedoch das Land nie aus ihrem
Griff. Die neue philippinische Verfassung gestand den Amerikanern
paritätische Rechte zu, und die **US-Militärbasen** erhielten Pachtverträge

über 99 Jahre mit dem Recht der Einmischung in jede die nationale Sicherheit bedrohende Situation.

Als die Amerikaner als Befreier wiederkehrten, begrüßte die Bevölkerung sie nach der Mißhandlung durch die Japaner mit Dankbarkeit. An alte Herrschaftsstrategien anknüpfend, setzten die US-Administratoren erneut von ihnen ausgesuchte Führer an die Schaltstellen der Macht. General **MacArthur** erwählte seinen früheren Stabs-Brigadegeneral **Manuel Roxas**, der unglücklicherweise aber auch dem japanischen Besatzungsregime gedient hatte und dem so der Makel der **Kollaboration** anhaftete. Das Thema der Kollaboration während des Krieges wurde jedoch hastig unter den Teppich gekehrt, Roxas gewann die Wahlen und wurde zum **ersten Präsidenten der neuen Republik** gekürt.

Die USA stellten auch **Reparationszahlungen** für anerkannte Guerillas zur Verfügung, eine Goldgrube, bei der man leider versäumte, zwischen tatsächlichen Patrioten und Opportunisten zu unterscheiden. Das Vermengen von Helden und Halunken, Patrioten und Kollaborateuren kennzeichnete so die Nachkriegsjahre. Die Ausbreitung einer **Widerstandsbewegung mit kommunistischen Zielsetzungen**, die während des Krieges Fuß gefaßt hatte und die die Amerikaner nun zerschlagen wollten, verwickelte die Situation noch mehr. Die Bewegung ging in den **Untergrund** und besteht in Teilen des Archipels heute noch als die *Neue Volksarmee (New People's Army)*.

Die Nachkriegsjahre

Zynismus und **Desillusion** bestimmten die Nachkriegsjahre. Die bürgerliche Regierung führte ein **Zwei-Parteien-System mit freien Wahlen**, geschneidert nach amerikanischem Modell, ein. Aber das filipino **Verwandtschaftssystem und Gruppenrivalitäten bestimmten die Wahlen mehr als politische Ideale**. Protektion und *utang na loob*, weit weniger Regierungsprogramme oder politische Meinungen, entschieden über Führungspositionen und Stimmen. Einzig die Massenmedien boten die Möglichkeit, Beschwerden und Forderungen öffentlich zum Ausdruck zu bringen, und schon bald trugen die Jugend, die Arbeiter, die Frauen, jeder, der ein Anliegen hatte, die Politik auf die Straßen.

Um die gesellschaftliche Bewegung zu verhindern und seiner Familie Pfründe in Millionenhöhe zu sichern, nutzte **Marcos** schließlich 1972 seine Macht aus und verhängte den **Ausnahmezustand**, übernahm die militärische Kontrolle über die Nation, schränkte die Rechte des Parlaments ein, zensierte die Medien und drückte der Herrschaft seinen Stempel auf. Erst im Februar 1986 wurde er nach einer erneut manipulierten Wahl, als er auch die Unterstützung der USA verloren hatte, gestürzt. Die Frau des vom Militär ermordeten Oppositionsführers, **Corazon Aquino**, wurde zur Präsidentin ernannt. Das Erbe des II. Weltkrieges und der ersten beiden Nachkriegsjahrzehnte zeichneten Gewalt, Bestechung und Korruption, Zynismus und Pragmatis-

*Dieses symbolhafte geschichtliche Wandgemälde im Rathaus von Manila
zeigt unter anderem die Vereidigung des ersten philippinischen Präsidenten
Manuel L. Quezon im Jahre 1935.*

mus, die eine **Konsumgesellschaft** mit nur wenigen ideellen Werten entstehen ließen. Während andere Länder der Region wie Phönixe aus der Asche des II. Weltkrieges aufstiegen, konnten sich die Philippinen nie von den Nachwirkungen dieser Weltzerstörung befreien.

Am Ende der Dekade, als in anderen Ländern bereits die Wunden des Krieges heilten, befanden sich die Philippinen immer noch in derselben Verfassung wie an jenem Tage, als die Japaner und die GIs ihre kriegerischen Tätigkeiten in der Region beendeten.

Und die Notbehelfe der »Befreiungstage« (das *barong-barong*, der Jeepney, die Pontonbrücke, das Quonset-Büro und das Theater) waren nicht im Verlauf der Rückkehr zur Normalität wieder verschwunden, sondern wurden im Gegenteil selbst zur Normalität. Es gab keine Rückkehr zur früheren Normalität aus dem einfachen Grunde, weil »Anomalität« zum filipino *way of life* geworden war.

Der Filipino als Produkt seiner Geschichte

Die Geschichte formt den Charakter einer Nation. Das reiche Erbe der Filipinos beweist ihre Schaffenskraft und positiven Qualitäten, die keinen Zweifel daran lassen, daß die Menschen auf lange Sicht die Deformationen überwinden werden. Auf kurze Sicht vermag die Geschichte uns die **gegenwärtige Werteverwirrung** zu erklären. Die weniger schöne Seite, die dem Fremden heute auf den Philippinen begegnet, entstand während zweier kolonialer Phasen, in denen die aus dem Land selbst erstandenen und mit ihm verwachsenen Führer, die natürliche Ernte idealistischer, prinzipiengeleiteter Filipinos, zum Zwecke pragmatischer, kolonialer Ausbeutung brutal vernichtet wurden.

Die Filipinos sind sich selbst oftmals nicht einig, welche Werte und Tugenden, welches Verhalten und welche Etikette heute Gültigkeit besitzen. Gelehrte und Künstler suchen in der Vergangenheit, in den Ecken und Winkeln des Archipels – und in ihren Herzen – nach der filipina Identität. Man kann stolz auf eine Reihe von schönen und wertvollen Dingen hinweisen. **Deshalb sollten Sie, wenn Sie das Land besuchen und neben den schönen auch die weniger angenehmen Seiten entdecken, beide Seiten zu verstehen suchen.** Dies lindert auch Ihren Kulturschock.

Denn die Gegenwart ist eine **Übergangsphase**, in der die Filipinos nach einem geeigneten Weg suchen aus einer Situation, die entstand durch das gewaltsame Eindringen verschiedener Kulturen und die Grausamkeit der Periode der bewaffneten Auseinandersetzung, von der sich die Nation bis heute nicht erholt und mit der sie sich nie ausgesöhnt hat.

Filipino Lebenszyklus

Machismo purissimo filipino

Aus dem Leben eines Ausländers auf den Philippinen gegriffen: Ein blonder, blauäugiger Europäer besucht ein *barrio* und stellt überrascht fest, daß schwangere Frauen ihn überaus interessiert zur Kenntnis nehmen, einige ihn sogar kichernd berühren. Er sollte sich nun keinewegs als Sexsymbol empfinden oder meinen, frau mache sich über ihn lustig. Filipinos glauben vielmehr, die **pränatalen Wünsche und Sehnsüchte der Mutter könnten die physischen Eigenschaften des Kindes beeinflussen.** Und viele Mütter wünschen sich ein Kind mit heller Haut.

Eine andere Situation: In der Familie Ihres filipino Freundes ist jemand gestorben. Als Sie einen Kondolenzbesuch abstatten, erscheint Ihnen der Raum, in dem am Totenbett Wache gehalten wird, wie ein munterer Bienenkorb: Speisen werden serviert, einige Leute spielen sogar lärmend Karten. Es handelt sich hier aber weder um Respektlosigkeit gegenüber dem Verstorbenen noch um eine Überraschungsparty; was Sie beobachten, findet bei einem jeden Familientreffen statt. **Betriebsamkeit ist eine Form, Anteilnahme und Trauer auszudrücken**, und soll den nahen Verwandten helfen, nicht den Mut zu verlieren.

Kindheit

Beeinflussung des Kindes im Mutterleib

Die Geburtsriten sind eine Mischung aus westlichen Einflüssen und traditionellen Vorstellungen. *Lihi*, **jene unergründlichen Gelüste, die schwangere Frauen zuweilen entwickeln, formen das Kind angeblich schon im Mutterleib.** Manche werdende Mütter werden urplötzlich von dem starken, unerklärlichen Verlangen überfallen, mitten in der Nacht grüne Mangos zu essen; der liebende Ehemann ist dann dazu verdammt, den Wunsch seiner Frau als Befehl aufzufassen, dem Taifun-Regen zu trotzen und sich in Nachbars Garten nach dem justamenten Objekt der Begierde seiner Liebsten umzusehen.

Man sagt, die physischen Eigenschaften des Objekts solcher Wahnvorstellungen übertrügen sich auf Aussehen und Temperament des Kindes. (Und Sie werden sich nun fragen, ob es tatsächlich Frauen gibt, die sich grüne Kinder mit der Figur einer Mango wünschen. Wer weiß, vielleicht liegt hier die Erklärung für die kleinen grünen Marsmännchen …)

In ländlichen Gebieten vergräbt man nach der Geburt den Mutterkuchen in der Erde unter dem Haus; in der Stadt kümmert man sich vornehmlich um die gesundheitlichen Vorsorgemaßnahmen beim Neugeborenen. Die **Taufe** gilt als die erste Zeremonie im Leben eines Menschen. Er wird in die katholische Gemeinschaft aufgenommen, erhält offiziell seinen christlichen Namen, einen *ninong* (Patenonkel) und eine *ninang* (Patentante).

Von der Zeit der Empfängnis über die Geburt bis zur frühen Kindheit versuchen die Eltern Charakter und Temperament des Kindes zu beeinflussen. Die Nachsicht, die der Ehemann selbst den ausgefallensten Neigungen seiner Frau entgegenbringt, entspringt seiner väterlichen Sorge. Das *lihi* der Mutter kann sich natürlich nicht nur in Gelüsten, sondern auch in merkwürdigen Aversionen ausdrücken – sogar gegen ihren Ehemann, und auch dies soll angeblich die Persönlichkeit des Kindes beeinflussen. Werdende Mütter, die sich ihren Ehemännern gegenüber sonderbar benehmen und Phobien gegen Eigenarten und Wesenszüge ihrer Männer an den Tag legen, werden, so sagt der Volksmund, ein Kind gebären, das ganz nach dem Vater gerät.

Auch Glaubensweisen und Bräuche wie das **Vergraben des Mutterkuchens** oder **Verstecken der Nabelschnur** auf einem Dachbalken sollen über die Zukunft des Kindes bestimmen. Wird der Mutterkuchen in einen Bach geworfen, so wird aus dem Kind ein Wanderer; vergräbt man mit ihm eine Zeitung und einen Bleistift, so wird das Kind zu einem Intellektuellen heranwachsen – und Sie können nun rätseln, was bei Ihnen möglicherweise vergessen wurde.

Ein filipino Kind ist niemals allein,
immer umgeben von Familie, Gruppe und Freunden.

Das filipino Kind: Von der Gruppe umgeben

In ländlichen Gegenden werden die Kinder zu Hause geboren. Die ganze Familie nimmt an dem Ereignis teil. Nicht allein die Mutter kümmert sich um das Kind, desgleichen auch der Vater, die Großeltern, Onkel und Tanten und älteren Geschwister. Es selbst wiederum lernt von Anfang an, sich um seine jüngeren Geschwister zu kümmern. Als Ergebnis dieser Erziehung **ist sich das Kind seiner selbst immer nur in der Beziehung zu anderen bewußt.**

In traditioneller Umgebung ist, im Gegensatz zu einem westlichen Kind, ein filipino Kind niemals allein. Stets umgeben von Geschwistern und im Haus wohnenden Verwandten, macht es vielleicht nach Jahren erstmals die Erfahrung, sich außer Sichtweite der vertrauten Kontaktpersonen zu befinden. Es wird viel getragen, herumgereicht und körperlich berührt; viele schlafen in ihrem ganzen Leben niemals allein in einem Bett. Durch den unablässigen Kontakt zu anderen entwickelt es vielerlei Techniken des Umgangs mit Streßsituationen, die unausweichlich auftreten. Weil die Aktivitäten seiner nahen Umgebung so grundlegend wichtig sind, **formen die Beziehungen zu anderen seine Persönlichkeit.**

151

Ein **westliches Kind** dagegen wird meist nicht zu Hause, sondern in unpersönlicher Umgebung geboren, nicht im Beisein von Verwandten und Geschwistern. In den ersten Tagen sieht nur die Kernfamilie das Kind. Füttern, Wickeln und Körperpflege obliegen meist der Mutter. In der Regel teilt sie die Aufgaben der Kindererziehung nicht mit Verwandten, mitunter nicht einmal mit dem Ehemann. Manche Pädogen erkennen in dieser Konzentration auf die Mutter die Ursache für Rivalitäten zwischen Säugling und Geschwistern. Das westliche Kind wird zur Unabhängigkeit erzogen. Streitigkeiten sind gesellschaftlich akzeptiert. Man ermuntert das Kind, Meinungen und Wünsche zu äußern und seine individuelle Persönlichkeit zu entfalten, selbst wenn es damit bei Nachbarn und Freunden Anstoß erregt. Man lenkt seine Aufmerksamkeit auf die jeweilige Altersgruppe; nur selten geht es mit Älteren oder Jüngeren um. Es soll eigene Interessen entwickeln und sich auf die eigenen Fähigkeiten verlassen. So sucht es die Hilfe der Familie nur, wenn es keinen anderen Ausweg sieht.

Necken als soziales Kontrollmittel

Durch das Necken seitens Älterer und anderer Kinder lernt das filipino Kind seine Grenzen kennen und mit seinen Schwächen umzugehen. Und es lernt auf diese Weise auch, anderen zu widersprechen und die eigenen Interessen zu verteidigen. Es kann seine Aggression und Respektlosigkeit verkleiden, indem es vorgibt, lediglich einen Scherz zu treiben. Der gutmütige Spott der anderen hält es im Zaum, weckt das Feingefühl für seine Selbstachtung und damit das Gefühl für *hiya* und *amor-propio*. Und auch später, im Erwachsenenalter, **bietet Necken die Möglichkeit, ansonsten unannehmbare Dinge auszudrücken, sich und andere zu kontrollieren und die Reaktionen des Gegenübers auf die Probe zu stellen und einzuschätzen.** Sticheleien enthüllen die Denkweisen und Standpunkte des Kindes oder der Eltern, ohne heikle Themen offen diskutieren zu müssen.

Eingebettet in das geschlossene Universum der Verwandtschaftsbeziehungen, wird das Kind nicht daraufhin erzogen, für sich selbst zu sorgen und seine eigenen Möglichkeiten zu entwickeln. **Gegenseitige Abhängigkeit bestimmt den Rhythmus seines Lebens.** »Hast du deine Bedürfnisse, so haben andere sie auch, und diese sind ebenso wichtig«, diesen Hinweis hört ein filipino Kind wieder und wieder. Je größer die Familie und Verwandtschaft, desto heftiger widersprechen einander die Wünsche und desto mehr muß sich der einzelne bescheiden und mit den anderen arrangieren. Oft genug muß er nachgeben, so wie auch die anderen ihm nachgeben müssen. Er entwickelt besonders **feine Fühler für die Stimmungen und unausgesprochenen Meinungen anderer Menschen.**

Das Geschlecht des Kindes spielt bei der Kindererziehung kaum eine Rolle. Anders als die deutsche Sprache, die mit den Pronomen »er« und »sie« genau das Geschlecht bezeichnet, verwendet das Tagalog ein geschlechtsneutrales Pronomen. Filipina Familien begreifen sich bilateral, also ist die Familie der Mutter ebenso wichtig wie jene des Vaters. Und viele Frauen erreichen Positionen, die Reichtum und Macht bedeuten. Über frühkindliche sexuelle Neugier wird gewöhnlich mit dem Argument hinweggegangen, das Kind sei dafür noch zu klein. Doch wird man ihm nie das Gefühl geben, **Sexualität** sei etwas Schlechtes oder Falsches. Allmählich und spielerisch übernehmen die Kinder geschlechtsspezifische Rollen.

Jugend

Beschneidung

Ein Junge trägt erstmals lange Hosen, wenn er in die **Pubertät** kommt. Meist wird er dann beschnitten. **Die Beschneidung wird allerdings nicht mit einer Familienzeremonie gefeiert.** Der Knabe begibt sich mit seinen Freunden zu jemandem im *barrio* oder in der Nachbarschaft, der dafür bekannt ist, daß er diese Angelegenheit »erledigt« – oft ist es der lokale Friseur. Die Prozedur, bei der durchaus das Rasiermesser oder ein scharfes *bolo* benutzt wird, findet ohne Zuschauer statt. Der Junge legt gekochte Guavablätter auf die Wunde, um den Heilungsprozeß zu beschleunigen. Durch »Mund-zu-Mund-Propaganda« erfahren die älteren Familienmitglieder von der Beschneidung, doch man verliert darüber nicht viele Worte. In den großen Städten nehmen heute meist Ärzte bereits bei der Geburt oder einige Tage später den Eingriff vor.

So wird aus dem Knaben ein Mann. Seine Altersgenossen klären ihn, mehr oder minder, sexuell auf. Die Beschneidung hat weder religiöse Bedeutung, noch ist sie ein Familienritual. Man sieht in ihr vielmehr eine persönliche Entscheidung des Jungen. Von nun an intensiviert er seine Kontakte zu männlichen Altersgenossen. Die Beschneidung ist ein **Akt der Männlichkeitswerdung**, und mit dem abwertenden Begriff *supot* stellen Filipinos die Männlichkeit Unbeschnittener in Frage.

Weibliche Pubertät

Auch die erste Menstruation eines Mädchens wird **nicht von Zeremonien begleitet**, sondern lediglich von Ratschlägen der Mutter oder älteren Schwestern, die sich meist auf die Hygiene beschränken. Man lehrt das Mädchen nun, wieder auf neckende Weise, Bescheidenheit und feminines Benehmen, etwa die angemessene Beinhaltung beim Sitzen, auch Schminktechniken und Modebewußtsein. Es kann jetzt bei einer *Flores-de-mayo*-Prozession zur *reina* erwählt und so auf seine Rolle in der Gesellschaft, die Schönheit und Anmut wertschätzt, vorbereitet werden.

Jugendliche

Die Eltern klären, falls überhaupt, ihre Kinder nur sehr zurückhaltend sexuell auf. Die jungen Leute sind hier auf sich selbst gestellt; einiges erfahren sie aus Witzen und Gesprächen mit ihren Altersgenossen. Sie tauschen Informationen über Sex und Flirt aus und tratschen über Liebeleien. Diese **»Aufklärung« über das andere Geschlecht** geht einher mit der **Ausweitung der Freundesgruppe der Jugendlichen**. Der junge Mann *(binata)* oder die junge Frau *(dalaga)* erweitert den Kreis um gleichaltrige Freunde desselben Geschlechts. *Barkada* nennt man in den großen Städten die Mitglieder solcher Freundeskreise. In diesen Gruppen bewegen sich die Jugendlichen bis zu ihrer Heirat.

Die Schule konfrontiert die Jugend mit einer ganz anderen Welt. Hier lernen sie Dinge kennen, mit denen die Eltern nur wenig vertraut sind. Schulbildung bietet die Möglichkeit, sozial aufzusteigen und ein besseres Leben zu führen als die Eltern. Die **Schule ist eine Welt außerhalb der Verwandtschaftsgruppe**, und die Jugendlichen knüpfen hier ihre eigenen Freundschaften.

Andere kleinere Meilensteine kennzeichnen den Weg eines Filipino: die **Erste Kommunion** und, ebenso wichtig, die **Firmung**, bei der die Paten wieder eine Rolle spielen. Auch der erfolgreiche **Abschluß von Grund- und Sekundarschule sowie Universität** wird gefeiert. Manche klagen über die ausufernden Kosten solcher Feiern, andere wünschen noch mehr und aufwendigere Feste (sogar eines zur Feier des »Kindergartenabschlusses«). Wenn sich die jungen Mädchen von der Larve zum Schmetterling entpuppen, dann besteht ihr Ehrgeiz oft darin, von den Jungen umschwärmt, zur Klassenmuse, Schönheitskönigin eines Clubs oder Schulballs gewählt zu werden. Die Jungen wiederum kultivieren Männlichkeit im Kreise ihrer Kameraden und versuchen, auch bei den Mädchen Anklang zu finden. In begüterten Kreisen gilt ein Mädchen mit 18 Jahren als heiratsfähig und wird auf einem Debütantinnenball in die Gesellschaft eingeführt. **Tanzen** ist bei den Filipinos überaus beliebt; viele verbringen zahllose Stunden, um Tanzen zu lernen und sich für gesellschaftliche Anlässe zu wappnen. Die jungen Frauen und Männer lernen sich bei derartigen gesellschaftlichen Ereignissen kennen, und auch die ersten zaghaften Annäherungsversuche finden statt. **Verabredungen** schließen mindestens vier Personen ein und sind nur äußerst selten ein Stelldichein zu zweit.

Heiratsanträge

Eine Ehe entspringt der persönlichen Entscheidung des jungen Mannes und der Frau, doch wegen der engen verwandtschaftlichen Bindungen versuchen Eltern und Verwandte oft ein Wörtchen mitzureden. Es ist üblich, daß der

154

Die Familie empfängt einen Freier,
der seiner Liebsten in Begleitung von Freunden einen Besuch abstattet.

Mann, ehe er der Umworbenen offiziell den Hof macht, die **Zustimmung ihrer Eltern** bei einem »Antrittsbesuch« *(umaakyat ng bahay)* einholt.
Zwar werden Liebeleien, die sich nicht an diese Förmlichkeiten halten, geduldet, doch ziehen sehr viele die konventionelle Vorgangsweise vor, die die Familie stark einbezieht. Denn **eine filipina Ehe bindet nicht nur einen Mann und eine Frau zusammen**: Die Familien beider Seiten entwickeln enge Beziehungen, besonders nach der Geburt des ersten Kindes, und auch die *Compadrazco*-Zeremonie verschweißt durch Rituale beide Familien.
Nimmt eine junge Frau einen **Heiratsantrag** an, so hält der Mann offiziell um ihre Hand an, eine Formalität, die den Besuch seiner Eltern bei den Eltern der Braut verlangt. Dabei spielen die Verlobten nur mehr die Rolle

von Zuhörern. Die **Pläne für die Hochzeit** werden diskutiert, und dies ist eine höchst kitzelige Angelegenheit, da sich ihr beide Seiten mit Haut und Haar hingeben werden – und die Familien vollkommen gegensätzliche Vorstellungen über die Hochzeitsfeier hegen können. Es hängt allein von der Großzügigkeit der beiden Elternpaare ab, wie weit die Wünsche der Brautleute beherzigt werden.

Die **Kosten der Hochzeit** gehen zu Lasten der Familie des Bräutigams, so daß vornehmlich deren Anregungen die Gestaltung des Festes bestimmen (die selbstverständlich oft von den finanziellen Möglichkeiten geprägt sind). Man einigt sich auf die Zahl der Gäste, den Ort, die Unterstützer und Paten usw., wobei gelegentlich auch Vorschläge des Brautpaars gehört werden. Es ist wichtig, daß schon bei diesem ersten Zusammentreffen **beide Familien gut miteinander auskommen**.

In den gesellschaftlich **privilegierten Kreisen** überreicht dann der künftige Bräutigam seiner Braut einen Ring (unweigerlich werden etliche »Experten« hitzig über Größe und Qualität des Edelsteins diskutieren). Hiermit ist das Paar offiziell **verlobt**. Bis zur Hochzeit soll mindestens eine Frist von einigen Tagen, oft aber eine weitaus längere Zeitspanne verstreichen.

Die Familie der Braut lädt zu einem Essen, *despedida de soltera* (Verabschiedung der Mädchenzeit) genannt, während ihre Freundinnen eine »Brautdusche« veranstalten.

Die **auf spanische Bräuche zurückgehende** *despedida de soltera* bietet den Familien des Paares Gelegenheit, einander kennenzulernen; der junge Mann wird der Familie der Frau vorgestellt, die Verlobte wiederum jener des Mannes.

Die **»Brautdusche« ist aus den USA übernommen**, eine reine Frauenangelegenheit, bei der ihre Freundinnen der Braut ein kleines Geschenk von praktischem Nutzen übergeben. Nach der Geburt des Kindes treffen sich mitunter dieselben Freundinnen erneut zu einer »Babydusche« genannten Feier, bei der sie das Neugeborene mit Geschenken und Zärtlichkeiten überhäufen.

Will ein Paar gegen der Willen der Familien heiraten, so brennt es durch; dies ist eine durchaus übliche Lösung. Die beiden ergreifen die Flucht, heiraten in aller Stille und suchen dann bei einem wohlgesonnenen Verwandten oder Freund Unterkunft. Dieser tritt später als **Vermittler** auf und versucht, die Wogen der Erregung zu glätten. Meist reagieren Eltern auf solchen Eigensinn mit dem Entzug der Unterstützung. Neutrale Parteien, der ältere Bruder, Tanten, Onkel oder alte Freunde, versuchen dann ein Wort einzulegen, damit die Eltern dem Paar vergeben und die Angelegenheit begraben. Lassen sich die Eltern dennoch nicht besänftigen, so besucht das Paar sie mit dem Erstgeborenen, um formell um Vergebung zu bitten und den Familienfrieden wiederherzustellen. Meist schmilzt der elterliche Zorn beim Anblick des Enkelchens dahin – und alsbald ist die Welt wieder in Ordnung.

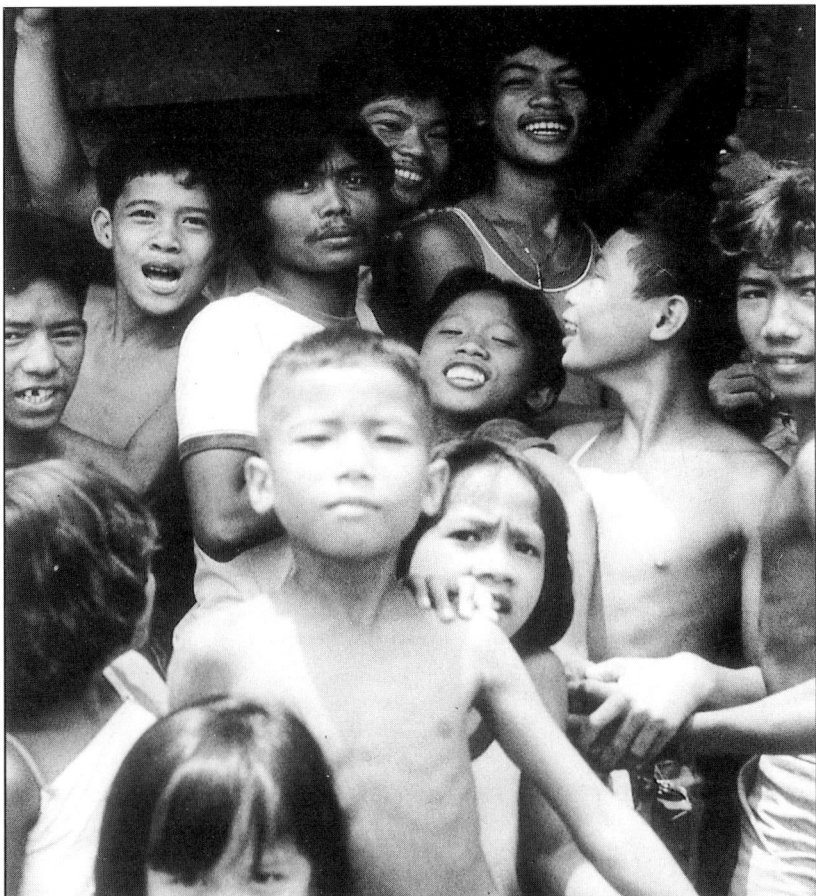

*Für kinderlose Paare empfinden Filipinos tiefes Mitleid. Die »Ausgeburt«
dieser Einstellung zeigt sich in einer solchen Rasselbande (Tondo, Manila).*

Eheleben

Auch heute noch leben viele Jungverheiratete für einige Zeit, zumindest für
ein Jahr, bei den Eltern von einem der beiden, ehe sie sich selbst einrichten.
Oft führt die **Ablösung von den Eltern** zu einer Krise der Beziehung zwischen Eltern und Kind, denn **filipino Eltern entlassen die Kinder nur
äußerst ungern aus ihren Fittichen.** Viele sehen in dem Wunsch ihrer ver-

157

heirateten Kinder, allein zu leben, ein Zeichen von Unzufriedenheit und gestörten harmonischen Verwandtschaftsbeziehungen.

Heute wollen sogar manche **Junggesellen** nicht mehr im Elternhaus leben. Dies war in der Vergangenheit nahezu unbekannt; die Gemeinschaft hätte einen solchen Entschluß als Ergebnis von Familienzwistigkeiten ausgelegt. Und natürlich verbietet *hiya*, diesen Eindruck, selbst wenn er zutreffen sollte, zu erwecken. In Manila wohnen die verheirateten jungen Paare oft in einem eigenen Haus auf dem Grundstück der Familie, wodurch sich die Zusammengehörigkeit der Familie auch nach der Heirat erhält.

Zu guter Letzt jedoch ist das Paar auf eigene Füße gestellt. Der **Einzug in ein neues Heim** ist ein wichtiger Neubeginn. Die frischgebackenen Hausbewohner veranstalten eine **Haussegnungs- oder Einweihungsfeier**. Oft segnet ein Priester das Haus, und mitunter wirft ein älterer Gast eine Handvoll Goldmünzen als Glücksbringer in die Luft. Danach folgt ein Festschmaus. Bei einem Neubau werden Silbermünzen in die Hauptstützpfeiler eingearbeitet, und die Hausbesitzer überprüfen, ob die Anzahl der Treppenstufen auch nicht durch drei teilbar ist. Der Besitzer zählt die Stufen: *Oro, plata, mata, oro, plata, mata* (»Gold, Silber, Tod …«). Natürlich wäre es ein schlechtes Omen, mit *mata* enden zu müssen. In ländlichen Gegenden wird als erster Gegenstand ein Topf mit Reis ins Haus getragen. All diese Zeremonien sollen dem jungen Paar, das jetzt seine eigene Kleinfamilie in den eigenen vier Wänden gründet, Glück und Wohlstand bringen.

Hauseinweihung

Beim **Einzug in ein neues Haus** findet eine Hausweihung statt. Filipinos glauben, es sei nicht gut, in einem Haus zu leben, das nicht unter den Augen von Freunden, die ihnen Wohlstand wünschen, gesegnet worden ist. Man **lädt Freunde und Verwandte ein**. Zunächst wird eine religiöse Zeremonie abgehalten. Es werden Gebete gesprochen, und ein Priester versprengt Weihwasser in den Ecken des Hauses. Wichtige Gäste halten Kerzen, die der Hausherr bereitstellt. Der Weihung folgt das **Festessen**.

Niemand erwartet, daß die Gäste etwas mitbringen – außer kräftigen Appetit. Einige enge Freunde mögen vielleicht dennoch **Kleinigkeiten für die Einrichtung schenken**. Manchmal wird ein Herz-Jesu-Bild oder das Bild des Familienheiligen in einen Schrein geschlossen.

Kindersegen

Für kinderlose Paare empfinden Filipinos tiefes Mitleid. Sie überhäufen sie mit allen erdenklichen Ratschlägen, führen ihnen persönlich bekannte Fälle von Paaren an, die nach langer Kinderlosigkeit doch noch glückliche

Eltern wurden, verweisen sie auf medizinische Theorien und die Namen berühmter Spezialisten, empfehlen Wallfahrten zu bestimmten Heiligen oder gar die aktive Teilnahme an der Fiesta von Obando, bei ein uralter Fruchtbarkeitstanz in katholizierter Form vor der Statue des hl. Pascual Baylon aufgeführt wird.

Die **Mutterrolle** gilt als die erfüllendste Rolle einer Filipina. An diesem Punkt wird der filipino Lebenszyklus eindeutig matriarchalisch. Kinder gelten als die bindende Kraft, die die Familie zusammenhält. Die Mutter nimmt die Kinderaufsicht und die Verwaltung des Haushalts in die Hand. Sie bemuttert den Ehemann und überwacht die Haushaltskasse.

Der Vater übernimmt die Rolle des auswärtigen Brotverdieners. Und jetzt wird so mancher Mann zum »Streuner«.

Die filipina Ethik läßt außereheliche Aktivitäten des Mannes weitgehend zu, während sie bei Ehefrauen bereits die leisesten Anzeichen von Untreue scharf verurteilt. Schließlich ist sie das Symbol der Mütterlichkeit. (Und Sie werden sich nun fragen, woher die an den Seitensprüngen beteiligten Frauen kommen.)

Erfolge: Die Verwandtschaft nimmt teil

Die neue Kernfamilie sucht nach materieller Sicherheit und Anerkennung seitens der Gemeinschaft. Oft hat die Ehefrau freie Hand, eigene unternehmerische Fähigkeiten zu entwickeln. Sie gilt grundsätzlich als wichtige zusätzliche Verdienerin. **Materieller Erfolg und Wohlstand werden jedoch nur anerkannt, wenn sie mit wachsendem Ansehen in der Gemeinschaft einhergehen**, andernfalls bleibt der Erfolg unvollständig. Also versucht die Familie während des ganzen Lebens, Erfolge und positive Überraschungen durch Einladungen oder Feste mit Verwandten und Freunden zu teilen. Eine Beförderung, ein Lotteriegewinn, eine hohe berufliche Auszeichnung oder der Sieg bei einem Schönheitswettbewerb, all dies sind Anlässe für ein Fest, um alle an der Familienehre und dem glücklichen Moment teilhaben zu lassen.

Andere **Gelegenheiten für Festivitäten** sind Geburtstage (vor allem der 40. und 50.) und Hochzeitstage (der 1., 10. und 20., der 25. als Silber-, 50. als Goldene und 60. als Diamantene Hochzeit). Silber- und Goldene Hochzeit werden häufig mit einer Erneuerung des Ehegelübdes begangen.

Alter

Im Alter ist der Filipino in die **Wärme und Geborgenheit der Drei- bis Viergenerationenfamilie** eingebettet. Geburtstage werden stets im Kreise der gesamten Familie gefeiert. Auch andere Anlässe, etwa Hochzeitstage, Schulabgänge und Taufen, bringen die Familie zusammen, ebenso aber Zeiten der Krise wie Krankheiten und Todesfälle.

Altersheime kennt man auf den Philippinen nicht; die **Kinder sehen es als ihre Pflicht an, für die Eltern im Alter zu sorgen.** Ältere Menschen werden allzeit respektiert und verlieren nie die Zuneigung der Jüngeren, und oft suchen die Enkel in persönlichen Angelegenheiten bei den Großeltern Rat.

Tod

Die Lebensriten enden im **christlichen Begräbnis** auf dem Friedhof der Stadt. Als logische Folge landesüblicher Beerdigungszeremonien ähneln die Friedhöfe heute eher Gedächtnisparks. Im amerikanischen Stil kurzgeschnittene Rasenflächen mit kleinen Erinnerungsplaketten entsprachen einfach nicht dem filipino Geschmack. Filipinos ziehen deutlich sichtbare, aufrecht stehende Steine vor, je größer, desto besser, oder gar Mausoleen.

Filipinos **kondolieren**, sobald sie vom Tod eines Verwandten oder Freundes erfahren haben. Die Familie wacht abwechselnd Tag und Nacht bei dem Verstorbenen, bis zur Beerdigung, die etwa drei Tage später stattfindet. Der trauernde Witwer oder die Witwe, die Kinder und enge Familienangehörige empfangen die Gäste, die kommen, um dem Verblichenen die letzte Ehre zu erweisen und die Hinterbliebenen zu trösten.

Es ist üblich, **Blumen** oder eine **Kondolenzkarte** zu schicken. Wenn man weiß, daß sich die Familie in finanziellen Nöten befindet, spendet man **Geld** für die Begräbniskosten *(abuloy)*. Weil sämtliche Verwandten erwartet werden, stehen immer Erfrischungen bereit. Essen erfüllt eine wichtige soziale Funktion, und die **Gastfreundschaft** gebietet es, jedem Besucher Speisen und Getränke anzubieten, selbst wenn man vom Schmerz über den Tod der Mutter, des Ehemannes oder eines nahen Verwandten erfüllt ist.

Ratschläge für Trauergäste

• Die Familie des Verstorbenen veröffentlicht eine **Todesanzeige** mit Ort und Zeitpunkt der Beerdigung und den Namen der Angehörigen.

• Es ist Brauch, eine **Karte** oder **Blumen** zu schicken. Oft überreicht man die Beileidskarte persönlich dem nächsten Verwandten. Eine Kondolenzkarte ist auf jeden Fall angebracht, denn häufig tragen Todesanzeigen den Vermerk: »Bitte keine Blumen«. Achten Sie also darauf.

• Freunden und Verwandten, die dem Toten die letzte Ehre erweisen oder kondolieren wollen, werden **Speisen und Getränke angeboten.** Es steht Ihnen frei, das Angebot anzunehmen oder abzulehnen.

Alte Menschen werden respektiert, umhegt und sogar von den kids, den Enkeln, in persönlichen Angelegenheiten um Rat gefragt. Auf den Philippinen hält die familiäre und gesellschaftliche Generationenklammer noch.

• Trauergäste, die zur **Totenwache** kommen, tragen sich in das **Kondolenzbuch** am Eingang der Leichenhalle ein. Fügen Sie Ihre Anschrift hinzu, damit die Verwandten Ihnen eine Danksagungskarte senden können.
• Üblicherweise treten Sie an die Witwe oder den Witwer und die Kinder heran (zu erkennen an der schwarzen Kleidung) und **drücken Ihr Beileid aus**. Man bleibt nur eine viertel bis halbe Stunde.
• **Nach dem Kondolieren** treffen sich oft Freunde außerhalb der Kirche oder Leichenhalle, um zu plaudern und dabei die Erinnerung an den Verblichenen aufrechtzuerhalten.
• In **ländlichen Gegenden** werden während der Totenwache auch **Dichtwettbewerbe** abgehalten.
• Es ist **nicht notwendig, sowohl zur Totenwache als auch zur Beerdigung zu gehen**, es sei denn, der Verstorbene stand einem besonders nahe.

161

• Oft schenkt man, wenn der Tote nicht wohlhabend war, der Trauerfamilie etwas Geld. Diese **Geldspende** wird *abuloy* genannt.

• Man sendet allen, die zur Totenwache oder Beerdigung kamen, eine **Danksagungskarte.**

• Zur Totenwache trägt man schwarze oder dunkle **Kleidung**, auch weiß ist angebracht. Nahe Verwandte sollten schwarz und weiß tragen.

• **Nach dem Begräbnis** werden neun Tage lang Messen und religiöse Zeremonien abgehalten. Nahe Verwandte und Freunde nehmen daran teil. Am **neunten Tag** serviert die Trauerfamilie all jenen, die mit ihr getrauert haben, Speisen und Getränke, um für den Beistand während der Totenwache zu danken. An diesem Tag kann die Trauerkleidung abgelegt werden; traditionell war dies erst am ersten Jahrestag des Todes üblich. Zum Zeichen der Trauer trägt man ein **schwarzes Band** oder eine rechteckige **schwarze Anstecknadel.**

Trauerzeit

Die Totenwache mag Ihnen wenig feierlich erscheinen; Filipinos jedoch empfinden dies anders. Sie bemühen sich um eine gedämpfte Stimmung, ein Gefühl des Verlustes beherrscht die Atmosphäre. Unmittelbare Familienangehörige tragen schwarze Kleidung, die Witwe und andere Frauen einen schwarzen Schleier. Die Männer sind mit dunklen Hosen und weißen, mit einer schwarzen Armbinde versehenen Hemden bekleidet. Früher war es Tradition, ein Jahr lang **Trauerkleidung** zu tragen. Nachdem in einer Messe des ersten Todestages gedacht wurde, legte man die Trauerkleidung ab *(babang luksa)*, und die enge Familie konnte zur gewohnten farbenprächtigen Kleidung zurückkehren.

Heutzutage hält man die Trauerbräuche weniger streng ein. Aber die Nachbarschaft würde mit Sicherheit heftig die Stirn runzeln, wenn eine Witwe am Tag nach der Beerdigung die schwarze Kleidung wieder im Schrank verstaute. **Nach wie vor läßt man eine angemessene Zeitspanne verstreichen, ehe man zum Alltag zurückkehrt.** Eine *Novena*, Gebete an neun aufeinanderfolgenden Tagen (meist in Verbindung mit einer Messe), folgt der Beerdigung. Danach ist heute meist die Trauerzeit beendet.

Besucher der Totenwache tragen Namen und Adresse in ein Kondolenzbuch ein. Die Familie des Verstorbenen sendet nach der Trauerzeit eine Gebets- und Danksagungskarte. Wer es sich leisten kann, setzt zudem eine Todesanzeige mit Ort und Zeitpunkt der Beerdigung in die Zeitung. Die Anzeige führt auch die Namen der engsten Angehörigen auf, wobei man sorgfältig darauf achtet, niemanden zu vergessen und die Namen in angemessener Reihenfolge aufzulisten. Nach dem Begräbnis veröffentlicht man eine Danksagungsanzeige. **Auf dem Lande** hält man häufig die beim Toten Wachenden mit Dichtwettbewerben und Rätselspielen munter.

162

In den barrios bringen an Allerseelen Jugendliche den Freunden und Nachbarn
ein Ständchen dar und erhalten dafür kleine Geschenke oder Ingwertee.
Die singenden Jugendlichen dürfen bei dieser Gelegenheit auch Streiche
aushecken und nach ihrem Rundgang für einen Imbiß Hühner stibitzen –
alles in einer gutwilligen, launigen Stimmung.

Der Toten gedenken

Das Andenken an die Toten endet nicht mit der Beerdigung oder dem Ablauf
der Trauerzeit. Man begeht die **Todestage** mit **Messen oder Besuchen an
den Gräbern**, zu denen auch Verwandte und Freunde eingeladen werden.
Begüterte Familien schalten an den Todestagen auch *In-Memoriam*-Anzei-

gen. Im Falle besonders berühmter Persönlichkeiten, die die Unterstützung wohlhabender Leute genossen, erhält eine bestimmte Gruppe, die sich unter der Bezeichnung »Die Freunde von ...« um den engen Familienkreis formiert, formell die Erinnerung an den Toten aufrecht und hält an den Geburts- oder Todestagen öffentliche Feiern ab.

Totentage

An **Allerheiligen** (1. November) und **Allerseelen** (2. November) werden die Toten besonders geehrt. Die Filipinos ziehen zu den Friedhöfen, reinigen die Familiengräber und erweisen als Familiengruppe den verstorbenen Angehörigen Ehre. Viele halten die ganze Nacht über Wache und entzünden Kerzen auf den Gräbern. Wie bei den Fiestas machen Kleinunternehmer bei diesen alljährlichen **Menschenaufläufen auf den Friedhöfen** ihr Geschäft mit dem Verkauf von Kerzen, Blumen, Erfrischungen und Spielzeug.

An Allerheiligen und Allerseelen begibt sich die gesamte Familie einschließlich der Kinder zum Friedhof. Man betet und ein Priester spricht den Segen, doch der größte Teil der Zeit ist erfüllt von Geplauder. Bald werden die Erfrischungen aufgetischt. Manche Familien grillen sogar ein ganzes Schwein neben dem Grab, bringen Tische und Stühle, um Mahjong zu spielen. Selbst Radios und tragbare Fernseher finden auf den Grabsteinen Platz, um während der Nacht für **Zeitvertreib** zu sorgen. Einige große Mausoleen verfügen gar über Besucherbetten – ein Mausoleum in Paranaque sogar über einen Hubschrauberlandeplatz für den Fall, daß sich ein Besucher entschließen sollte, per Helikopter anzureisen.

Allerheiligen

An Allerheiligen begeben sich die Verwandten auf den Friedhof, um die Gräber der Verstorbenen zu besuchen. Ein Priester führt am Grab religiöse Zeremonien durch. Die Angehörigen besinnen sich schweigend oder sprechen Gebete und halten etwa eine halbe Stunde Wache. Manchmal werden auch Kerzen auf dem Grab entzündet. Einige Familien reinigen bei dieser Gelegenheit das Grab und putzen den Grabstein. **Ein schlecht gepflegtes Grab bezeugt nach verbreiteter Meinung, daß der Verstorbene von seiner Familie wenig geachtet wurde.** Wie bei allen Zusammenkünften von Filipinos werden Speisen und Getränke gereicht.

• Ein **Blumenstrauß** oder ein schlichtes **Bukett** sind eine angemessene Geste.
• Die **Kleidung** sollte zurückhaltend und dezent sein.

Filipino Rollenprofile

Süßholzraspler

Für mich gibt's nur dich auf dieser Welt!

Frauen

Dem äußeren Anschein zum Trotz hält die filipina Gesellschaft noch an vielen weiblichen Idealbildern aus längst vergangenen Zeiten fest. Zu diesen zählt vor allem das als »Maria-Clara-Bild« bezeichnete **Ideal der schüchternen, spröden, bescheidenen, selbstlosen und bis zum bitteren Ende loyalen Frau.**

Filipinas streben im allgemeinen diesem »Maria-Clara-Leitbild« nach und mißbilligen aggressives Verhalten von Frauen. Eine aggressive Frau, worunter auch offener und ungezwunger Umgang mit Männern fällt, gilt als sexuell »locker« und hemmungslos. **Beim Kontakt mit Männern,** ob persönlicher, gesellschaftlicher oder geschäftlicher Natur, gilt heute noch **Sittsamkeit und Bescheidenheit** als Richtlinie, was allerdings **nicht soziale Unterlegenheit** bedeuten soll. Filipinas sind in vielen Bereichen Männern gleichgestellt, insbesondere im Berufs- und Geschäftsleben.

Um das Wesen der Filipina zu verstehen, muß man sich die **verschiedenen gesellschaftlichen Rollen der Frau** vor Augen führen: Tochter, Schwester, *dalaga* oder junge Frau, Ehefrau, Mutter, Geliebte, beruflich Selbständige, Unternehmerin, Angestellte usw. Die zuerst genannten, stärker in der Tradition verhafteten Rollen beschreiben wir etwas ausführlicher, da sie vermutlich die moderneren Frauenrollen beeinflussen.

165

Die Tochter

Wegen der hohen Bedeutung der Familie in der filipina Kultur schärft man schon dem kleinen Kind **Dankbarkeit gegenüber seinen Eltern**, die es auf die Welt gebracht haben, ein. Die althergebrachte Überzeugung, daß es wiederum Pflicht der Eltern ist, sich zum Wohl des Kindes aufzuopfern, gleicht diese Dankbarkeit aus. Die Kinder lernen, sich von klein auf bis ins Erwachsenenalter Eltern und älteren Geschwistern gegenüber gehorsam zu zeigen, bis dieser **Gehorsam** schließlich zum **tief verinnerlichten Gefühl der Verpflichtung** wird.

In ihrem ganzen Leben **stehen Kinder niemals mit den Eltern auf der gleichen Stufe**. Den Eltern wird lebenslang Respekt und Dankbarkeit entgegengebracht. Es ist Kindespflicht, den Eltern bis zu ihrem Tode zu dienen. Die Familie unterstützt und umsorgt die Älteren. Für Alters- und Pflegeheime gibt es keinen Bedarf. Es würde ein schlechtes Licht auf die Kinder werfen und *hiya* hervorrufen, wenn man die Eltern im Heim unterbrächte. Man würde meinen, sie wären undankbar und liebten die Eltern nicht – und dies wäre die wohl unverzeihlichste Sünde in den Augen der Gesellschaft.

Erstes Leitbild einer filipina Tochter ist die eigene Mutter. In einer Gesellschaft, in der die Geschlechterrollen vornehmlich durch das Nachahmen von Vorbildern erlernt werden, kommt der Mutter große Bedeutung zu.

Zwischen Mutter und Tochter entsteht so eine besondere Bindung, die verstärkt wird durch den physischen und emotionalen mütterlichen Beistand und die soeben beschriebene Eltern-Kind-Beziehung. Man erwartet von einer Tochter mehr Entgegenkommen als von einem Sohn, wenn es gilt, Wünsche der Mutter zu erfüllen. Und die Tochter wiederum sucht als erstes bei der Mutter Trost und Rat.

Ate – Die ältere Schwester

Schwestern, besonders ältere Schwestern, spielen in filipina Familien eine wichtige Rolle. Eine ältere Schwester wird von den jüngeren Geschwistern *ate* genannt. Die *ate* ist für die Jüngeren verantwortlich und kümmert sich um sie beim Baden, Ankleiden und Essen. Dies ist in großen Familien eine Notwendigkeit, da die Mutter nicht für alle Kinder gleichzeitig sorgen kann. **Die ältesten Kinder lernen schon früh, daß es ihre Pflicht ist, ihre jüngeren Geschwister zu versorgen.** Das älteste Mädchen übernimmt diese Rolle nicht unbedingt in einem bestimmten Alter, sondern sobald das zweite oder dritte Kind geboren ist. Oft sieht man kleine Mädchen den jüngeren Bruder, der mehr als halb so groß ist wie sie selbst, auf den Armen tragen.

Ihre Rolle als »stellvertretende Mutter« verschafft der *ate* den **Respekt der jüngeren Geschwister**, die sie in persönlichen Dingen um Rat fragen und ihr ebenso zu gehorchen haben wie der Mutter. Sie kann aber auch als Unter-

Diese Mädchen sind nicht schlicht weibliche Wesen.
Sie erfüllen festgelegte Rollen als Töchter, ältere oder jüngere Schwestern,
Jung-Frauen, Mittätige im familiären Wirtschaftsverband ...

händlerin zwischen ihren jüngeren Geschwistern und den Eltern vermitteln, was in größeren Familien gelegentlich der Fall ist, weil die Eltern nicht über alles im Bilde sind, oder bei besonders strengen Eltern ein gutes Wort einlegen. Nach dem Tod der Eltern übernimmt sie die Verantwortung für den Zusammenhalt der Familie.

Auch bei **geschwisterähnlichen Beziehungen** zwischen Vettern und Cousinen oder Verwandten derselben Generation wird die **Anrede** *ate* verwandt.

Dalaga – Die junge Frau

Auch die Rolle der *dalaga* wird von der Gesellschaft vorgegeben und durch Nachahmen sowie Anweisungen seitens der Eltern und Lehrer erlernt. (Häufig zu hören: »Ein Mädchen sitzt mit züchtig aneinandergeschmiegten Beinen.«) Necken, Tratsch und natürlich auch die Furcht, in Verruf zu geraten, kontrollieren und maßregeln das Benehmen. Die Gesellschaft erwartet von einer jungen Frau, daß sie sich »schicklich« verhält, **bescheiden** und **schüchtern** auftritt, besonders in Anwesenheit von Männern. Sie sollte ihre sexuellen Reize niemals zur Schau stellen; nur allzuleicht gilt sie als »Flittchen«.

Nach all dem werden Sie vielleicht meinen, daß sich so nie eine Liebesbeziehung entwickeln kann. Sie irren sich, allerdings ist das **Anbahnen zwischengeschlechtlicher Freundschaften** kein leichtes Spiel. Doch beide Seiten, Männer wie Frauen, genießen es in vollen Zügen, wobei die junge Frau eine besonders schwierige Rolle zu erfüllen hat. Sie spielt **die Unnahbare**, schwer zu Erobernde und zeigt nur schwaches Interesse – zuweilen gar völliges Desinteresse – an ihrem Freier. Je überzeugender sie ihr Spiel spielt, je härter sie es dem Manne macht, desto höher steigt ihr Ansehen bei ihm und den anderen.

Der junge Mann setzt sämtliche Hebel in Bewegung, um das Herz der Angebeteten zu erobern. Er schickt ihr Blumen, überreicht Geschenke und ruft sie allabendlich an, um seine Liebe zu beweisen. Das Mädchen nimmt **die erste Einladung eines Freiers** meist nicht sogleich an, sondern erst nach mehrfacher Wiederholung. Er versteht die ersten Absagen nicht als Ablehnung, sondern als Teil ihres Spiels. Allerdings besitzt diese Vorgehensweise einen Nachteil: Eine wirkliche Absage wird nicht sofort als solche verstanden – und manche Männer sind äußerst hartnäckig!

Die Männer versuchen einander im **Süßholzraspeln oder *bola*** zu überbieten, recht alberne, von Holperreimen und abgedroschenen Klischees durchsetzte Phrasen. »Du bist die Frau meines Lebens«, »Ich träume jede Nacht von dir« und ähnliche Beteuerungen fließen von den Männerlippen. Da sie bei allen möglichen Eroberungszügen eingesetzt werden, verlieren sie selbstverständlich an Ernsthaftigkeit. Ist die Teure aber tatsächlich tief beeindruckt, so prahlt der siegreiche Held im Kreise seiner Freunde, sie sei *kagat na kagat* – frei übersetzt: »Sie hat voll angebissen«, also Köder samt Haken, Schnur und Senkblei verschluckt.

Solche Schüsse können auch nach hinten losgehen – wenn er endlich einem Mädchen begegnet, das ihm wirklich viel bedeutet und das seine, jetzt aufrichtig gemeinten, Beschwörungen argwöhnisch als *bola* auffaßt. Es liegt an den Frauen, **zwischen *bola* und Aufrichtigkeit zu unterscheiden**, eine schwierige Aufgabe. Und natürlich gibt es dabei, wie stets in der Liebe der Fall, auch Verletzte. Nun, es ist alles nur ein Spiel, und wer die eine Runde verloren hat, gewinnt vielleicht die nächste.

Die Ehefrau

Die Ehefrau ist **Opfer der gesellschaftlichen Doppelmoral**. Sie trägt die Bürde der Verantwortung für den Zusammenhalt der Ehe, und sie findet wenig Mitleid, wenn sie sich über Fehltritte ihres Ehemannes beschwert. Tatsächlich wird eine Frau, die offen über ihren Mann klagt oder schlecht von ihm spricht, von der Gesellschaft nicht respektiert. Denn **Familienstreitigkeiten sollen nicht nach außen dringen.** Das Hinausposaunen von Schwächen des Ehemannes wertet die eigene Familie ab, und dies bedeutet einen Verstoß gegen die ersten Regel des ethischen Kodex' der Filipinos.

Es ist nicht ungewöhnlich, wird sogar akzeptiert und gilt als **Symbol von Männlichkeit, daß ein Ehemann eine oder mehrere Geliebte hat.** Und **man erwartet von der Ehefrau, diesen Zustand zu tolerieren,** unterstellt oft sogar ihr die Schuld und Verantwortung. So wird in den meisten Fällen die Ehefrau versuchen, den Mann zurückzugewinnen, indem sie sich ihm gegenüber besonders aufmerksam und von der besten Seite zeigt (wenn auch insgeheim zähneknirschend). Eine Aussprache mit dem Ehemann oder der Geliebten wäre weder sinnvoll, noch brächte sie ihr Sympathien ein. So aber gewinnt sie zugleich die Unterstützung der anderen, und sobald dies erreicht ist, ist der Kampf halb gewonnen. Denn mit der Hilfe gemeinsamer Freunde und Verwandter kann der Ehemann dazu gedrängt werden, seine Geliebte aufzugeben.

Eine »gute« Ehefrau ist in filipino Augen eine Frau, die für das Wohl ihres Mannes sorgt, ihn gefühlsmäßig, vielleicht sogar materiell unterstützt und sich pflichtbewußt um Haushalt und Kinder kümmert. Der Ehemann beschäftigt sich meistens nicht mit Haushaltsangelegenheiten und auch wenig mit den Kindern, bis diese ins Teenager-Alter kommen und er gerufen wird, um für Disziplin zu sorgen. **Ehefrauen werden nicht an der Ausübung eines Berufes gehindert** – solange sie die beschriebenen Pflichten als Ehe-, Hausfrau und Mutter erfüllen. Die meisten Ehefrauen in Manila gehen einer Teilzeitarbeit nach, und viele sind voll berufstätig.

Haushilfen nehmen einen großen Teil der Alltagsarbeit ab, und dieser Vorteil wird voll und ganz ausgekostet. Er erleichtert Frauen, keineswegs nur den Ausländerinnen, das Leben auf den Philippinen, denn er schafft Zeit und Möglichkeit, anderen, erfüllenderen Tätigkeiten nachzugehen.

Der Status der Ehefrau ist **nur scheinbar zweitrangig.** Tatsächlich übt sie **entscheidenden Einfluß** aus Sie steht den Kindern emotional näher als ihr Ehemann und ist an ihrer Entwicklung maßgeblich und langfristig beteiligt. In grundlegenden Fragen wie der Kindererziehung, dem Einkommen und der Auswahl der Freunde und Bekannten des Mannes zieht sie, verborgen oder offensichtlich, die Fäden. Erscheinen ihre Aktivitäten im Licht des Bemühens, für Ehemann, Heim und Kinder zu sorgen und den Erfolg der Familie zu mehren, dann kann die Ehefrau nahezu alles erreichen.

Querida – Die Geliebte

Im Grunde **gleicht die Rolle der Geliebten jener der Ehefrau und Mutter.** Oft wird sie der Angetrauten vorgezogen, weil sie die »bessere« Ehefrau ist. Meist besteht eine starke Rivalität zwischen den beiden Frauen, weniger in sexuellen Belangen als in der Frage, wer besser kocht und den Mann besser umsorgt. So betrachtet der Partner seine Geliebte auch eher als eine zweite Ehefrau. Oft bekommt sie von ihm Kinder, die er unterstützt und die ihm ebenso viel bedeuten wie seine ehelichen Kinder.

Viele Filipinos legen sich auf diese Weise zwei oder drei Familien zu; man kann sich nur wundern, wie sie es schaffen, all ihre Lieben angemessen zu versorgen. Natürlich werden diese Familien von der vorherrschend katholischen Gesellschaft nicht anerkannt. Dennoch sieht sich die Geliebte als Frau ihres Partners und macht ihre **Rechte und Ansprüche** geltend, was zwangsläufig zu Konflikten mit der angetrauten Ehefrau führt.

Die Mutter

Kinder sind sehr wichtig in der familienorientierten filipina Kultur. Sie verbinden die Familien von Mutter und Vater. Über sie läßt sich zudem durch das *Compadrazco*-System die nicht blutsmäßig verbundene Verwandtschaft ausgedehnen. Und so wünschen sich, gemäß den Erwartungen der Gesellschaft, die Filipinos nach der Heirat Kinder.

Die Rolle der Mutter ist die vermutlich **bedeutendste Rolle im Leben einer Filipina**. Durch die Verantwortung für Haushalt und Kinder kommt ihr eine **Machtposition** zu. Diese Macht sollte nicht unterschätzt werden, denn die Dynamik der Verwandtschaftsverhältnisse stellt nach wie vor die zentrale regelnde Kraft der philippinischen Gesellschaft dar.

Die Macht der Mutter wurzelt im tiefen Gefühl der Verpflichtung gegenüber den Eltern. Hinzu tritt das die Beziehungen zwischen Filipinos häufig prägende Gefühl, jemandem zu gehören bzw. jemanden zu besitzen. Ein Filipino wächst mit dem Gefühl auf, jemandem anzugehören. Stellt er sich anderen vor, so identifiziert man ihn mit seiner Familie. Das **Zugehörigkeitsgefühl** bezieht sich sowohl auf die gesamte Familie wie auf einzelne Mitglieder. Bei den Eltern fällt die emotionale Entscheidung meist zugunsten der Mutter aus, der sich das Kind stärker verbunden und verpflichtet fühlt als dem Vater. Man darf **die Mutter niemals verletzen** oder ihr Unannehmlichkeiten bereiten. Bei ihr wird das Zugehörigkeitsgefühl von dem Vertrauen begleitet, geliebt, umsorgt und beschützt zu sein.

Diese **besitzähnliche Beziehung** verschafft der Mutter **gewisse Rechte über das Kind**. So meint sie einen Anspruch auf Kenntnis seiner innersten Gedanken zu haben, und ermuntert es, ihr seine Probleme und Geheimnisse anzuvertrauen. Während dies in zumeist gutmeinender Absicht geschieht, geht damit oft unbewußt der Wunsch einer, sich das Kind emotional abhängig zu machen und so verstärkten Einfluß ausüben zu können. Eine Mutter hat zudem das Recht, ihre Kinder anzuweisen, die ihren Rat, der schließlich im Interesse der Kinder gegeben wurde, anzunehmen haben. **Interkulturelle Studien** stellten fest, daß **filipina Mütter** hinsichtlich Stillzeit, Entwöh-

*Die hochbewertete Mutterrolle verleiht der Filipina soziale Macht
und beschert ihr die liebevolle Bindung der Kinder.*

nung und Reinlichkeitstraining großzügiger und liberaler sind als **westliche
Mütter**. Diese erzwingen oftmals durch Verweigern von Rechten, Andro-
hen von Liebesentzug und körperliche Strafen Gehorsam, während filipina
Mütter es eher mit einem Klaps, einer Standpauke oder Bestechungs-
manövern versuchen. Westliche Mütter teilen die Pflichten der Kindererziehung in der Regel nicht mit Verwandten, während filipino Kinder von vielen
Erwachsenen umgeben sind, die alle auch Erziehungsaufgaben übernehmen.
Die meisten dieser Unterschiede scheinen kulturell bestimmt zu sein. So
werden die Erziehungspraktiken der filipina Mutter von dem hohen Stellenwert der Familie und zwischenmenschlichen Beziehungen geleitet. Das
Erziehungsideal besteht nicht in Selbstzufriedenheit und Unabhängigkeit,
vielmehr **Familienzufriedenheit** und ausgeprägtem **Sinn für Gegenseitig-**

171

keit. Es zielt weniger auf Ehrgeiz oder Erfolg, vielmehr darauf, daß das Kind zu den Werten der Familie steht.

Obwohl sich mehrere Familienmitglieder mit der Erziehung des Kindes befassen, **liegt die Hauptverantwortung bei der Mutter**. Während andere mit dem Kind spielen oder ihm zur Hand gehen, sorgt die Mutter für Ordnung und Disziplin. Dies ist ihre gesellschaftlich anerkannte Rolle, und es ist demnach ihr Verdienst, wenn das Kind zu einem angesehenen Mitglied der Gemeinschaft heranwächst. Umgekehrt hat sie versagt, wenn es den Erwartungen nicht entspricht. Nach Ansicht der Filipinos spiegelt das Benehmen des Kindes die Einstellung der Eltern wider. Deshalb legt die Mutter großen Wert darauf, dem Kind kulturelle Werte wie **Familienwohl** und *pakikisama* (die Fähigkeit, mit anderen auszukommen) zu vermitteln und auf den Weg zu geben.

Auch **nach der Heirat des Kindes** spielt die Mutter weiterhin eine bedeutende Rolle in seinem Leben. Sie kann wichtige Entscheidungen beeinflussen und sich sogar in die alltäglichsten Dinge einmischen, wie die Auswahl von Gardinen für Küche oder Kinderzimmer. Ist sie endlich stolze **Großmutter**, so hat sie unweigerlich bei der Taufzeremonie ein Wörtchen mitzureden oder muß wenigstens umfassend über die Enkel unterrichtet werden.

Dies schürt oft **Konflikte zwischen Ehefrau und Schwiegermutter**, wobei der Ehemann stets zwischen den Stühlen sitzt. Er darf nie offen gegen seine Mutter Stellung beziehen, denn es ist seine erste und heiligste Pflicht, ein guter Sohn zu sein. Andererseits kann er nicht über die Beschwerden seiner Frau hinweggehen und teilt häufig ihre Meinung. Gleichwohl bleibt er handlungsunfähig, und seine Frau weiß genau, daß er nichts unternehmen kann. Und auch sie wird niemals offen ihre Schwiegermutter herausfordern oder mit ihr streiten.

Gewöhnlich bemühen Ehefrauen sich sehr um ein **gutes Verhältnis zur Schwiegermutter** und sind in gewisser Weise stets von ihrer Zuneigung abhängig, da diese nach wie vor Macht über ihren Sohn ausübt. Eine gute Beziehung zur Schwiegermutter gewährleistet materielle und emotionale Unterstützung, was der Ehefrau und Schwiegertochter das Leben erleichtert.

Matandang dalaga – Die alte Jungfer

Eine **unverheiratete Frau** auf den Philippinen ist **keineswegs frei von Abhängigkeiten und Verantwortung**. Zwar hat sie weder Ehemann noch Kinder (auch keine Schwiegermutter), aber die Bindung an ihre Familie, die Eltern, Geschwister, Onkel, Tanten usw., besteht fort, und sie hat diesen gegenüber Aufgaben und Pflichten zu erfüllen. Oft lebt sie bei einem Bruder oder einer Schwester und unterstützt sie im Haushalt oder wohnt weiter bei den Eltern und versorgt sie im hohen Alter. Häufig übernimmt sie auch Gemeindearbeiten der örtlichen Kirche. So hat auch sie ihren festen Platz und ihre Aufgabe in Familie und Gesellschaft und fühlt sich jemandem zugehörig. Ihre Familie sorgt dafür, daß sie sich **nie einsam fühlt**.

Und doch sind **ältere unverheiratete Frauen** mit einem **sozialen Stigma** belegt. Weil Ehe und Kinder so hoch geschätzt werden, können die meisten Filipinos im Alter von 30 oder 35 Jahren noch ledige Frauen nicht verstehen und erklären sich dies im allgemeinen damit, daß ihnen kein Heiratsantrag gemacht wurde. Also ist für sie die *matandang dalaga* eine Frau, die »keinen abgekriegt hat«.

Von der sozialen Macht der Filipina

Oftmals spielt die Filipina mehrere der beschriebenen Rollen gleichzeitig, und man kann die Leichtigkeit, mit der sie von einer Rolle in die andere schlüpft, nur bewundern. Der Schlüssel dazu ist der immerwährende Gedanke: »Die Familie kommt zuerst.« So gilt sie auch als **Wahrerin der Familienehre**. Ältere Filipinas sehen es als ihre Pflicht an, den guten Ruf der Familie zu erhalten. Sie zögern deshalb nicht, ihre Meinung von Recht und Unrecht bezüglich Benehmen, Ansichten, Streitigkeiten und Konflikten, die die Familie direkt oder indirekt betreffen, kundzutun. Sie kontrollieren und maßregeln abweichendes Verhalten durch direkte Konfrontationen und/oder Vermittler.

Last not least verfügen Filipinas über beachtliche **unternehmerische Fähigkeiten**. Fast jede Ehefrau geht irgendeiner geschäftlichen Unternehmung nach, sei es ein eigener kleiner Laden, ein Kiosk für Getränke und Snacks, der Verkauf von Bildern oder seidener Unterwäsche über die Vertriebsschiene von Freundinnen und Bekannten, ein Verkaufsstand für Gebäck oder etliches mehr. Und dabei ist sie in der Regel sehr tüchtig und erfolgreich.

Viele große Firmen werden von Frauen geführt. Eine Frau gründete die **Frauenuniversität**, die bis heute von Frauen verwaltet wird. Eine Frau besitzt und verwaltet eines der größten und bekanntesten Warenhäuser in Makati. Das Kulturzentrum der Philippinen wird von Frauen geleitet ebenso wie die *Bayanihan*-Tanztruppe. Die zwei größten Buchhandelsketten wurden aufgebaut und sind im Besitz von zwei Schwestern.

Zudem ziehen die Filipinas geschickt und erfolgreich die Fäden hinter den Kulissen und bestätigen so das Sprichwort: »**Hinter jedem großen Mann steht eine Frau.**« So manche Männerkarriere wurde durch gesellschaftliche Kanäle gefördert.

Filipinas bewegen sich sicher und geschäftstüchtig auf dem **gesellschaftlichen Parkett**, und dieses ist für das philippinische Geschäftsleben von nicht zu unterschätzender Bedeutung.

Auf den Philippinen ist es weniger wichtig, wie gut man mit seiner Arbeit, als vielmehr, wie man mit den anderen zurechtkommt. Wer in der Geschäftswelt aufsteigen will, muß auch gesellig und umgänglich sein, und genau auf diesem Gebiet erweist sich die filipina Ehefrau und/oder Mutter als überaus hilfreich und effektiv.

Männer

Das **männliche Idealbild** zeichnet einen gelassenen, behutsamen, zurückhaltenden, umgänglichen und entspannten Mann, unfähig zu Wutausbrüchen, es sei denn, man fordert sein *amor-propio* heraus. Seiner **Männlichkeit**, unbestrittener und wesentlicher Teil seiner Selbstachtung, ist er sich stolz bewußt und stellt sie auf feinsinnige und weniger feinsinnige Weise immer wieder heraus.

Im Gegensatz zu diesem selbsterhobenen Ideal mag der Filipino manchen, vor allem westlichen Ausländern, als im konventionellen Sinne **nicht hinreichend männlich** erscheinen. Er legt hohen Wert auf sein Äußeres, insbesondere Frisur und Kleidung, und bewegt sich weich und anmutig. Im Beisein von Fremden und in ungewohnten Situationen mag er sehr wenig sagen und noch weniger tun, ganz anders als der westliche Europäer, der seine Identität und Meinung möglichst unverzüglich verkündet. Wo dieser sich zur unverblümten Stellungnahme aufgefordert fühlt, ist der Filipino still und zurückhaltend.

So die **äußeren, oberflächlichen Unterschiede** zwischen Filipinos und westlichen Männern, die auf den ersten Blick ins Auge springen. **Psychologische und Persönlichkeitsunterschiede** lassen sich schwerer fassen. Sie gelangen in den verschiedenen Rollen und den mit diesen verbundenen Pflichten eines Filipino zum Ausdruck, die »männliche« Verhaltensweisen und Einstellungen tiefgreifend bedingen.

Der Sohn

Die Rolle des Sohnes oder, genauer gesagt, **die Rolle des »guten Sohnes« überragt alle anderen männlichen Rollen**. Es ist wichtiger, ein guter Sohn zu sein als ein guter Vater oder Ehemann. Filipinos vergessen nie, sich an ihre Vergangenheit zu erinnern, an ihre Herkunft und die Unterstützung seitens der Eltern.

Der Bauernsohn, der zum wohlhabenden, namhaften Arzt aufgestiegen ist, wird seinen Eltern ein komfortables Haus in der Stadt kaufen oder, wenn sie nicht umziehen wollen, sie einmal in der Woche besuchen und materiell unterstützen. Haben die Eltern sein Medizinstudium finanziert, schuldet er ihnen weit mehr. Als Arzt muß er sich persönlich jederzeit um seine Eltern kümmern, wenn sie medizinischen Beistand benötigen. Und er wird zum Chefarzt der gesamten Familie, ein Dienst im eigentlichen Sinne des Wortes, für den er nie etwas berechnet und der ihm viele persönliche Unbe-

Filipino Söhne genießen eine längere Phase »kindlicher Immunität«
als ihre Schwestern. Man geht nachsichtiger
mit ihrem kindischen oder unverantwortlichen Verhalten um.

quemlichkeiten einbringt. Seine Erfolge als Mediziner verblassen, wenn er nicht zugleich seinen Sohnespflichten nachkommt. **Er muß vor allem ein guter Sohn sein, und erst dann, aber auch nur dann, zählt sein beruflicher und gesellschaftlicher Erfolg.**

Anders als in westlichen Kulturkreisen, wo Söhne früh zur Eigenständigkeit erzogen werden, legen Filipinos wenig, mitunter gar **keinen Wert auf Unabhängigkeit.** Niemand erwartet von Söhnen, daß sie den Schoß der Familie verlassen, sich allein durchschlagen und auf eigene Faust ihren Platz im Leben finden. Wenn sie alt genug sind, sollen sie den Eltern in der Landwirtschaft oder im Geschäft helfen, während sie weiter von und bei ihnen leben. Es stiftet allenfalls Verwirrung, wenn ein Sohn auf **Freiheit und Unabhängigkeit** besteht. Denn die Eltern würden meinen, er fühle sich bei ihnen nicht wohl. Und sie würden unweigerlich die Was-haben-wir-bloß-falsch-gemacht-daß-du-uns-nicht-mehr-liebst-Haltung beziehen und fürchten, andere könnten glauben, sie wären zur Unterstützung ihrer Kinder nicht mehr fähig, was den Eltern als Versagen angelastet würde.

Die meisten **Söhne wohnen bis zur Heirat bei den Eltern.** In zwingenden Fällen, etwa wenn der Vater gestorben ist oder aus gesundheitlichen oder finanziellen Gründen die Familie nicht mehr ernähren kann, verläßt der Sohn frühzeitig die Schule, um zu arbeiten. Gewöhnlich muß der **älteste Sohn** diese Pflicht übernehmen.

Hier zeigt sich ein **grundlegender kultureller Unterschied:** Der westliche junge Mann verläßt das Elternhaus, um selbst für sich sorgen und so die finanzielle Bürde des Vaters zu erleichtern; der Filipino verläßt das Elternhaus, um etwa in der Stadt eine Stelle zu suchen und damit nicht allein die Eltern, sondern möglichst auch die Geschwister zu unterstützen. Viele Chauffeure, Taxifahrer, Verkäufer usw. arbeiten in Manila, um ihren jüngeren Geschwistern den Schulbesuch zu ermöglichen.

Während in westlichen Ländern Eltern ihre Kinder schon früh zur Selbständigkeit drängen und nicht selten Kinder wohlhabender Eltern arbeiten, um selbst Geld zu verdienen, wird es dem männlichen Sprößling einer reichen filipina Familie kaum einfallen zu arbeiten. Man erwartet von Söhnen, daß sie **loyal zu ihren Eltern stehen**, für sie sorgen, **jüngeren Geschwistern helfen** und **Eigennutz zurückstellen.**

Der Jugendliche

Länger als westliche Jugendliche genießen Filipinos eine **Phase der »Immunität«**, d.h. eine Zeit, in der man ihnen kindisches, unverantwortliches Verhalten nachsieht, weil sie noch nicht als erwachsene Personen gelten und entsprechendes Benehmen daher nicht erwartet wird. Die Abhängigkeit der Filipinos von den Eltern besteht zumeist bis zur Heirat oder zumindest bis zum Schulabschluß, der häufig auch vier bis fünf Jahre Hochschulausbildung einschließt.

Da die meisten (jedenfalls die Söhne gutgestellter Familien) während der Collegezeit nicht arbeiten müssen, verbringen sie viel Zeit mit Freunden. Die **Altersgenossen** spielen in dieser Phase eine wichtige Rolle. Fast jeder gehört einer *barkada* an. Diese **Cliquen** halten eng zusammen. Sie unternehmen viel gemeinsam, entwickeln einen eigenen Slang und eigene Witze. Auch bei ihnen kontrolliert Necken und Spötteln das Verhalten der Mitglieder. Gewöhnlich besitzen sie keinen ernannten Führer, mitunter aber ein oder zwei besonders respektierte Mitglieder.

Eine *barkada* kann tiefgehenden Einfluß ausüben. Disziplinierungen erfolgen nach dem Prinzip von Gruppendruck und Konformität. Es kommt zum Beispiel vor, daß die Gruppe mit der Freundin eines Mitglieds nicht einverstanden ist, weil sie den Freund der Clique entzieht, und ihn vor die Entscheidung stellt, zwischen Freundin und *barkada* zu wählen. *Barkada* vermitteln das für Filipinos so wichtige Gefühl der **Zugehörigkeit**. Wer keiner Gruppe angehört, fühlt sich ausgestoßen. **Filipinos betrachten Einzelgänger und Individualisten als Sonderlinge.** Zählt man jedoch einmal zu einer *barkada*, dann kann man sich ihrer Unterstützung gewiß sein.

Filipinos sind nicht gern allein, vielleicht aufgrund der hohen Bevölkerungsdichte und weil sie von Geburt an ständig von Menschen umgeben sind. Sie essen nicht gern allein, gehen nicht allein ins Kino, sondern wünschen stets die Gesellschaft eines anderen, eines Freundes oder Verwandten. Erlebnisse bereiten ihnen keine Freude, wenn sie sie nicht mit jemandem teilen können. Sie fühlen sich nicht wohl dabei, neben jemandem zu essen, der nicht auch ißt; deshalb werden sie immer zum Mitessen einladen oder ihren Begleiter drängen, doch wenigstens zu kosten. Sie stürzen sich nicht allein in neue Erfahrungen, wohl aber mit der Rückendeckung einer *barkada*.

Auch weibliche Jugendliche haben ihre *barkada*. Oft gehen **barkada unterschiedlicher Geschlechter** gemeinsam aus, und auf diesem Wege lernen sich junge Frauen und Männer meistens kennen.

Der Ehemann

Ein filipino Ehemann hat in erster Linie **das tägliche Brot zu verdienen**. Was auch immer geschieht, er muß dieser Pflicht nachkommen; sein Erfolg auf diesem Gebiet entscheidet über seinen Erfolg oder Mißerfolg als Ehemann und Vater.

Die Gesellschaft akzeptiert und toleriert sogar eine **Geliebte** oder *querida*, solange er beide, Ehefrau und Geliebte, versorgen kann. Sie wird den Mann, der zwei oder mehr Familien unterstützt, nicht verabscheuen, sondern bewundern – und er kann sich in seinem Ruhm als Macho sonnen. Ein Bruder Leichtfuß jedoch, der Liebschaften Kummer und andere Umstände bereitet, um sie dann im Stich zu lassen, wird nicht als umschwärmter Frauenheld, sondern als **feige** und **verantwortungslos** gelten.

Die »Männlichkeit« des Filipino wird zum einen an seiner sexuellen und Zeugungsfähigkeit gemessen und zum anderen daran, ob es ihm gelingt, sich von der Kontrolle durch die Ehefrau zu befreien. Zur Beurteilung des ersten Kriteriums dient die Anzahl seiner Kinder. **Viele Kinder gelten als Beweis der Manneskraft.** Dies erklärt auch, weshalb ein Mann sich von seiner Geliebten Kinder wünscht.

Alle filipino Ehemänner bemühen sich nach Kräften, auch den zweiten Männlichkeitsbeweis zu erbringen – aus Angst, als **Pantoffelheld**, »unter dem *saya*«, dazustehen. Und diese Angst ist durchaus real, da **Filipinas in der Ehe sehr dominant** sind. Auch wenn sie nach außen hin still und unterwürfig erscheinen mögen, so vermögen sie doch mit äußerster geschickter Hand die Ehemänner nach ihrem Willen zu lenken. Da sie den Haushalt leitet, ist der Mann Teil ihres Territoriums, auf dem er wenig zu vermelden hat, es sei denn, sie fragt ihn um seine Meinung – was aber noch lange nicht bedeutet, daß sie auf seinen Rat hört. Also fügt er sich in sein Schicksal und konzentriert sich auf seine Rolle als Brötchenverdiener.

Der Vater

Die **Hauptaufgabe des Vaters bleibt die Versorgung der Familie,** und derjenige ist ein stolzer Vater, der all seinen Kindern den Schulbesuch oder einigen gar den Collegebesuch ermöglichen konnte. **Ausbildung** gilt als das Wichtigste, was Eltern ihren Kindern auf den Weg geben.

Viele Väter versuchen, ein Geschäft aufzubauen und so ihren Kindern einen Platz im Leben zu sichern, wenn sie herangewachsen sind und ins Arbeitsleben eintreten. Ein Geschäft zählt als wertvolles Erbe. Alle hoffen, ihren Kindern etwas hinterlassen zu können; es verleiht ihnen das Gefühl, auch dann noch für die Kinder zu sorgen, wenn diese längst eigenständig sind. Man betrachtet es als **Pflicht, den Kindern ein besseres Leben zu ermöglichen.** Auf diese Weise entstanden die großen Familiendynastien von heute, als Familienbetrieb, der von Generation zu Generation weitergegeben, verbessert und erweitert wurde. Wer seinen Kindern mehr gibt, als er selbst empfangen hat, fühlt sich als guter Vater.

Der Vater ist auch das **zeremonielle Oberhaupt.** Er ist der Kopf der Familie – in vielen Fällen allerdings nur dem Titel nach. Zu Hause wird er wie ein König behandelt: Die Kinder verhalten sich still, wenn er schläft, richten sich nach seinen Launen und Wünschen und achten darauf, ihn nicht zu belästigen oder zu verärgern, da er nach harter Arbeit Entspannung und Erholung verdient. Also behelligen sie ihn gewöhnlich auch nicht mit ihren Problemen, so daß er **in die Erziehung nur wenig eingreift.** Diese Verantwortung liegt bei der Mutter.

Der Vater ist **Autoritätsperson** und wird als solche von der Mutter häufig als Drohmittel eingesetzt. Dies führt natürlich oft dazu, daß die Kinder in Angst vor dem Vater aufwachsen und in ihm nie eine Vetrauensperson sehen. Der Vater greift meist erst dann in die Erziehung ein, wenn die Kinder ins Teenager-Alter kommen, und zwar vorwiegend als Bestrafer. Bei der Erhaltung der Disziplin scheint die Mutter mit zunehmendem Heranwachsen der Kinder an Durchsetzungsvermögen zu verlieren. Offenbar greifen ihre Methoden, Drohungen und Bestechungsversuche, bei älteren Kindern weniger.

Lolo – Der Großvater

Alte Menschen werden respektiert und geschätzt. Der Großvater steht an der **Spitze der Familienhierarchie,** einem alten Stammesfürsten vergleichbar. Jüngere Familienmitglieder suchen in vielen Angelegenheiten seinen Rat und seine Meinung. Er nimmt lebhaften Anteil am Leben seiner Enkelkin-

Der Vater greift meist erst im Teenager-Alter in die Erziehung ein.

der, gelegentlich finanziert er seinem Lieblingsenkel den Hochschulbesuch in Manila oder gar im Ausland. Er setzt die Rolle des Vaters als Familienoberhaupt fort, herrscht jedoch über ein noch größeres Lehen.

Bakla – Der Homosexuelle

Die philippinische **Gesellschaft akzeptiert und toleriert Homosexuelle**. Und auch sie haben ihre **Funktionen und Rollen** zu erfüllen, sowohl männliche Homosexuelle wie Lesben. Dem *bakla* oder männlichen Homosexuellen, der sich feminin gibt, begegnet man mitunter in komischen Film- und Fernsehrollen. Sie sind es, die in der Gesellschaft in Sachen Mode und Geschmack den Ton angeben. Viele sind als Modedesigner, Innenausstatter, Architekten, Friseure und Visagisten tätig. Die Frauen folgen den von ihnen gesetzten Trends in Mode und Design und vertrauen ihrem Urteil oft mehr als dem ihrer Geschlechtsgenossinnen.
Homosexuelle pflegen ihre **eigene Sprache**, *swardspeak*, ihre eigene **Sprechweise** und eigenen **Verhaltensweisen**. Sie lieben Spaß und Unterhaltung und sind häufig die besten und vertrautesten Freunde von Frauen. Auch die Männer scherzen gern mit ihnen, necken sie und nehmen sie auf den Arm, jedoch nie auf herabsetzende oder übelwollende Art.

179

»Typisch filipino«
Ein Mini-Führer

Pila: Schlange stehen

Filipinos stehen nicht gern Schlange. Während der japanischen Besatzung im II. Weltkrieg mußten sie sich bei der Austeilung der dürftigen, überlebensnotwendigen Reisrationen anstellen. Im Nachkriegs-Manila standen die Einwohner dichtbesiedelter Viertel Schlange für das knappe Wasser. Noch heute verbinden die Filipinos das Anstehen *(pila)* mit den Schreckenszeiten des Krieges und versuchen es möglichst zu vermeiden.

Ein filipino Freund lehrte uns, **wie ein Filipino sich seinen Weg zwar nicht durch eine Schlange, aber durch eine Menschenmenge bahnt**:

»Kolonnenspringen« in filipina Manier

Er schiebt sich, Ellbogen voran, in eine Lücke, wobei er darauf achtet, der Person, die er dabei zur Seite schiebt, nicht ins Gesicht zu sehen, vollzieht eine halbe Körperdrehung und boxt den anderen Ellbogen voran, diesmal in die andere Richtung blickend, und so weiter und so fort durch die ganze Menge. Sie können es ja einmal selbst versuchen, es soll funktionieren. Natürlich halten die Personen, die Sie so nacheinander mehr oder minder grob anrempeln, Ausschau nach dem Übeltäter – doch niemand fühlt sich beleidigt, da Sie Ihrem Opfer ja nie in die Augen, sondern stets in die entgegengesetzte Richtung schauen.

Ningas kugon
Schnelle Sprinter, aber keine Dauerläufer

Etliche Projekte starten mit der Geschwindigkeit eines Formel-I-Rennwagens, um nach wenigen Kilometern zurückzufallen, da das Tanken vergessen wurde. Die filipina Eigenart, den **anfänglichen Enthusiasmus auf halber Wegstrecke zu verlieren**, hat man mit einem rasch erlöschenden Strohfeuer *(ningas kugon)* verglichen. Es fehlen vorantreibende Ausdauer und Stehvermögen, wenn nach dem Startschuß Hindernisse den Schwung bremsen.

Dies liegt vielleicht daran, daß die so wichtigen harmonischen zwischenmenschlichen Beziehungen **Widersprüche, Kritik oder gar Ablehnung eines Projektes nicht dulden.** Filipinos stimmen einem Vorschlag lieber zu, sehen ausschließlich seine positiven Seiten und ordnen ihre Einwände der Begeisterung des Anstifters unter. Wenn Schwierigkeiten auftreten und aufrichtiges Engagement bewiesen werden müßte, dann stellt sich heraus, daß die meisten das Vorhaben nur symbolisch gutgeheißen haben.

Filipinos **verlassen sich sehr stark auf die Persönlichkeit eines Führers**, und so gewinnt eine Unternehmung geradezu zwangsläufig und ohne Zutun die sofortige Unterstützung seiner Freunde und Verwandten, was zu unangenehmen Überraschungen führen kann, wenn das Vorhaben schließlich der Allgemeinheit vorgestellt wird. Schürt kein anderer das Feuer, erlischt der Funken und stirbt das Projekt.

Napasubo
Es gibt kein Zurück

Hiya und *amor-propio* führen gelegentlich zu **Situationen, aus denen es ohne Gesichtsverlust kein Zurück gibt, weil man sich öffentlich auf eine Position festgelegt hat.** Ein Filipino wird dies eisern durchstehen, denn er ist *napasubo* – gebunden und kann es sich nicht leisten, Gesicht zu verlieren.

Motels für ganz besondere Zwecke

Es handelt sich hier nicht um Hotels für erschöpfte Autofahrer, sondern um Gebäude von einer einzigartigen, eigens für sehr vertrauliche Verabredungen entworfenen Architektur. Hohe Mauern erlauben diskrete Ein- und Ausfahrt. Man parkt in einer Einzelgarage, von der eine Treppe direkt ins Zimmer führt. Motels werden hauptsächlich für **Schäferstündchen** benutzt. Die Zimmer werden stundenweise vermietet. Die weiblichen Besucher scheinen außergewöhnlich belesen zu sein, denn beim Verlassen des Motels tragen sie dunkle Brillen und halten aufgeschlagene Zeitungen vor ihr Gesicht.

Amok und *juramentado*

Angeblich handelt es sich um ein ursprünglich malaiisches Phänomen. Psychologen behaupten, Filipinos liefen Amok, um angestaute Aggressionen abzulassen, weil die Gesellschaft offene Feindseligkeiten verbietet. Der innerlich angeballte Groll (*nagta tanim nggalit*, wörtlich »Säen von Ärger«) erreicht irgendwann seinen Explosionspunkt, und **im Amoklauf entladen sich die aufgestauten Emotionen**, die sich – häufig unter Einsatz eines *bolo* oder Messers – gegen jeden zufällig Anwesenden wenden, oft die eigenen Verwandten. Nach dem Vorfall ist der Amokläufer sich seiner Tat nicht bewußt, was bei westlichen Tobsüchtigen meist nicht der Fall ist.
Auf den Philippinen durchlief der Amok in **islamischen Gemeinden** ein **religiöses Ritual**, bei dem die Zustimmung des Imam (Priesters) eingeholt wurde. Der Muslim verabschiedete sich von seiner Familie und ließ die Totenzeremonie vollziehen, bei der seine Augenbrauen abrasiert, sein Körper gewaschen und er in weiße Gewänder gekleidet wurde. Der muslimische Amokläufer trat zur **Zeit des bewaffneten Widerstandes gegen die spanischen und amerikanischen Kolonisatoren** häufig auf.
Dies war nicht allein psychologisch, sondern auch religiös motiviert, da nach islamischem Glauben der selbstmörderische Angriff auf »böse« Feinde einen unschuldigen »guten« Tod verheißt. Das spanische Wort *juramentado* bezeichnet jemanden, der einen **heiligen Eid geschworen hat, bis zu seinem Tode gewaltsam zu kämpfen**. Die Muslime nennen dies *parrang sabbil*, »Krieg auf Allahs Weg«.

Tampo: Der große, leise Seufzer

Da Filipinos Ärger oder Verstimmung nicht offen ausdrücken dürfen, äußert sich **unterdrückte Feindseligkeit** in **stiller Mißbilligung und Verzicht auf die übliche Fröhlichkeit** in Beisein dessen, über den man sich ärgert. Derlei Signale sollte der Übeltäter als Wink begreifen, die Harmonie wiederherzustellen, nicht notwendigerweise durch ein Gespräch über das Problem, sondern indem er sich über das Wohlergehen der verletzten Person besorgt zeigt.
Bleiben das Schweigen oder die Verweigerung der Kommunikation unbeachtet, so wird nachgesetzt, etwa durch nörgelnde Bemerkungen, eine zugeschlagene Tür, einen »versehentlichen« Tritt auf den großen Zeh oder kaum hörbares Gemurmel, also durchaus deutlichere Offenbarungen übler Laune (*nagdadabog*).
Es ist wichtig, auf solche Zeichen mit freundlichen Angeboten zu reagieren, andernfalls werden die Beziehungen sich weiter verschlechtern.

182

*Böse Zungen vergleichen die Arbeitsenergie der Filipinos
mit Strohfeuer oder aufgewirbeltem Stroh.
Tatsache ist wohl, daß die Filipinos im Arbeitsleben
eher schnelle Sprinter als Dauerläufer sind.*

Filipinos lassen sich meist einige Zeit zum »Abkühlen« und antworten dann
mit freundschaftlichen Annäherungsversuchen.

Tao – Der Mensch

Das Wort für **Mensch** heißt *tao*. Es wird in verschiedenen Redewendungen
verwandt, die sämtlich die **menschliche Würde** oder **Empfindsamkeit**
betonen. Menschliche Schwächen entschuldigt man mit dem Satz: »Wir sind
alle nur *tao*.«(*Sapagkat kami ay tao lamang.*) Der Ausdruck *tao* bezeichnet
auch den einfachen Menschen, den Bauern und Arbeiter. Wer seine Anwesenheit im Haus eines anderen ankündigen will, klopft an und sagt: *Tao po,*
was bedeutet: »Ein Mensch ist hier!«

Aberglaube und Mythologie

Kulam

Plötzliche Übelkeit wird allgemein *kulam*, einer Form der Zauberei, zugeschrieben. Man glaubt, mit übernatürlichen Kräften begabte Menschen könnten durch den **»bösen Blick«** physische Krankheiten übertragen. Diese *mangkukulam* treiben ihr Unwesen wegen belangloser Beleidigungen, ob real oder eingebildet, oder lediglich aus einer Laune heraus.

Aswang

Aswang ist eine **böse Kreatur der Unterwelt**, die bisweilen die Gestalt eines Schweines oder Hundes annimmt, manchmal auch die eines Nachtvogels namens *tik-tik*. *Aswang* vermag jeder Person zu schaden, doch bevorzugt dieses Wesen **schwangere Frauen**, da menschliche Fötusse seine Lieblingsspeise sind.

Manananggal

Dieser **weibliche Vampir** sucht sich schlafende Männer als Opfer. Der Vampir kann seinen Oberleib abtrennen und nachts zu den Betten von nichtsahnenden Männern fliegen. Sollten Sie an der fehlenden Hälfte fest stellen, daß Ihre Frau eine *manananggal* und soeben in dieser Funktion unterwegs ist, dann streuen Sie Salz auf den Unterleib Ihrer vermeintlich »besseren Hälfte«, um sie zu vernichten.

Nuno sa punso

Dieser **winzige alte Mann haust auf einem Ameisenhaufen.** Auf diesem Erdhügel hockend, verfügt er über magische Kräfte, die Glück oder Unglück bringen können. Wenn Sie an einem Ameisenhaufen vorbeigehen wollen, sollten Sie den Alten stets um Erlaubnis bitten.

Anting-anting: Amulette und Talismänner

Der Glaube an *anting-anting* reicht in die Vorgeschichte zurück und wurde schon von frühen spanischen Chronisten beschrieben. Er ist auch heute noch weitverbreitet.

Christliche Filipinos haben ihr *anting-anting* mit abgewandelten christlichen Symbolen und lateinischen Namen versehen. ***Anting-anting* können ihren Besitzer unbesiegbar oder unsichtbar machen und mit Glück, Wohlstand oder Fruchtbarkeit segnen.** Kriegern dienen sie als geheime **Zauberwaffen**; viele namhafte Banditen besaßen angeblich besonders wirksame *anting-anting*. Und der Biograph des ehemaligen Präsidenten Marcos, Hartzell Spence, behauptet, Bischof Aglipay hätte Marcos ein *anting-anting* in den Rücken operiert – das offenkundig später seine Kräfte verlor.

*Der Jeepney gilt als Sinnbild der pragmatischen und gleichzeitig phantasievollen
Anverwandlung fremder Ideen und Produkte durch die Filipinos.
So wurde aus dem US-Militärjeep ein funktionelles Kunstwerk.*

Gayuma

Filipinos geben sich gern der Vorstellung hin, heißblütige Liebhaber zu sein.
Liebeszauber werden angewandt, um die Zuneigung des Objekts der
Begierde zu gewinnen. Eine liebeskranke Person, deren Hinwendung nicht
erwidert wird, steht angeblich unter einem **Liebesbann** *(nagayuma)*.

Wie man Regenfälle beendet

Wenn Sie ein Gartenfest geben wollen und es sieht nach Regen aus, so sollten Sie der **hl. Klara** einige **Eier** schicken. Die Schwestern der hl. Klara
werden die Naturalienspende zwar gern annehmen, für den Sonnenschein
aber keine Garantie gewähren.

Zahlen

Einige Filipinos gehen vorsichtig mit der Zahl **13** um und werden bei Einladungen zum Beispiel darauf achten, daß nicht 13 Personen am Tische versammelt sind, da dies Unglück verhieße.
Die Anzahl der **Stufen zum Hauseingang** sollte nicht durch **3** teilbar sein.
Zählen Sie beim Treppensteigen *oro, plata, mata* (»Gold, Silber, Tod«); Ihr
letzter Schritt sollte nicht mit *mata* enden.

Fastentabus

Die Fastenzeit ist reich an Omen. Abergläubische Leute reisen niemals am
Gründonnerstag oder **Karfreitag**. Auf keinen Fall sollten Sie an diesen
Tagen ein Bad nehmen. *Anting-anting* werden am Karfreitag getestet. Am

Karsamstag springen die Kinder während der Messe in die Höhe, damit sie möglichst groß werden.

Pasalubong: Wenn einer eine Reise tut ...

Es ist Brauch, Freunden und Verwandten von einer Reise Geschenke mitzubringen, auch wenn die Fahrt nur in die Nachbarstadt führt. Gewöhnlich sind dies **lokale Delikatessen des Reiseziels**: Erdbeeren aus Baguio, Ananas aus Tagaytay, *Ojaldres*-Plätzchen von den Visayas, *pastilla* aus Bulacan, *turron* (Klebreis-Kekse) aus Pampanga. Reisen ins Ausland arten oft in einen Kaufrausch aus, um eine lange Liste von *pasalubong*, **Mitbringseln**, für Freunde und Verwandte zu besorgen.

Balato: Geteilte Freude

Jeder, der eine Glückssträhne gezogen hat, sei es ein Gewinn beim Hahnenkampf, beim Rennen oder ein sonstiger unerwarteter Geldsegen, muß sein **Glück mit Freunden und Verwandten teilen** *(balato)*. Eine andere Form, ein glückliches Ereignis zu feiern, ist eine Einladung ins Restaurant oder ein aufwendiges Fest zu Hause *(blow-out)*.

Despedida

Wenn ein Freund oder Verwandter für längere Zeit verreist, so gibt man für ihn ein Fest namens *despedida* (spanisch für »Abschied«). Gewöhnlich werden zum **Abschiedsfest** enge Freunde eingeladen, und der abreisende Ehrengast kann Namen von Freunden nennen, auf deren Anwesenheit er Wert legt.

Das *Querida*-System

Dem filipino Ehemann wird ein lockere Einstellung zur Treue zugestanden, und oft legt er sich eine **Geliebte** zu, mit der er eine **zweite Familie** gründet. Dies ist weitverbreitet in allen sozialen Schichten, von den Wohlhabenden bis zum Jeepney-Fahrer. Manche meinen, erst damit ihre Männlichkeit zu beweisen. Alle Ehefrauen leben in der Angst, ihren potenten Gatten mit heimlichen Rivalinnen teilen zu müssen. Das **Gesetz** würdigt die **Rechte einer Geliebten**, die mehr als sieben Jahre mit einem Mann zusammengelebt hat. Uneheliche Kinder, die den Namen des Vaters tragen, sind erbberechtigt. So erhält sich, auch nachdem der Hahn im Korb verstorben ist, die Rivalität zwischen den beiden Frauen weiter. Auseinandersetzungen über Beerdigungszeremonien, Besitztümer etc. sind eine häufige Folge.
Man spricht nicht in der Öffentlichkeit, sondern nur hinter vorgehaltener Hand über die *querida*. Obwohl man solche Verhältnisse toleriert, unterlie-

gen sie der **sozialen Zensur**. Ein Freund oder Verwandter mag seine »Nummer Zwei« ins Gespräch einbringen, aber niemand erwähnt die Geliebte eines anderen in dessen Beisein.

Filipinos schreiben eheliche Untreue von Männern nur allzugern einem **Versagen der Ehefrau** zu. Entweder läßt sie ihrem Ehemann zu hohe oder zu wenig Fürsorge zukommen, kümmert sie zu wenig um ihre körperlichen Reize oder verschwendet allzu viel Zeit für Schönheitspflege, statt sich um den Haushalt zu kümmern.

Immerhin machen solche filipino Machos einiges wett, indem sie pflichtbewußt ihren familiären Aufgaben nachkommen, auch gegenüber ihrer »Nummer Zwei«, »Nummer Drei« usw.

Natürlich klagen die Ehefrauen über diesen Zustand und runzeln Feministinnen mit Recht die Stirn. Andererseits erhalten aber gerade jene vielen, zahlenmäßig die Macho-Ehemänner weit übertreffenden Frauen das *Querida*-System am Leben, die glücklich sind, die »Nummer Zwei« oder »Nummer Drei« zu sein.

Allerdings sollten Sie nun nicht meinen, dies sei gang und gäbe, und glauben, daß jede Frau, der Sie begegnen, sich nach der Rolle einer *querida* sehnt. **Geliebte führen ein Untergrunddasein.** Man begegnet ihnen zwar höflich, aber sie werden gesellschaftlich nicht anerkannt, so mächtig ihre Geliebter und so stolz sie selbst auf ihren Status sein mögen. In einer Gesellschaft, die *amor-propio*, *hiya* und öffentliches Ansehen derart wertschätzt, existiert die Geliebte nicht als Person. Man hat ihr die verschiedensten Namen gegeben: *Querida* ist das spanische Wort für »Geliebte«, oft abgekürzt zu *kiri*; man hat sie auch *kulasi* genannt, nach dem kleinen grünen Papagei, den manche Leute sich zu ihrem Vergnügen halten, oder nach einer tieffliegenden Taube *kalapating mababang lipad*.

»Eine beschäftigte linke Hand, von der die rechte nicht weiß, was sie tut«, so lautet die **Metapher für eheliche Untreue** (*nang angaliwa*), und während »linkshändige« Ehemänner toleriert werden, ist die Gesellschaft schonungslos gegenüber weiblichen »Linksabweichlern«.

Bakla

Homosexuellen begegnet man auf den Philippinen mit viel **Toleranz**. Viele von ihnen sind als Modeschöpfer, Innenarchitekten, Friseure, Kosmetiker und Unterhalter tätig und machen sich hier einen Namen.

Häufig scherzt man über sie, aber immer gutmütig und ohne Verurteilen homosexuellen Verhaltens. **Dennoch tritt Homosexualität nicht offen an die Oberfläche**; freimütige Bezeugungen wie etwa Transvestismus stoßen auf Lachen.

Bedenken Sie, daß **gleichgeschlechtliche Körperkontakte** – ein männlicher Arm auf der Schulter eines anderen Mannes und Händchenhalten – (allermeist) **nichts mit Homosexualität zu tun haben**.

187

Mukha: Das Gesicht

Filipinos legen Wert auf die Fassade. Die äußere Erscheinung ist von höchster Bedeutung. Sie **unterscheiden klar zwischen äußerlichem Anschein und innerem Selbst**. Ehemänner werden niemals mit anderen über Auseinandersetzungen mit der Ehefrau sprechen, denn dies würde auch ihre Schwächen beleuchten.

Ein Mann mag ein Arbeitsleben lang täglich Kontakt zu einem Kollegen haben, der mehrere Geliebte unterhält, ohne daß das Thema jemals erörtert wurde. Viele unglückliche Ehen bestehen, »bis daß der Tod sie scheidet«, so sehr beide darunter leiden mögen – nur um **in der Öffentlichkeit den Schein zu wahren**.

Für manche Filipinos zählen gar ausschließlich Äußerlichkeiten, so daß sie versuchen, ihre **Illusionen anderen als Realität zu verkaufen**. Filipinos haben ein überaus feinsinniges Gespür für derartige Oberflächlichkeiten und bezeichnen solches Gaukelwerk als *balatkayo* (»Heuchelei«), *pabalatbunga* (»Obstschale«) oder *pakitangtao* (»öffentliche Show«). Konsequenterweise beurteilen Filipinos eine Person nach ihrem inneren Selbst *(loob)*, das den Charakter bestimmt.

Bahala na: Fatalismus oder Resignation?

Manche halten diesen Wesenszug für Fatalismus. Wörtlich bedeutet der Ausdruck, **die Dinge *bahala* (Gott) anvertrauen** oder einfach sich selbst überlassen. Da Filipinos auf das Wohlwollen anderer bauen, zum Beispiel ihrer Vorgesetzten, und ihnen möglichst alles recht machen wollen und sich wegen der engen Verwandtschaftsbeziehungen der einzelne so vielen Interessen und Meinungen beugen und anpassen muß, kann man *bahala na* auch als einen Weg verstehen, hoffnungslos langwierige und verzwickte Entscheidungsprozesse zu vermeiden. Mit anderen Worten ist *bahala na* **die Schublade, in der alles verschwindet, was »zu schwierig« ist**, weil letztendlich alles von vielen anderen Menschen, ihren Wünschen, Meinungen und Launen, abhängt.

Bayanihan: Zusammenarbeit

So heißt die **traditionelle Zusammenarbeit in ländlichen Gebieten** bei Tätigkeiten, die die Hilfe vieler Hände verlangen, wie etwa Pflanzen und Ernten.

Wenn jemand im Dorf mit seinem Haus (im wahren Sinne des Wortes, denn man trägt die Hütte samt Hauptpfeilern davon) umzieht, leisten die Mitglieder der Gemeinschaft Hilfe. Der Hausbesitzer bietet ihnen nur einige kleine Erfrischungen an, denn selbstverständlich würde er beim Umzug eines ande-

Im Geist wechselseitiger Hilfe, bayanihan genannt,
finden auch Umzüge im ländlichen Bereich statt.
Dabei wird das ganze Haus zu einem anderen Standort getragen.
Alle Verwandten, Nachbarn und Freunde helfen dabei.

ren ebenso zupacken. Der Begriff *bayanihan* ist zum Symbol für die Fähigkeit der Filipinos geworden, **für ein gemeinsames Ziel zusammenzuarbeiten**.

Bangungot: Unerklärliche Todesfälle

Eine **seltene Krankheit**, die angeblich nur bei **männlichen Filipinos** auftritt, meist Junggesellen zwischen 25 und 40 Jahren. Junge Männer werden morgens tot im Bett aufgefunden, offensichtlich nach einem bösen Alptraum. Filipinos schreiben dies zu schwerem Essen vor dem Schlafengehen zu oder auch einem Dämon, der sich seinen Opfern auf die Brust setzt. Forscher versuchten diesen plötzlichen Tod auf Speisen wie *bagoong* oder *patis* zurückzuführen, aber noch hat man keine einleuchtende Erklärung oder einen Virus gefunden.

Auch bei auf Hawaii lebenden Filipinos hat man diese Krankheit (84 Todesfällen in den Jahren 1937–1948) festgestellt.

Tingi: Mini-Einkauf

Waren gehen auch in den kleinsten Einheiten über den Tisch: als einzelne Zigarette, Knoblauchknolle oder einzelnes Kaugummi, ein Täßchen Essig oder ein Klacks Fett. Und der Jeepney-Fahrer, der eine Zigarette ersteht, läßt sich diese auch gern noch anzünden. Während große Supermärkte den Mengeneinkauf zu fördern versuchen, scheint der Verbraucher auf den Philippinen eher die **minimale Menge erwerben** zu wollen.

189

Balagtasan: Debatten

Die traditionelle Debatte legt Wert auf die Form und nicht den Inhalt, auf den Vortrag und blumige Bildersprache statt auf Logik und Themen. **Auf den Philippinen zählt weniger, was man als wie man es sagt.** Dichterwettbewerbe erfreuten sich in der Vergangenheit großer Beliebtheit, heute sind sie nur noch in kleinen alten Städten zu finden.

Weil gute zwischenmenschliche Beziehungen das Klingenkreuzen harter Wortgefechte verbieten, scheint der Streit der Ideen Filipinos im allgemeinen wenig zu behagen. Vielmehr suchen sie nach einer geeigneten Formulierung, um Freunde zu gewinnen, einem gewandten Wortspiel, um ein Lächeln auf die Lippen zu zaubern, der perfekten Strategie, um Ärger zu zerstreuen.

Ernsthafte Diskussionen und Auseinandersetzungen über Ideen werden auf Konferenzen und Gesprächsrunden kaum aufblühen. Ein Seminarleiter wird sich eher bemühen, **direkte Konfrontationen herabzuspielen** und unter den Tisch zu kehren, als die Dinge auf den Punkt zu bringen. Debattenteilnehmer übergießen ihre Argumente eifrig mit Zuckerguß oder verwässern sie, um **Streit und Erregung zu vermeiden**, mit dem Ergebnis, daß eigentlich nichts ausgesagt wird.

Wunderheiler

Selbst Patienten aus Europa und Amerika begeben sich in die Hände von filipino Wunderheilern, denen man **übernatürliche Heilkräfte** nachsagt. Angeblich können sie ohne Instrumente Operationen durchführen, Wunden verschließen, ohne Narben zu hinterlassen, und mit göttlicher Hilfe heilen. Zeigt ihre Behandlung keinen Erfolg, so liegt dies, wie man sagt, am Verlust ihrer Fähigkeiten, der damit erklärt wird, daß sie der Gewinnsucht anheimfielen oder ihre Energien erschöpft haben. Ein berühmter Wunderheiler zögerte nicht, sich im Krankenhaus am Blinddarm operieren zu lassen …
Auf jeden Fall bestehen diese Tradition und der Glaube daran schon seit Jahrhunderten.

Pabaon

Es ist alter filipino Brauch, den **Gästen beim Abschied ein kleines Eßpäckchen auf den Weg zu geben**, das Kostproben des Festschmauses enthält, eine sogar bei auswandernden Verwandten übliche Geste. Archäologen bezeichnen die Lebensmittelopfer auf Ton- oder Porzellanplatten in alten Gräbern als *pabaon*.

190

Essen

Essen ist ungemein wichtig für die Gemütsverfassung eines Filipino. Es scheint, als sitze ihm stets die Angst im Nacken, Hunger leiden zu müssen. Wohin er auch geht, sorgt er für ausreichenden Wegproviant. Die Berge von Freßpäckchen, die unweigerlich jeden Strandausflug begleiten, vermögen das unruhige Gefühl in der Magengegend nicht zu besänftigen; auf dem Wege muß noch an einigen Obstständen für Nachschub gesorgt werden. Und selbst ein kurzer Kinobesuch ist ohne Freßpaket unvorstellbar.
Es gibt kein Treffen von Filipinos, an dem nicht Essen aufgetragen wird. Es gehört zur üblichen **Gastfreundschaft**, Besuchern nicht nur Getränke, sondern auch Speisen anzubieten, seien es nur Süßigkeiten oder Reiskuchen. Die übliche filipina **Begrüßung** lautet: »Haben Sie schon gegessen?« *(Kumain ka na ba?)* Es gehört sich nicht, vor den Augen eines anderen zu essen, ohne ihm etwas anzubieten. Wundern Sie sich nicht, wenn Ihr Taxifahrer unversehens wie vom Teufel gejagt auf das Gaspedal steigt – vermutlich konnte er seine Mahlzeit nicht pünktlich einnehmen. Geben Sie sich nicht der Hoffnung hin, die Aufmerksamkeit einer Büroangestellten erwecken zu können, die soeben ihr verfrühtes Mittagessen am Schreibtisch einnimmt, oder eines Beamten, der gerade seine nachmittägliche Kaffepause *(merienda)* genießt.

Lista sa tubig: Teilen und Schnorren

Es ist Regel, mit der Verwandtschaft zu teilen. Und **man mißt eine Beziehung an der Bereitschaft, alles mit dem anderen zu teilen.** Es ist selbstverständlich, einem befreundeten oder verwandten Autor, Maler oder Ladenbesitzer nichts für ein erhaltenes Buch, Bild oder eine Tafel Schokolade zu zahlen. Dies würde bedeuten, mit anderen Sterblichen auf eine Stufe gestellt und nicht als ein besonderer Vertrauter behandelt zu werden.
Filipinos neigen dazu, **sich frei zu bedienen**, in der Annahme, daß man sie nicht zur Rede stellt oder etwas dagegen einwendet, wenn der andere mit ihnen befreundet oder verwandt ist. Einige Ausdrücke, die dieses Verhalten bezeichnen, sind: »T.Y.« (thank you/danke), »Hinterhalt«, *lista na tubig* (»auf dem Wasser anschreiben lassen«) und *dilihensiya* (»Hilfeleistung«).

Suki

Auch in eigentlich rein **geschäftlichen Angelegenheiten** zählen die **persönlichen Beziehungen.** Beim täglichen Einkauf zieht der Käufer Läden vor, in denen man ihn freundlich behandelt, bevorzugt bedient, ihm nur

Waren bester Qualität anbietet, besondere Preise und der Stammkundschaft sogar Kredit einräumt. Diese **zwischen Hausfrauen und Marktverkäufern weitverbreitete Beziehung** wird *suki* genannt.

Unter der *saya*

Der filipino Macho-Kult wird in Schach gehalten – mitunter auch matt gesetzt – von eigenwilligen Ehefrauen, die ihren Männern die Zügel anlegen. Solche **Pantoffelhelden** werden mit dem Spruch bedacht, sie lebten »unter den Röcken« *(saya)* ihrer Frau.

Palakasan

Politische Winkelzüge bestimmen oft die Dynamik der Macht, indem Einfluß und Autorität eines Amtes mißbraucht werden, um sämtliche Hindernisse, die sich in den Weg stellen mögen, beiseite zu schieben. Der Begriff *malakas* (»stark«) umschreibt eine Person, die nicht zögert, ihre Macht zum eigenen Vorteil einzusetzen. Er bezeichnet zugleich jemanden, der einer mächtigen Person oder Institution nahesteht oder Einfluß auf diese ausübt. Die erbarmungslose und **willkürliche Ausnutzung von politischem Amt oder Macht** bringt der vielzitierte Kommentar eines Politikers auf den Punkt: »Wozu sind wir denn sonst an der Macht?« Demgegenüber nennt man den, der am Gesetz festhält oder seine Macht nicht dazu benutzt, andere einzuschüchtern, *mahina* (»schwach«). *Palakasan* ist **das System, mit Hilfe politischen Einflusses oder politischer Beziehungen zu überleben.**

»Eins, zwei, drei«: Sesam öffne dich

Verschiedenerlei **Bereicherungsspiele**, im Volksmund »eins, zwei, drei« genannt, haben vor allem in den Städten ihre Anhänger. Sehr beliebt ist eine Maschine zum Duplizieren von Peso-Noten. Einbrecher verschaffen sich häufig bei Abwesenheit des Eigentümers Zugang zu Häusern, indem sie den Hausangestellten zum Beispiel erzählen, sie müßten den Fernseher oder ein anderes Gerät zur Reparatur abholen. Bei einer anderen Variante dieses Spiels erhält das Personal oder ein Verwandter einen Anruf mit der Nachricht, der Hausherr sei mit dem Wagen verunglückt und benötige dringend Geld für eine Bluttransfusion oder andere lebensrettende Maßnahme. Die Angerufenen kratzen nun hastig aus Safes und verschlossenen Schubladen die notwendigen Mittel zusammen und übergeben sie dem »Retter in der Not« unverzüglich an einer vereinbarten Stelle.

Kulturspiel

Anhand dieses Spiels können Sie Ihre Fähigkeit testen, Situationen, in die Sie auf den Philippinen geraten können, richtig einzuschätzen und richtig auf sie zu reagieren. Dabei sollten Sie selbstverständlich nicht nach einem Schwarz-Weiß-Schema vorgehen; es zählt weniger eine korrekt formulierte Antwort als angemessene Wahrnehmung und angemessenes Verhalten nach den Spielregeln der philippinischen Gesellschaft. (Manchmal sind mehrere Lösungen möglich, und mitunter mag keine vollständig befriedigen.)

Situation 1

Ein bewaffneter Soldat, der einen über den Durst getrunken hat, nimmt in einem Jeepney Ihnen gegenüber Platz und starrt Sie beharrlich an.
Wie reagieren Sie?

A Sie starren, Ihre Mißbilligung ausdrückend, zurück.
B Sie sehen weg und ignorieren ihn.
C Sie lacheln und fangen einen Plausch mit ihm an.

Kommentar:
Am besten schauen Sie weg (B). Zurückstarren (A) könnte ihn provozieren und zu einem kleinen Streit herausfordern, bei dem Sie den kürzeren ziehen könnten. Lächeln (C) mag eine freundliche Geste sein, könnte aber auch als Spott interpretiert werden – und überdies läßt sich der Ausgang eines Gespräches mit einem bewaffneten Betrunkenen nie voraussagen.

193

Situation 2

Sie betreten das Haus eines filipino Bekannten. Dieser ißt gerade zu Mittag und lädt Sie ein: »Bitte langen Sie doch auch zu.«
Was antworten Sie?

A Ja, vielen Dank, ich verhungere schon.
B Nein danke, ich habe gerade gegessen.
C Danke nein, aber ich würde gerne etwas trinken.

Kommentar:

Die Einladung unverzüglich anzunehmen (A), dies könnte ihn vor den Kopf stoßen – womöglich kann er nicht genug anbieten. Seine Einladung war nämlich eine reine Höflichkeitsfloskel und beileibe nicht wörtlich zu verstehen. Sie würden ihn in eine peinliche Lage versetzen, wenn Sie sein Angebot sofort annähmen, besonders wenn er meint, die Speisen seien nicht gut genug für Sie. Filipinos bereiten für Gäste stets besondere Mahlzeiten zu. Nur wenn er weiter darauf besteht und die Einladung nachdrücklich wiederholt, wäre es angemessen, seine Bitte nicht abzuschlagen. Die meisten Filipinos lehnen sogar die erste Einladung zu einer Tasse Kaffee oder Zigarette ab und erwarten, daß man das Angebot wiederholt, ehe sie annehmen. »Nein danke« (B) wäre daher die richtige und erwartete Antwort. Lösung C ist in den meisten Situationen jedoch auch akzeptabel.

Situation 3

Sie weilen länger auf den Philippinen und beschäftigen Hauspersonal. Ein Hausangestellter bittet Sie, da ein Verwandter erkrankt ist, ihm eine größere Geldsumme zu leihen. Er hat bereits Geld von Ihnen geliehen und schuldet Ihnen noch drei Monatslöhne als Rückzahlung.
Was tun Sie?

A Sie leihen ihm das Geld, um dem armen Mann zu helfen.
B Sie leihen ihm nur einen Teil der Summe.
C Sie verweigern ihm das Geld, weil Sie Ihre Grundsätze haben und keinen Kredit in Höhe von über drei Monatslöhnen gewähren.

Kommentar:

Ihre Chancen, eine Schuld von beispielsweise sechs Monatslöhnen zurückzuerhalten, stehen in der Tat äußerst schlecht. Zudem steigt die Wahrscheinlichkeit, daß der nun hochverschuldete Hausangestellte das Interesse an der Arbeit verliert, da die Rückzahlung seiner Schulden den größten Teil seines Lohns verschlingen wird. Nur einen Teilbetrag zu verleihen, dies löst sein Problem vermutlich nicht, da notleidende Verwandte bei ihm offenbar ein Dauerzustand sind. Wenn Sie ihm aber sehr vertrauen und seine Arbeit besonders schätzen, können Sie es riskieren, ihm einen Teilbetrag zu leihen. Damit schaffen Sie jedoch einen Präzedenzfall. Am besten halten Sie sich an Ihre Vorsätze und lehnen einen erneuten Kredit ab, da dies von ihm auch verstanden würde.

Situation 4

Sie sind in das Haus einer angesehenen Person zum Essen eingeladen. Beim Abschied möchten Sie der Gastgeberin ein Kompliment machen. Was werden Sie loben?

A Das hervorragende Essen.
B Ihre gute Wahl des Kochs.
C Ihr schönes Haus und den netten Abend.

Kommentar:

Wohlhabende Frauen stellen Köche ein; ein Kompliment über das Essen (A) wäre also an die »falsche« Person gerichtet, es sei denn, sie hätte Ihnen erzählt, das Essen oder zumindest einen Gang persönlich zubereitet zu haben. Sie zur Auswahl Ihres Koches oder der Köchin zu beglückwünschen (B), dies wäre ein etwas linkisches Kompliment, das Ihnen nicht viele Punkte einbrächte.

Einige anerkennende Worte zur Einrichtung des Hauses und der allgemeinen Gestaltung des Abends und Essens (C) sind passend und werden sicher gern gehört.

Situation 5

All Ihre Freunde reden über die Affaire eines filipino Freundes mit einer Geliebten.
Was tun Sie?

A Sie fragen ihn, wie es seiner Freundin geht.
B Sie informieren ihn über die Gerüchte, die Ihnen zu Ohren gelangt sind.
C Sie vermeiden jede Erwähnung seines privaten Liebeslebens.

Kommentar:

Ehemänner auf Seitenpfaden sind in den Augen ihrer Freunde erfolgreiche Machos. Dennoch sind solche »Kavaliersdelikte« öffentlich nicht akzeptiert. Deshalb können Sie eine derart delikate Angelegenheit mit Ihrem Freund einzig und allein nur dann diskutieren, wenn er selbst dieses Thema anspricht. Er wird Sie für neugierig und klatschsüchtig halten, wenn Sie sich nach dem Befinden seiner Geliebten erkundigen (A), und es wäre ihm peinlich, von Gerüchten und Tratsch über ihn zu hören (B). Er sähe darin sicher nicht einen Gefallen Ihrerseits, sondern wird denken, daß Ihre offensichtliche Kenntnis seiner Affaire Ihren Respekt mindert und die Freundschaft beeinträchtigt. Sie sollten das Thema auf jeden Fall umgehen (C).

Haussuche

Bei einem längeren Philippinen-Aufenthalt werden Sie vermutlich ein Haus oder eine Wohnung mieten wollen. Nachstehend finden Sie in ungeordneter Reihenfolge einige wichtige Kriterien, die Sie bei der Wahl beachten sollten. Wägen Sie sie gegeneinander ab und bringen Sie die zehn Kriterien in eine ihrer Bedeutung entsprechende Reihenfolge.

1. Ein weiter Blick über die Bucht von Manila
2. Innenstadtlage
3. Sicherheit
4. Teppiche und gute Ausstattung
5. Moderne Küche mit Waschmaschine
6. Schutz vor Überflutung von Haus, Garten und Straße bei heftigen Regenfällen
7. Telefonanschluß
8. Verkehrsgünstige Verbindung zum Arbeitsplatz und zur Schule der Kinder
9. Offener Garten und freie Fenster für eine gute Durchlüftung
10. Abgelegene, ungestörte Lage

Kommentar:

Eine hübsche Aussicht stellt zwar einen erfreulichen Vorzug dar, muß aber hinter wichtigeren Dingen zurückstehen. Eine Innenstadtlage ist günstig, setzt Sie aber dem ständigen Verkehrschaos aus. Sicherheit ist unabdingbare Voraussetzung, denn Einbrecher treiben ihr Unwesen. Teppichböden und andere moderne Einrichtungen machen nur in klimatisierten Räumen Sinn, gegen die häufige Stromausfälle und in die Höhe schnellende Stromkosten sprechen können. Eine moderne Küche und Waschmaschine sind nur von Belang, wenn Sie sie selbst benutzen wollen; beschäftigen Sie Haushilfen, sollten Sie weniger Wert auf technische Geräte legen. Die Gefahr von Überflutung dürfen Sie auf keinen Fall unterschätzen; überprüfen Sie das Grundstück so eingehend, als läge es auf einer einsamen flachen Klippe am Meer, die bei der nächsten Flut überspült werden könnte.
Ein Telefonanschluß ist ein Muß. Das Verlegen einer neuen Leitung kann eine Ewigkeit dauern. Es ist nicht zu empfehlen, einen Anschluß mit anderen zu teilen. Können Sie sich zwei Anschlüsse leisten, so machen Sie davon Gebrauch. Die Berücksichtigung der Verkehrslage ist wichtig, denn der Stoßverkehr zur Rush-hour kann Sie einen großen Teil Ihrer Freizeit kosten. Wenn Sie Kinder haben, die zur Schule gehen, sollten Sie dabei den Schulweg beherzigen. Ein offener Garten und freie Fenster sorgen sicher für ein hübsches, angenehmes Ambiente, locken jedoch Einbrecher an. Aus Sicherheitsgründen sollten Sie unbedingt hohe Mauern, Tore, vergitterte Fenster

und Türschlösser vorziehen. Aus dem gleichen Grunde lädt ein abgelegener, ungestörter Ort Einbrecher und andere Kriminelle zu unerwünschten Besuchen ein.

Die Reihenfolge sollte nach abnehmender Wichtigkeit deshalb lauten:
3 – 6 – 7 – 8 – 1 – 2 – 4 – 5 – 9 – 10.

Das filipino »Ja«

Welche der folgenden Bedeutungen kann das »Ja« eines Filipino tragen?

1. Ich weiß nicht.
2. Vielleicht.
3. Wenn Sie es sagen!
4. Du solltest deinen Kopf im Pfandhaus abgeben!
5. Ja natürlich.
6. Laß mich hier bloß 'raus!
7. Wo ist denn die Toilette?
8. Nein, aber ich werde Ihnen nicht offen widersprechen.
9. Ist Ihnen klar, wie spät es schon ist?!
10. Ihr Europäer seid alle gleich.

Kommentar:

Ein »Ja« kann je nach begleitendem Gesichtsausdruck und Betonung vielerlei bedeuten. Es läßt sich nicht auf eine einzige Definition festlegen. Sie müssen Ihre Antennen ausfahren und sich in die Antwort hineinfühlen. Ein »Ja« kann zum Beispiel herausplatzen, weil jemand verwirrt ist und es nicht zugeben mag. Ein »Ja« kann auch Unverständnis signalisieren und die peinliche Situation, dies nicht eingestehen zu können oder zu wollen. Ein »Ja« mag ausgesprochen werden, bloß um Ihnen in dieser Situation zu schmeicheln. Die Antworten 4, 6, 7, 9 und 10 jedoch überschreiten selbst die Grenzen eines filipino »Ja«.

Richtig oder falsch?

Testen Sie Ihr Wissen und Verständnis, und bewerten Sie die folgenden Aussagen als richtig oder falsch:

1. Am Totengedenktag Allerseelen gehört es sich auf keinen Fall, sich für den Friedhofsbesuch mit Proviant einzudecken und diesen an den Gräbern zu verschmausen.
2. Die Warenpreise in Einzelhandelsgeschäften und auf öffentlichen Märkten sind fest, und Sie sollten niemals zu handeln versuchen.

3. Männer und Frauen berühren sich nie in der Öffentlichkeit, Menschen gleichen Geschlechts jedoch tun es sehr häufig.
4. Man beurteilt Sie nach Ihrer äußeren Erscheinung.
5. Christen sind auf den Philippinen eine Minderheit.
6. Filipino Bauern essen mit den Händen.
7. Die Universität des San Tomas in Manila ist älter als die amerikanische Harvard-Universität.
8. Ein Junge und ein Mädchen sollten sich bei ihrer ersten Verabredung nicht küssen.
9. Büroangestellte sehen in einer nachmittäglichen Kaffeepause eine Einrichtung, die dem Arbeitsklima und der Arbeit förderlich ist.
10. Sie können ohne Sorge Gegenstände im Garten oder unverschlossenen Auto zurücklassen.

Antworten:

1. Falsch
2. Falsch
3. Richtig
4. Richtig
5. Falsch
6. Richtig
7. Richtig
8. Richtig
9. Richtig
10. Falsch

Filipino Werte

Beim Umgang mit Filipinos ist es wichtig, ihre Werte zu kennen und zu berücksichtigen. Sie sollten nicht Ihre westlichen, sondern filipino Werte in den Vordergrund stellen. Ordnen Sie aus der folgenden Liste zehn Tugenden der filipina, fünf der westlichen Kultur zu.

1. Offenheit, verbal und von Angesicht zu Angesicht
2. Ausgeprägter Individualismus
3. Familienbindung
4. Ein guter Sohn sein
5. Schönheit und Eleganz
6. Konsens und Gruppeneinklang
7. Öffentliches Ansehen und die Meinung der anderen
8. Dankbarkeit für einen Gefallen, seine Vergeltung ist Ehrensache
9. Schnelles, sachlich begründetes Handeln, unabhängig von beteiligten Personen
10. Persönlicher Standpunkt
11. Freundlichkeit und Gemeinschaftssinn
12. Diplomatie
13. Ehre
14. Effizienz
15. Galante Manieren

Antwort:

Filipino: 3, 4, 5, 6, 7, 8, 11, 12, 13, 15
Westlich: 1, 2, 9, 10, 14

Was finden Filipinos nicht erstrebenswert?

Die drei Vettern Cruz: Ablageverfahren und Vetternwirtschaft

Sondern Sie aus der folgenden Liste jene fünf Verhaltensweisen aus, die Filipinos als ungehörig und nicht erstrebenswert erachten.

1. Undankbarkeit
2. Unpünktlichkeit
3. Ausweichendes Verhalten
4. Öffentliche Streitsucht
5. Mangel an Schamgefühl
6. Unfähigkeit, mit anderen zurechtzukommen
7. Vetternwirtschaft
8. Genauigkeit
9. Unehrlichkeit
10. Playboygehabe

Antwort:

1, 4, 5, 6, 8. Unehrlichkeit (9) würde zwar auf Stirnrunzeln stoßen, die anderen Züge würde man jedoch achselzuckend als menschliche Schwächen hinnehmen.

Wörterbuch

abuloy	Spende (auch üblich als Beitrag für die Beerdigung)
adobo	beliebtes filipino Gericht aus Hühner- und Schweine- fleisch, mit Knoblauch, Sojasauce und Essig gekocht
alkalde	(span. *alcalde*) Bürgermeister
ambus	(umgangssprachl. engl. *ambush*) etwas schnorren
amor-propio	Selbstrespekt, Selbstachtung
anting-anting	Amulett
arte	(span.) Künstlichkeit; einstudiertes, künstliches Be- nehmen einer eitlen, selbstbezogenen Person
aswang	böse Gestalt der Folklore, ernährt sich von lebenden menschlichen Fötussen
ate	ältere Schwester
ati-atihan	Festival in Kalibo, Aklan, nach der Überlieferung aus Anlaß eines Friedensvertrages zwischen den Ati und den Malaiien
atsay	Hausmädchen (Slang, unhöflich)
babang luksa	die Zeit, wenn die Trauerkleidung abgelegt wird (tra- ditionell ein Jahr nach dem Todestag)
baduy	Person mit schlechtem Geschmack (Slang)
bagoong	Krabbenpaste
bahala na	(Redensart) »etwas Gott überlassen« oder »das wird sich schon von selbst regeln«
bakla	männlicher Homosexueller
bakya	(umgangssprachl.) Appell an die Massen; das Wort *bakya* bezeichnet hölzerne Schuhe, die früher von den einfachen Leuten getragen wurden
balagtasan	Dichterwettstreit
balatkayo	1. falsche Fassade; (Adj.) heuchlerisch; 2. Verkleidung
balato	bei einem unverhofften Glücksfall oder Gewinn einen Teil an Freunde abgeben
balintawak	Nationalkleidung der Frauen, ein enger Überhang mit Schmetterlingsärmeln
balut	gekochtes, halb ausgebrütetes Entenei
bangungot	seltene, bei männl. Filipinos auftretende Krankheit; der Mann wird morgens tot im Bett aufgefunden, of- fenbar nach einem schrecklichen Alptraum
barangay	traditionell eine soziale Einheit, die den Kern eines Dorfes oder *barrio* bildete; wurde als politische Ein- heit vom Ex-Präsidenten Marcos vereinnahmt

203

barkada	eng verbundene Gruppe von gleichaltrigen Freunden
barong-barong	Hütte in einem Slum
barong tagalog	Nationalkleidung der Männer; ein weites, besticktes, seitlich geschlitztes Hemd, getragen über der Hose
barrio	Vorortbezirk einer Stadt, auch Dorf
batalan	Plattform hinter einem *Barrio*-Haus (*Nipa*-Hütte) zum Waschen und für Wasservorräte
bayan	1. Stadt, Stadtbezirk; 2. Land, Nation
bayanihan	1. Zusammenarbeit zum gegenseitigen Nutzen, Gemeinschaftskooperation; 2. Tanzgruppe, von der Phil. Frauenuniversität bekannt gemacht
bienvenida	Heimkehrparty
binata	Junggeselle
bisperas	der Tag vor einem Fest, Festvorbereitungen
blue lady	Mitglied des ehemaligen Küchenkabinetts von Frau Marcos; der Begriff stammt von den blauen Kleidern, die die prominenten Unterstützerinnen von Marcos trugen
boss	(Slang) umgängliche Anrede für Polizisten oder höhergestellte Personen, oft als Schmeichelei gedacht
brown out	Stromabschaltung in einem Teil der Stadt
***C**arroza*	Staffage, auf der eine Heiligenfigur während einer Prozession getragen wird
casador	Buchhalter und Wettannehmer bei Hahnenkämpfen
CCP	Kulturzentrum der Philippinen
comadre, compadre	soziale Bindung, hergestellt durch Patenschaft bei Taufen, Firmungen und Hochzeiten; Bezeichnung der weiblichen und männlichen Paten
***d**alaga*	unverheiratete Frau
dato	Stammeshäuptling
despedida	Abschiedsparty
despedida de soltera	Party der Freundinnen einer Braut vor der Hochzeit
***e**wan*	»Ich weiß nicht«; Ausdruck zum Vermeiden von Konfrontationen
***f**iesta*	jährliches Stadtfest, normalerweise am Ehrentag des Schutzheiligen der Stadt
fix	(engl., umgangssprachl.) »etwas erledigen«, ein juristisches Problem auch mit weniger legalen Mitteln lösen
flores de mayo	Fiesta im Mai

*g*ayuma   Liebeszauber oder -trank

gigantes   riesenhafte Figuren aus Pappmaché bei Fiestas

*h*acienda   große landwirtschaftliche Farm

hermano mayor   jemandem verliehene Ehrenposition zur Organisation und Finanzierung von Veranstaltungen, besonders bei Fiestas

hiya   Gefühl für Scham und Schande

*i*naanak   Patenkind

inay   Mutter

itay   Vater

*j*eepney   beliebtes Transportmittel, entwickelt aus dem Jeep der US-Armee

jota   (span.) ländlicher, auf spanische Tradition zurückgehender Volkstanz mit Bambuskastagnetten

juego de anillo   (span.) auf span. Tradition zurückgehendes Spiel bei Fiestas, wobei eine Person vom Pferd (heute Fahrrad) aus versucht, mit einem Stock einen herabhängenden Ring zu angeln

*k*amayan   mit den Fingern essen

kami   »wir«, schließt die angesprochene Person nicht ein, vgl. *tayo*

kano   (Slang) ein Amerikaner

KKB   *(kanya-kanyang bayad)* jeder bezahlt für sich

kapal   (Slang) einer, der sich in den Vordergrund drängt oder kein Gefühl für angemessenes Verhalten besitzt

katulong   1. Helfer; 2. Hausmädchen

kiping   Fiesta-Schmuck aus farbigen Reiswaffeln in der Provinz Quezon

kiri   (Slang, vulgär) Geliebte

kulam   Zauberei

kulasisi   (Slang, vulgär) Geliebte

kuya   Bruder

*l*abendera   Wäscherin

lagay   Bestechungsgeld

lechon   geröstetes Spanferkel

lihi   jähe Gelüste schwangerer Frauen

lista sa tubig   (Redensart) »etwas auf Wasser anschreiben lassen«, für etwas nicht bezahlen

lola, lolo   Großmutter, Großvater

205

loob	das innere Selbst, Gegenteil der äußeren Fassade
lumbanog	Kokosnußschnaps
***m**aganda*	schön
magpapaalam	höfliche, formelle Verabschiedung der Gäste
mahina	»schwach«, Unfähigkeit, seine Ziele durch politische Einflußnahme durchzusetzen; vgl. *malakas*
Malacanang-Palast	offizielle Residenz des phil. Staatsoberhauptes
malakas	»stark«, politischen Einfluß ausnutzend; vgl. *mahina*
manananggal	weiblicher Vampir
mangkukulam	Wunderheiler, Zauberer, eine Person, die über den »bösen Blick« verfügt
mano po	traditionelle Form, Ältere zu begrüßen: man nimmt die Hand des Älteren, führt sie an die eigene Stirn und sagt dabei zum Zeichen des Respekts *mano po*
masama	schlecht
mata	span. Begriff für etwas, das Tod verursacht, nicht zu verwechseln mit dem Tagalog Wort *mata* für »Auge«
mayordoma	oberste Haushälterin
Meralco	Elektrizitätsgesellschaft Manilas
merienda	Nachmittags-Imbiß, um etwa 16.00 Uhr eingenommen
merienda-cena	Nachmittags-Party mit reichhaltigeren Snacks, einer informellen Dinner-Party ähnlich
moriones	Festival auf der Insel Marinduque während der Fastenzeit
moro-moro	Volkstheater über den Kampf zwischen Christen und Mauren
mukha	»Gesicht«
***N**AWASA*	Nationale Wassergesellschaft
nazareno	Christus der Nazarener, Schutzheiliger des Quiapo-Distrikts in Manila
ninang, ninong	Patentante, Patenonkel
ningas kugon	umgangssprachl. Ausdruck für den anfänglichen Enthusiasmus für ein Projekt, der bald aber erlischt
nuno sa punso	Fabelgestalt: auf Ameisenhaufen wohnender kleiner, alter Mann, der Glück oder Unglück bringen kann
***O**kay lang*	(umgangssprachl.) untertrieben für »mir geht's gut«
oro	(Span.) Gold
***p**abalatbunga*	äußere Fassade, Heuchelei
pabalot	Freßpäckchen, gibt man Gästen mit auf den Heimweg
pabaon	Geldgeschenk, so für jemanden, der ins Ausland reist

pabitin	herabhängende Körbe mit Bonbons, Süßigkeiten und Spielzeug, die Kinder bei einer Fiesta springend zu erhaschen versuchen
pabongga	blendend, protzig; selbstbewußte Anstrengung, sich in Szene zu setzen
pahiyas	Fiesta in Sariaya zu Ehren des hl. Isidro Labrador, dem Schutzheiligen der Bauern
pakikisama	die Fähigkeit, mit anderen zurechtkommen zu können
pakitang tao	heuchlerisch; ein Bild für die Öffentlichkeit zurechtstutzen
pakulo	Trick, jemanden lächerlich zu machen, um selbst Eindruck zu schinden
palabas	Unterhaltungsprogramm
palakasan	sich mit Hilfe des Einflusses von hochgestellten Freunden um eine finanziell oder politisch vorteilhafte Position bewerben, vgl. *mahina* und *malakas*
palay	1. ungedroschenes Getreide (normalerweise bei Reis, aber auch anderem Getreide mit Hülse, z.B. Weizen, verwandt); 2. Reispflanze
palengke	Markt
palo sebo	Fiesta-Spiel, bei dem es gilt, einen an der Spitze eines eingefetteten Mastes befestigten Preis durch Hinaufklettern mit bloßen Händen und Füßen zu erreichen
panata	Schwur, religiöses Gelübde
pansit	beliebtes Nudelgericht
papel	1. Papier; 2. Reputation, Einfluß, *basang papel* = schlechtes oder unerwünschtes Zeugnis; 3. Rolle in einem Theaterstück; 4. (Slang) vor jemandem »kriechen«, um etwas bei ihm zu erreichen
pare	(umgangssprachl.) Kumpel, Anrede für männl. Bekannte
parol	Weihnachtslaterne
pasalubong	Mitbringsel von einer Reise, meist ein Souvenir aus dem Reiseort
pasiklab	vgl. *pabongga*
pastilla	Süßigkeit aus Wasserbüffelmilch und Zucker
pasyon	religiose Lesung aus der Passionsgeschichte
patawarin po	»Entschuldigung, mein Herr/meine Dame«, häufige Antwort an Bettler
PCVs *(Peace Corps Volunteers)*	Freiwillige des amerikanischen Entwicklungsdienstes
peacetime	Zeit zwischen amerikanischer Kolonisierung und II. Weltkrieg
pinoy	(Slang) Filipino

pipilitin ko	(Redensart) »Ich werde mich sehr bemühen«, wörtl.: »Ich werde es erzwingen«
plata	(span.) Silber
po (ho)	respektvolle Anrede für Ältere oder Höherstehende
porma	gekünstelte Formalität in Kleidung und Benehmen
postura	attraktiv gekleidet
PX-Waren	Waren von US-Militärbasen auf dem Schwarzmarkt
*q*uerida	(span.) Geliebte
*r*eina	Königin
rigodon	Quadrille-Tanz
*S*abog	das Werfen von Münzen bei Feiern
sagala	festlich gekleidete Mädchen bei der Fastenprozession
sala	Wohnzimmer
salo-salo	informelles Treffen mit kleinem Imbiß
salubong	1. Empfang; 2. Person oder eine Gruppe von Personen, die jemanden empfängt oder verabschiedet; 3. Fasten- zeremonie am Ostersonntag
santakruzan	halb-religiöse Zeremonie im Mai
Santo Nino	Abbild des Jesuskindes
saya	langer Rock
senorita, senorito	Anrede von Haushaltshilfen für ihre weiblichen und männlichen Arbeitgeber
sige	»Fangen Sie an«, »Machen Sie weiter«
siguro	vielleicht
sinakulo	religiöses Bauern- oder Volksstück
sinkil	muslimischer Tanz mit Bambusstäben
sisikapin ko	»Ich werde es versuchen«
stateside	etwas aus den USA
suki	gute Beziehung zwischen Verkäufer und Stammkunde
*t*alunan	spezieller »Leichenschmaus« aus einem Hahn, der bei einem Hahnenkampf sein Leben lassen mußte
tampo	schmollen; Adj. *matampuhin:* schmollend, leicht zu verärgern
tao	menschliches Wesen, Menschheit
tayo	»wir«, schließt die angesprochene Person ein, eine dritte Person kann, muß aber nicht eingeschlossen sein, vgl. *kami*
tingi	Einkauf in der jeweils kleinstmöglichen Menge, z.B. eine einzelne Zigarette
tinikling	bäuerlicher Volkstanz mit Bambusstäben

208

tita, tito	Tante, Onkel
titignan natin	»Wir werden sehen …«, vage, kann auch »nein« bedeuten
tong	Bestechungsgeld; ursprüngl. prozentuale Abgabe bei einem Gewinn an den Veranstalter einer Lotterie
trepang	Seegurke
tukayo	wer denselben Vornamen hat wie Sie, ist Ihr *tukayo*
turrumba	Stadtfiesta in Pakil, Laguna
T.Y.	(Slang) »thank you«, sich in Selbstbedienung etwas »ausleihen«
U *tang na loob*	in jemandes Schuld stehen
V *illage*	(engl. »Dorf«), privat entstandene Wohngegenden in Manilas Vorstädten (z.B. Magallanes Village, Dasmarines Village, Forbes Park)
W *alang-hiya*	(Slang, vulgär) ohne Schamgefühl, schamlos
y *aya*	Kindermädchen